FINANCIAL
SYSTEMS
IN THE
DIGITAL AGE:
PERSPECTIVES
FROM EUROPE AND JAPAN

デジタル時代の金融システム

欧州と日本からの視点

ドイツ日本研究所 [編]

一般社団法人 金融財政事情研究会

まえがき

　すべての出版物と同じように、この本にも歴史があります。それは2019年に、デジタル時代の金融システムの未来に関する研究会を立ち上げたことから始まりました。このグループは定期的に会合を開き、ビッグデータ、AI、アルゴリズムベースの取引、ブロックチェーン、デジタル通貨など、デジタル・ファイナンスに関連するトピックを議論しました。この研究会は、東京にあるドイツ日本研究所（DIJ）が、日本の地方銀行と密接に連携しているシンクタンクである地域金融研究所と共同で開催したものです。このプロジェクトは、民間の国際アドバイザリー・ネットワークである Innovative Nurture Community（inc.）の支援を受けました。

　私たちのなかでは、研究会での議論にとどまらず、海外の専門家との交流を深めたいという思いがすぐに強くなりました。私たちは、2020年5月にドイツのフランクフルトでドイツ連邦銀行と共同でワークショップを開催し、デジタル・ファイナンスに対する理解と評価について、お互いの共通点と相違点について議論することを計画していました。しかし、COVID-19が大流行したため、このアイデアは断念せざるをえませんでした。そのかわりに、共同で書籍を出版し、金融システムのデジタル・トランスフォーメーションに対する欧州と日本の見方とアプローチの仕方を示すことにしたのです。

　この出版は、Shared Opportunities Society Foundation の寛大なご支援がなければ実現しませんでした。また、各執筆者の論文をもとに統一のとれた書籍に仕上げてくれた、花岡博氏をはじめとする一般社団法人金融財政事情研究会の編集者・制作担当者の方々にも謝意を表したいと思います。

2021年12月　東京

マルクス・ヘッケル

フランツ・ヴァルデンベルガー

目　次

第2章　日本における金融デジタライゼーションと規制上の対応

佐々木　清隆

第3章　デジタル通貨とマネーの将来

山岡　浩巳

第4章　名目金利がマイナスの世界における中央銀行デジタル通貨

ウルリッヒ・ビンドザイル

第5章 DLTベースの欧州経済における未来の決済
—ロードマップ—

アレクサンダー・ベヒテル　アガタ・フェレイラ
ヨナス・グロス　フィリップ・サンドナー

第6章 日本の決済手段のデジタル化—キャッシュレス決済とポイントシステム—

翁　百合

第 7 章　リテール銀行業の変貌とデジタル・バンキングの未来

アンナ・オマリーニ

第 8 章　独自の進化を遂げる日本の HFT

木内　登英

序　章

デジタル時代の金融システム
―欧州と日本からの視点―

マルクス・ヘッケル
フランツ・ヴァルデンベルガー
訳／ドイツ日本研究所、協力／花岡　博

　本章では、本書を編集・出版するに至った理由を明らかにするとともに、金融システムを支える4つの資源（物理的なインフラ、知識、信頼、および規制）およびデザインの観点から、各章の論文を位置づけ、その内容を紹介する。第1節では、本書を編集・出版する動機と背景事情を述べる。第2節では、金融システムの機能、それを支える資源について説明し、そのデザインの選択が国ごとに異なる状況によって左右されることを確認する。第3節では、本書の各章で比較の対象とされている日本とユーロ圏の基本的な経済指標や金融システムの状況を紹介する。第4節では、前述の4つの資源およびデザインの観点から、金融のデジタル・トランスフォーメーション（DX）の影響を考察するとともに、各章の論文を要約し、全体の文脈のなかに位置づける。

◆ 著者略歴

マルクス・ヘッケル（Markus Heckel）

2018年11月よりドイツ日本研究所（DIJ）上席研究員、デュースブルク・エッセン大学にて経済学博士号取得。2012年から2018年まで、ゲーテ大学フランクフルト校のミクロ経済学・経営学科に勤務。主な研究テーマは、マクロ経済学、金融政策、中央銀行の政治経済など。最近の著書に "Unconventional Monetary Policy through Open Market Operations: A Principal Component Analysis"（Kiyohiko G. Nishimura との共著、Asian Economic Papers、2022年）、"Employee who do not know their labour contract term and the implications for working conditions: Evidence from Japanese and Spanish microdata"（玄田有史氏・神林亮氏との共著、Japan and the World Economy、2019年）などがある。

フランツ・ヴァルデンベルガー（Franz Waldenberger）

ドイツ日本研究所所長。ミュンヘン大学（日本経済学教授）を休職中。日本経済、コーポレート・ガバナンス、国際経営などを研究している。国際的な査読付きジャーナルである Contemporary Japan の編集長を務める。最近の著書に "The Digital Transformation-Implications for the Social Sciences and Humanities"（Harald Kümmerle との共編著、DIJ、2020年）、"Governance, Risk and Financial Impact of Mega Disasters: Lessons from Japan"（亀坂昭子氏との共編著、Springer、2020年）などがある。

第1節

本書出版の動機と背景

　金融は本質的にグローバルな性質をもっているが、金融の制度やビジネスは今日に至るまで、明確に識別できる国ごとの特徴を保持している。これらの特徴は非常に明確かつ重要であるため、金融システムは現実に国の資本主義システムの特徴を示す重要な要素であると考えられることが多い（Dore, 2000; Hall and Soskice, 2001）。したがって、金融のデジタル・トランスフォーメーション（以下「DX」という）、そのスピード、範囲、結果は、各国のコンテキストに強く影響されると考えるべきである。この命題が、本書を編集・出版する最大の動機となった。デジタル化によって金融業界がどのように変化しているか（破壊されてはいないにしても）については、数多くの出版物がある。しかし、これら多くの出版物は、制度のない世界を暗黙の前提としているか、DXは当然ながらグローバルであり、したがって均一な現象であることを前提としている（たとえば、Hines, 2021; Tapscott and Tapscott, 2016; McMillan, 2014を参照）。私たちは、これでは少なくとも物語の半分は抜け落ちていると思う。DXの実際の影響を完全に理解するためには、国ごとの事例をみなければならない。

　私たちは2019年に、日本のアカデミア、研究機関、民間産業界の専門家による研究会を立ち上げ、デジタル時代の金融の未来に関するプロジェクトを開始した。このグループでは、DXと金融に関する問題についてポジション・ペーパーを作成し、2020年にフランクフルトで開催されるドイツ連邦銀行と欧州中央銀行の専門家との合同ワークショップで、これらのペーパーを発表し、議論することを計画していた。日本とユーロ圏で明らかになっている、金融と変革をめぐるDXに関する言説の類似点と相違点を明らかにしよ

うという考えだった。このような国を選んだ主な理由は、編集者がドイツ政府から資金提供を受けた東京の研究所で日本に関する研究を行っているということだった。とはいえ、日本とユーロ圏は、世界4大経済圏のうちの2つを構成しているにもかかわらず、DXとそれに関連する金融イノベーションに関しては、最先端を行く国とはみなされていないため、上述の動機にはぴったりだった。DXと金融に関する国際的な文献は、米国と中国に関する記述が中心であり、日本とユーロ圏の言説や経験はあまり紹介されていない。

　残念ながら、COVID-19の大流行により、合同ワークショップの開催は断念せざるをえなかった。そのかわりに、書籍を編集し、私たちの研究会の成果を広く伝えることにした。また、学者や実務家など欧州の専門家から寄稿を募り、ユーロ圏の視点を盛り込むことにした。その結果、日本から5つ、欧州から3つ、合計8つの章を収録することになった。テーマは、デジタル通貨、決済システム、銀行業務、金融市場でのトレーディングなど多岐にわたっている。抽象的なシナリオを描くのではなく、それぞれの文脈のなかで具体的なケースを論じるものである。執筆者全員が、学者、政策立案者、規制者として、金融の分野で深く長い専門的な経歴をもっていることが、これらの寄稿の特徴であり、価値であると考えている。木下信行氏は、2010年から2014年まで日本銀行の理事を務めた。現在は、東京金融取引所の代表取締役社長兼CEOを務めている。佐々木清隆氏は、財務省や金融庁で長くキャリアを積み、現在は一橋大学の客員教授を務めている。山岡浩巳氏は、デジタル通貨フォーラムの議長を務めており、その前は日本銀行、国際決済銀行、国際通貨基金に勤務していた。ウルリッヒ・ビンドザイル氏は、欧州中央銀行で7年間、市場運営担当局長を務めた後、現職の市場インフラ・決済システム総局の局長に就任した。アレクサンダー・ベヒテル氏は、ドイツ銀行のコーポレート・バンクでデジタル資産・通貨戦略の責任者を務め、欧州中央銀行の外部コンサルタントとしても活躍した。アガタ・フェレイラ氏は、EU Blockchain Observatory and Forumのメンバーであり、Blockchain for Europeの諮問委員会にも参加している。また、ワルシャワ工科大

学の助教授も務めている。ヨナス・グロス氏は、フランクフルト・スクール・ブロックチェーン・センターのプロジェクト・マネージャー、Digital Euro Association の会長、EU Blockchain Observatory and Forum の専門家パネルのメンバーである。フィリップ・サンドナー氏は、フランクフルト・スクール・ブロックチェーン・センターの責任者であり、ドイツ連邦財務省の FinTech 評議会（FinTechRat）のメンバーでもある。翁百合氏は、日本総合研究所の理事長であり、金融審議会（金融庁）および産業構造審議会（経済産業省）の委員として日本政府に助言を行っている。アンナ・オマリーニ氏は、ボッコーニ大学ファイナンス学部の銀行業務と FinTech の教授であり、イタリアの銀行やその他の金融機関で独立取締役を務めている。木内登英氏は、野村総合研究所のエグゼクティブ・エコノミストであり、2012年から2017年まで日本銀行の政策委員会審議委員を務めた。

金融システム──その機能、資源、デザイン

　価値創造の観点からみると、金融システムが果たしている機能は従属的、または間接的である。貨幣と決済のインフラは、経済取引の複雑なシステムを支え、それによって分業が可能となっている。金融仲介活動や資本市場を通じて、投資のための資金調達、流動性の確保、企業活動に伴うリスクの分散が行われる。消費者金融は、家計の予算制約を緩和し、購入の選択肢を増やす。政府も同様に、公共サービスの提供に関連する収入と支出のバランスをとる際に、金融に依存している。最後に金融商品には、さまざまな種類の所得リスクから個人や組織をプロテクトするのに役立つという重要な機能がある。

　さらに金融システムは、上述の主要な機能から派生し、それらを補完する、価格決定とガバナンスという重要な機能を果たしている。為替レート、金利、リスクプレミアムなど、経済における基本的な価格は、金融システムのなかで決定される。組織、産業、国民経済の内外にわたる資源の配分、あるいは異なる時間をまたぐ資源の配分は、こうした価格に導かれて行われる。ほとんどの金融取引の最終的な結果と金融資産の価値はリスクにさらされており、それを評価し管理する必要がある。これは必然的に、金融取引や金融資産の創造にかかわる人々の責任であり、彼らがこの責任を怠ると、深刻な結果を招く可能性がある。2008年の世界金融危機は、米国の住宅ローンに端を発した。住宅ローンのデフォルト・リスクは、銀行や格付社によって誤って評価されていた（Kirkpatrick, 2009）。このような過失は、誤ったインセンティブと効果的な監視の欠如という、基本的なガバナンスの問題によって引き起こされた。

すべての金融システムには、4つの資源が必要である。まず、マネーと情報の流通を支える物理的なインフラが必要とされる。現金の安全な輸送、支店やATMのネットワークに加え、現代の金融システムは通信ネットワークに大きく依存している。第二に、金融システムが機能するためには、サービス提供者、立法者、規制者、そして法人や個人の利用者が、（個人や法人の利用者についてはある程度の）十分な金融知識をもっていることが必要である。第三に、金融のインフォメーショナルな性質（後述）を考慮すると、金融システムが機能するためには信頼が必要である。信頼が必要なのは、情報の価値がその内容だけではなく、その信頼性にも依存するからである。信頼が存在するためには、参加者が一貫した信念をお互いに共有していなければならない。こうした信念は、前述の第二の資源である知識ベースと緊密に結びついている。第四に、金融システムは、法的枠組みと規制監督、すなわちルールとそれを実行するための制度や手続に依存している。これには、金融商品・金融機関・市場に対する規制に限らず、会社法や倒産法なども含まれる（第1章・木下参照）。法的枠組みは、権利と義務を定義することで、システムのガバナンスを支えるだけではなく、システム全体の安定性にも寄与し、少なくとも部分的には知識ベースを体系化している。このように、法的枠組みと規制当局の監視は、信頼の重要な源泉となっている。

デザインとは、金融システムの機能を実際に遂行する、市場、組織、金融商品、ビジネスモデル、商品・サービスを指す。金融の歴史と現在の金融システムの研究は、それぞれの機能がさまざまな方法で実行されうることを明確に示している（Neal et al., 2016; Kuroda, 2020）。たとえば、貨幣の性質は歴史のなかで変化しており、通貨体制も同様に変化している。現代の経済は、中央銀行や商業銀行によってつくられた不換紙幣に依存しているが、中央銀行や商業銀行のデザインには各国ごとに明らかに異なる特徴がある。金融仲介活動・金融規制・公共部門のファイナンス・企業金融の役割と重要度、家計が保有する金融資産の配分についても同様である。

表面的には、国ごとの違いは、立法者、規制当局、専門家の委員会、あるいは金融業界のビジネスリーダーが行った、デザインの個別的かつ明示的な

選択の結果であるようにみえるかもしれない。もちろん、それぞれの選択は行われており、危機時のようにシステムが故障した場合や、DX のケースのように新技術によって新たな資源やデザインの選択肢が生まれた場合には、そうした決定が特に必要とされる。しかし、決定には経路依存性がある。さまざまな選択は、その国に特有の事情や、現状（status quo）に由来する政治的・経済的な利害の集合に組み込まれ、それらの制約を受けている。

日本とユーロ圏

　本書に寄稿された論文は、日本とユーロ圏について言及しているため、日本と欧州通貨同盟の加盟国についてのバックグラウンド情報を提供する必要がある。しかし、日本が単一の国民国家であるのに対し、ユーロ圏は欧州連合（以下「EU」という）内の19の国からなる非常に多様なサブグループである。後述のデータにも表れているが、この多様性は、実は通貨同盟の第一の、そして非常に重要な特徴である。1999年に中央銀行である欧州中央銀行（以下「ECB」という）が設置され、ユーロという単一通貨のもとでの統合が実現した。その後、さまざまな共通の規制、監視スキーム、安定メカニズムが導入されてきた。たとえば、2014年に銀行監督の法的・制度的枠組みである単一監督制度（Single Supervisory Mechanism: SSM）が導入されたことで、ECBはその責任範囲を大幅に拡大した。とはいえ、それぞれの加盟国は、規模、経済活動、経済構造だけではなく、国内の規制や政策に関しても、依然として大きく異なっている。実際にユーロ圏の中央当局と政策決定機関にとって、効果的なだけではなく、各国の異なる状況にふさわしい共通の政策を打ち出すことは、最大の課題の１つになっている。

1　基本的な経済データ

　図表序－１は、ユーロ圏と日本の基本的な経済データである。ユーロ圏を構成する19の国は、世界の GDP の15％以上を生産しており、これは日本のGDP の３倍に相当する。ユーロ圏を構成する各国の経済規模、１人当りのGDP、人口動態が非常に多様であることが注目される。ユーロ圏の１人当

図表序－1　ユーロ圏と日本の基本的な経済特性（2020年）

	人口 （百万人）	GDP （兆米ドル）	世界のGDP* に占める割合 （％）	1人当りの GDP**	65歳以上の 人口の割合 （％）
ユーロ圏	342.9	12.93	15.30	38,774	20
最大値	83.2	3.81	4.50	115,874	23
中央値	5.5	0.23	0.30	27,885	21
最小値	0.5	0.01	＜0.01	17,620	14
日本***	125.7	5.06	6.00	40,113	28

（注）　*購買力平価に基づく。**現在の米ドル。***2019年のGDPデータ。
（出所）　OECD、総務省統計局、世界銀行

りのGDPは、平均して日本と大差ない。日本とユーロ圏は、ともに高齢化という人口動態の問題に直面している。これらの国が所得水準を維持するためには、DXに内在する生産性上昇のポテンシャルを引き出すことが重要である。

2　金融システム

　金融システムにはさまざまな機能やデザイン上の選択肢があるため、金融システムを比較しようとするとさまざまな課題に直面する。表面的な見方ではあるが、経済協力開発機構（以下「OECD」という）の国民経済計算をみることで、第一印象を得ることができる[1]。メキシコとルクセンブルクという外れ値を除くと、金融部門は雇用の1.5〜5.3％を占めている。イギリスを除いて、金融部門の労働生産性は他の経済部門に比べて著しく高い。経済規模が小さいながら国際的な金融ハブを運営しているルクセンブルクを再び除くと、データは、他の経済分野との比較でみた金融部門の雇用シェアと労働生産性の間には明らかな負の関係があることを示している。単純に推測すれ

1　Annual national accounts, detailed table（stats.oecd.org.）

	日本	ユーロ圏			イギリス	米国
		最大値	中央値	最小値		
家計の金融資産が国民の可処分所得に占める割合（％）	596	712	319	159	481	548
そのうち現金・預金	54	64	39	17	26	13
生命保険・年金	25	65	17	4	54	33
株式および投資ファンド	14	71	31	10	16	45
一般政府の総負債額（対GDP比・％）	235	199	74	13	116	105
非金融法人のデット・エクイティ・レシオ（負債資本比率）	0.9	1.5	1.0	0.6	0.8	0.7
金融仲介比率	0.5	0.7	0.5	0.4	0.7	0.5

（出所）　OECD, national accounts, financial dashboard, financial indicators（stock）, stats. oecd.org.

ば、非金融部門に属する企業が労働集約的な金融サービスをアウトソースする傾向にあるため、金融セクターが拡大するのではないかと考えられる。

　同じく国民経済計算に基づく OECD の金融ダッシュボードから、構造的な特徴に関する追加的な情報を得ることができる（図表序－2）。これをみると、家計の金融資産の相対的な大きさ、異なる資産クラスへのその配分、企業金融の構造、金融仲介活動の重要性における、ユーロ圏の多様性を再確認することができる。日本については、家計の金融資産の規模がユーロ圏平均のほぼ2倍と相対的に大きいこと、これらの資産の配分が非常に保守的であること、政府債務が過去最高水準にあり、それが少なくとも間接的には民間の家計部門の負債となっていることが、最も特徴的な点である。

　金融システムを分析するための最も包括的なフレームワークが、アジア金融危機を受けて世界銀行と国際通貨基金（以下「IMF」という）によって開発された（World Bank and IMF, 2005）。このフレームワークは、各国の金融

システムや金融政策の安定性を評価することを目的としている。しかし、さまざまな国ごとの報告書では、異なる統計フレームワークが適用されており、それは再び、標準的なフレームワークでは各国のシステムの多様性に対応できないという事実を反映している。直近のユーロ圏についての報告書は、「銀行監督のための各国の法的な枠組みがばらばらであること」を主要な改革分野として指摘している（IMF, 2018, 8）。また、金融市場が重要性を増している一方で、銀行は引き続きシステム内で支配的な役割を果たしていると述べている（IMF, 2018, 9）。日本についての報告書では、人口動態の変化が低金利環境や低い収益性と相まって、「金融システムに慢性的な課題をもたらしている」と強調されている（IMF, 2017, 6）。しかし、日本は依然として「世界で最も大きく、最も洗練された金融システムの１つ」であり、そこでは銀行が金融仲介において支配的な役割を果たし続けているとみられている（IMF, 2017, 9）。

この報告書では、過去30年間で日本の金融システムが経験した重大な変化について触れられていない。1990年代初頭の株価と不動産のバブル崩壊によって生じたバランスシート調整は、1990年代末に国内で金融危機をもたらし、その結果、金融機関が破綻し、大手の商業銀行の間で合併が続いた[2]。1990年代初頭以降、政府債務は継続的に増加している。2020年には、総負債対 GDP 比が250％を超え（Ministry of Finance, 2020）、OECD 加盟国のなかで群を抜く高さとなった。日本銀行はすでに1999年には金利のゼロ下限にぶつかり、以下のような非伝統的な金融政策を実行に移し始めた[3]。特に現在の黒田東彦総裁が就任した後、日銀はデフレ圧力に対抗するために大規模な金融緩和に乗り出した[4]。マネタリー・ベースは今日、公的債務の残高の伸びと並行して、2021年６月末に650兆円という歴史的な高水準に達し、日本の年間 GDP を大きく上回っている[5]。1990年代半ば以降、日本では非金融法

2　たとえば、当時国内第４位の証券会社であった山一證券や、北海道拓殖銀行など。

3　金利のゼロ下限とは、経済主体が常に現金を保有できるために、預金に対するマイナスの付利が制約されることを意味する。この制約に処するために、日本銀行は2001年に量的緩和政策（QEP）を導入した。

4　日銀の金融政策についての詳細な議論は、Heckel and Nishimura（2022）を参照。

人部門が最大の貯蓄主体となり、その結果、融資への需要が減少した。この
ため、商業銀行には、金融緩和によって与えられた余分な流動性を中央銀行
に預けておく以外の選択肢がなくなった（Waldenberger, 2017）。

3　デジタル化

　DX に関して、日本とユーロ圏が牽引車であるとはいえない。国際経営開
発研究所（International Institute for Management Development: IMD）が発表
した「世界デジタル競争力指数2020」によると、日本は63カ国中27位となっ
ている（IMD, 2020）。ユーロ圏の国は、7 位（オランダ）から50位（スロバキ
ア共和国）の間に位置している。経済規模の大きいドイツ、フランス、スペ
イン、イタリアはそれぞれ18位、24位、33位、42位で、ユーロ圏19カ国の平
均順位は29位となっている。日本と多くのユーロ圏諸国が過去 5 年間で順位
を落としたことも興味深い。これは、両者が世界的なデジタル・サービスや
技術の発展に追いつけなかったことを意味している。

　OECD「デジタル経済アウトルック（Digital Economy Outlook）2020」の
統計では、より多様な状況が示されている（OECD, 2020）。ここでは、情報
産業に特化した企業の研究開発、ICT 特許、企業のブロードバンド接続、
モバイル・ブロードバンド接続に関して、日本が比較的高いスコアを示して
いる。ユーロ圏最大の経済規模をもつドイツは、固定ブロードバンド接続数
でのみ上位10位以内に入っている。ユーロ圏の国々のパフォーマンスは、こ
こでも上位から下位まで非常に多岐にわたっている。

　上記の統計は、日本、ドイツ、欧州連合がデジタライゼーションの分野で
追求している目標とは一致しない。2016年、日本政府は包括的で非常に野心
的なビジョン「Society 5.0」を打ち出し、日本がどのようにデジタル革命
を受け入れていくかを説明した（Waldenberger, 2018）。ドイツはそれよりも
前に、第 4 次産業革命「インダストリー4.0」の概念を推進しており、産業

5　https://www.boj.or.jp/en/statistics/boj/other/mb/base2106.pdf

の生産性を向上させる DX のポテンシャルを率先して引き出そうとしている（Platform Industrie 4.0, 2019）。EU は2020年に「データのための欧州戦略（A European strategy for data）」を発表し、「EU は、ビジネス分野でも公共分野でも、よりよい決定のためにデータを活用する社会の先進的なモデルになりうる」（European Commission, 2020）と述べている。多くの EU 加盟国がデジタライゼーションで遅れをとっている一方で、EU は一般データ保護規則（General Data Protection Regulation: GDPR）を導入するなど、データ保護とプライバシーのための規制においては確実に主導権を握っている。また、EU の競争政策当局は非常に積極的に、主に米国を拠点とする国際的なプラットフォーム企業が市場での支配的な地位を濫用することを防ぎ、より厳格な透明性とデータ保護のポリシーを導入するよう働きかけている。

第 **4** 節

DX と金融──より広い考察

1　金融のインフォメーショナルな性質

　DX は技術的な革命であり、私たちの生活のあらゆる側面に浸透する。DX は、インターネット、モバイル・ネットワーク、センサー技術、ソーシャル・ネットワーク、プラットフォーム・ビジネスモデルなどによる接続性の飛躍的な向上や、最近ではニューラル・ネットワークやディープラーニング・アルゴリズムに代表される計算能力の目覚ましい進歩によって推進されてきた。しかし、DX がもたらす根本的な、そして際限のないようにみえる影響は、単なる技術的な進歩の結果ではない。それは何よりも、他の２つの主要な要因に関連している。第一に、DX はデジタル化された情報の２つの重要な特徴を利用している。すなわち、ほとんどゼロの限界費用で無限に共有、すなわちコピーできることと、ユビキタス（アクセスや使用が特定の場所に限定されないこと）である。第二に、情報を受け取り、分析し、送信することは、生物学的、社会的、文化的な生活の基礎を形成している。DX が情報を私たちの存在に不可欠なものにしているわけではない。実際には情報は常に私たちの存在に不可欠なものだった。DX は、私たちに情報の存在論的な性質を認識させ、これまで想像もできなかったような方法で膨大な量の情報を収集、分析、交換するための新しいツールを提供している。この新しい力をどのように使うかは、根本的に重要な問題である。本書では、私たちの経済の重要な部分である金融システムに焦点を当てて、この問題に取り組んでいく。

　DX は、金融業界を根本的に変えつつある。これは当然のことだ。金融と

は情報を収集し、処理することであり、それらは DX の影響を直接受ける活動だからである。金融の基盤である貨幣は、巧妙な情報装置である。貨幣は価格システムの基準、会計の単位として、財・サービスの価値や、貸借対照表上の資産・負債の価値を知らせてくれる。また、価値の貯蔵、交換手段として、誰が購買力というかたちで経済に対して権利をもっているのか、また、売買、貸借、貯蓄、投資などの過程で貨幣が移動する際に、その権利がどのように再配分されるのかを記録する。もちろん、金融業はお金を扱うだけではなく、リスク管理やガバナンスに関するさまざまなサービスを提供している。しかし、これらもまた、情報の収集と処理を中心的な内容とした活動である。

　金融がそのインフォメーショナルな性質から、根本的な経済変革のフロントランナーとなったのは、今回が初めてではない。金融業界は、情報通信技術（ICT）の影響を最初に受けた業界の 1 つである（Bátiz-Lazo, 2015）。銀行口座間でのキャッシュレスな振替、ATM の設置、クレジットカードやデビットカードの利用では、メインフレーム・コンピュータや通信ネットワークをいち早く活用してきた。グローバル化においても、資本自由化によって国境を越えた金融取引の制限がなくなったことで、金融業界は他の経済セクターを凌駕してきた。金融活動の基本的なインプットである情報は、物理的な製品のように特定の場所に限定されるものではない。その結果、金融はグローバル化の原動力となった。

　DX が金融システムに与える影響は甚大かつ広範だが、実際の成果のスピード、範囲、詳細は各国の状況に応じて異なるため、複雑でもある。以下の項では、各章の寄稿論文を要約し、全体的な構図のなかに位置づけてみる。各章は明確に比較の観点から書かれているわけではなく、また、両経済圏に関してすべてのトピックが網羅されているわけではないので、われわれは追加情報を提供する。その際、機能、資源、デザインの観点から金融システムを説明する上述のフレームワークを使用している。このフレームワークを適用するにあたり、金融の機能は特定の技術に依存しないため、DX は金融の主要な機能、および派生的な機能を変化させないことに留意することが

重要である。しかし、DX は、金融がその機能を果たすために使用される資源やデザインに影響を与える。DX に関する多くの議論は、デザインのレベルに直接飛びつき、資源の影響にはほとんど注意を払っていない。われわれはまず、後者に光を当てる。先に述べたように、資源とは、物理的なインフラ、知識、信頼、および規制を意味する。

2 インフラストラクチャー

　現在、世界中の中央銀行が、分散型台帳技術（Distributed Ledger Technology：以下「DLT」という）に基づくデジタル通貨の導入を試みている。DLTは、接続性、計算能力、保存容量の膨大な増加を利用している。国際決済銀行（BIS）の最近の調査によると、世界の中央銀行の約60％が、中央銀行デジタル通貨（Central Bank Digital Currency：以下「CBDC」という）の実験を行っている（Boar and Wehrli, 2021: 7）[6]。たとえば、欧州中央銀行は2021年7月、デジタル・ユーロの調査段階に入ることを決定した[7]。このような新しい通貨システムが導入されれば、現金の流通や銀行口座からの送金に使われている既存のインフラは、少なくとも部分的には陳腐化するだろう。本書では、3つの論文が CBDC のデザイン・オプションについて検討している。以下にその内容を紹介する。

　暗号資産もまた、DLT ベースのインフラを利用している。これらは、公的な決済システムの外にある民間部門で導入された（第5章・ベヒテルら参照）。暗号資産とそのインフラは、取引や価値の保存に使用することができる。しかし、その目覚ましい普及と評価額の上昇にもかかわらず、暗号資産は法定通貨としては認められていない。その使用は、それぞれのスキームに金銭または実物資産を投資して、参加することに明示的に同意した経済主体

6　中央銀行と国際決済銀行は、CBDC を「中央銀行の直接的な負債である、国の通貨単位建てで表示された、デジタルな決済手段」と定義している（Bank of Canada et al. (2020)）。

7　https://www.ecb.europa.eu/press/pr/date/2021/html/ecb.pr210714~d99198ea23. en.html

に限られる。暗号資産のインフラへの影響は、それが金融システムの中核機能をどこまで引き受けることができるか、あるいは支えることができるかにかかっている。この質問に対する答えは、価格変動の大きさだけではなく、規制やセキュリティに関する事項に起因する根本的な問題が依然として存在するため、まだはっきりしていない（後述を参照）。

　モバイルまたはオンラインでのキャッシュレスな決済は、インターネット、モバイル・ネットワーク、スマートフォン、そしてアプリケーション・プログラミング・インターフェース（API）の開発と普及によって可能になった（第7章・オマリーニと第6章・翁参照）。DLTとは対照的に、それらは既存の銀行インフラに依存している。それらはビジネスモデルの設計レベルでは重要な意味をもつが、インフラの観点からは、本質的にアディショナルなデジタルレイヤーを追加するだけだ。

3　知識ベース

　DXは、金融システムの知識ベースに無数の影響を与える。DXの基盤となる技術自体が新しい知識である。第7章・オマリーニは、欧州の銀行業界が苦労してDXに適応しようとしているようすを紹介している。バリュー・チェーンやビジネスモデルが変革され、消費者が新しいサービス提案を期待するなかで、商業銀行は競争力を維持するために自らを根本的に改革しなければならない。彼女の分析は、DXが商業銀行の知識ベースに与える破壊的な影響を例証している。適切なスキルをもった人材の不足は、しばしば新しいテクノロジーへの適応と普及において決定的なボトルネックとなる。DXも例外ではない。金融セクターで、IT、コンピュータ、システムエンジニアへの需要は高い（PwC, 2019）。また、法人・個人を問わず顧客は、新しい製品やサービスの恩恵を受けたり、関連するリスクを回避・コントロールしたりするために、新しいスキルを身につけなければならないだろう（次項を参照）。第2章・佐々木は、規制の観点からも顧客教育が必要であることを強調している。

立法者や規制者も、DX の機会とリスクについて学ばなければ、効率的で安定した、安全な金融システムの変革に必要な枠組みを提供することができなくなる。世界各地の大学、公的・私的研究機関、シンクタンクなどが、デジタル・ファイナンスを専門分野として掲げている。政府、中央銀行、規制当局は、専門知識を得るために、研究会や外部の諮問機関とともに、内部の研究ユニットを設置している。加えて、報告書の作成を依頼したり、サンドボックスで規制の実験したり、情報を収集・交換してイノベーションを紹介するためのフィンテック・ハブを設置したりしている（Financial Service Agency, 2021; Parenti, 2020）。EU の政策決定プロセスでは典型的だが、EU のデジタル金融戦略（European Commission, 2020）は、幅広いパブリック・コンサルテーションに基づいている。さらに、「デジタル・ファイナンス・アウトリーチ（Digital Finance Outreach）」のもと、一連の公開イベントを通じて知識が収集されている[8]。日本政府は、政策決定プロセスにおいて、学界や産業界の専門家による委員会を利用するという長い伝統をもっている（Neary, 2019）。また、IMF や OECD、BIS などの既存の国際機関の内外で、政策立案者や規制当局が国際的に協力する取組みも数多く存在する。その一例が、ステラ（Stella）と呼ばれる日本銀行と欧州中央銀行の共同分散型台帳技術プロジェクトである[9]。

　第 2 章・佐々木は、冒頭で、日本に限らず規制当局が新しい技術の展開に対応するのに苦労していることを述べている。特に人材の不足に言及し、規制当局が技術革新のスピードに対応するためには、民間企業との密接な協力関係が必要だと強調している。第 1 章・木下が指摘するように、日本の金融システムでは、ルールに違反すると刑事責任を問われる可能性があるため、ルールの中味を詳細に規定する必要がある。詳細なルールを規定するには立法過程でより多くの知識が必要になるため、日本の立法者には、金融イノベーションに対応して法的枠組みを調整するために、特に高い専門性が求め

8　https://ec.europa.eu/info/publications/digital-finance-outreach_en
9　https://www.ecb.europa.eu/paym/intro/publications/pdf/ecb.miptopical200212.en.pdf

られることになる。

　第3章・山岡が主張する日本の「民間主導・二層」のデジタル通貨と、第5章・ベヒテルらのロードマップは、民間の専門性とイニシアチブがデジタル決済インフラの推進に役立つことを示している。山岡が座長を務めた「デジタル通貨勉強会」は、日本の3メガバンク・グループと大手非金融企業がメンバーとなり、各省庁、日本銀行、金融庁の代表がオブザーバーとして参加した。この勉強会は、その後、より多くの民間企業の参加を得て「デジタル通貨フォーラム」に改組された。業界を超えたコンソーシアムによるシステム変革の推進は、コンセンサスを重視する日本社会ならではのアプローチといえるだろう。知識を共有するプロセスを踏むことで、新たな決済インフラの導入を広く支持してもらうことをねらいとしている。

　DXの基礎となる知識やその影響を受ける知識がすべて公開されているわけではない。アルゴリズム取引は、知識が厳密に専有されている典型的な分野である。アルゴリズム取引は、そのサービスを利用する市場参加者だけではなく、その影響を監視することになっている規制当局にとってもブラックボックスとなっている。アルゴリズムの仕組みがわからないのに、どうやってそれを信用できるのか、というのが大きな問題だ。1つの方法は、そのパフォーマンスをみることである。本書で日本におけるアルゴリズム取引の役割と影響を分析した第8章・木内は、最近の研究でHFT（High Frequency Trading）が効率性を高めることが示されていることを認めている。しかし、危機の発生時にアルゴリズムが市場の安定性にどのような影響を与えるかについては、あまり明らかになっていない。危機とは、その定義上、コンピュータが通常どおりに動きそうにもないような、普通でない、例外的なイベントである。もう1つの側面は、公正さである。効率化したからといって、すべての人が効率化の恩恵を公平に受けられるとは限らない。第8章・木内は、日本の規制当局が不公正な取引慣行を検出するためには、より多くの知識と資源が必要であると強調する。そして、HFTがさまざまな市場参加者の収入状況にどのような影響を与えるかについては、さらなる研究が必要だと結論づけている。

4 信　頼

　信頼は、DX によって影響を受ける、もう 1 つの重要な資源である。実際には、すでに移行プロセスにおいて、重要なステークホルダーの支持を得るために信頼が必要とされている。第 4 章・ビンドザイルの「CBDC への 2 階層の付利アプローチ」という政策提案は、民間の家計や商業銀行からの、CBDC が彼らの利益を害するのではないかという懸念に明示的に対応している。同じことが他の形態の新しい決済システムにも当てはまる（第 6 章・翁参照）。

　一般的に、DX によって可能になったすべての金融イノベーションは、新たなリスクを伴うため、信頼に影響を与えることになる。リスクとは、新しいソリューションの技術的な安定性、新しい、したがって、なじみのないサービスの使用による誤り、デジタル金融サービスがデータを必要とすることに関連するプライバシーやセキュリティの懸念、ユーザーの経験不足や法的な抜け穴を利用しようとする者による犯罪その他の意図的な有害行為からの保護などである。これらのリスクに適切に対処できないと、デジタル金融イノベーションへの信頼が損なわれ、その受容にさしつかえが出る。

　DLT の推進者たちは、基盤となるインフラが内在的に信頼を提供すると主張している。取引に関連する情報は透明性のある方法で文書化され、不正な操作をしようとすると法外なコストがかかるため、不正な操作は排除されるという（Tapscott and Tapscott, 2016）。しかし、過去に起きた出来事が示すように、DLT は深刻なセキュリティ・リスクを抱えている。

　日本は、アジアにおけるブロックチェーンの中心的な牽引車の 1 つとなり、暗号資産の導入にかなり早くから動いてきた。しかし、日本は初めての大規模なセキュリティ・スキャンダルを経験した国でもある。2014年、かつて世界のビットコイン取引の80％を扱っていた東京の暗号資産取引所 Mt. Gox が、85万ビットコイン（4 億5,000万ドル相当）が盗まれたと報告した。Mt. Gox は債務超過に陥った（Leising, 2021）。その 4 年後には、さらに別の日本の取引所であるコインチェックで同様の事件が起こり、そこではハッ

カーが約5億ドル相当のデジタル・トークンを盗み出すことができた（Bloomberg, 2018）。これらの事件は、暗号資産が深刻なセキュリティ問題に直面していることを示している。信頼を回復するために、日本は2018年に自主規制団体である日本仮想通貨交換業協会（JVCEA、現日本暗号資産取引業協会）を設立した。同協会は、暗号資産のルールや規制を可決・実施する権限をもっている。

セキュリティの問題に対応できたとしても、DLTで取引を認証するために使用される分散型の合意形成メカニズムによって生み出される信頼は、非常に高くつくものになりうる。DLTアプリケーション内のブロックチェーンが長くなればなるほど、消費電力や時間などの運用コストが増大する。ある段階では、ガバナンス機能を担う中央機関を設置したほうがコストが安くなるが、そうなるとシステムが自力で信頼を生み出すことはできなくなる。

5 立法と規制のための監視

立法と規制のための監視は、市場参加者にとって必要とされる知識の体系化を通じて、また、システムが安定し、効率的、安全かつ公正に稼働するように行動を規制し、制裁を科すことを通じて、信頼を支える。その際、立法者や規制者は、不必要な管理負担を避けるだけではなく、イノベーティブな活動が過度に制限されないようにしなければならない。第2章・佐々木は、日本の金融庁がデジタル・ファイナンスに対する規制アプローチにおいて、利用者の保護とイノベーションの促進のバランスをどのようにとろうとしているかについて述べている。

新しい技術環境に適応する際に、立法者は既存の法律・司法制度の制約を受ける。先に述べたように、日本の金融関連法の中核をなす金融商品取引法（FIEA）は、違反行為を刑事手続で訴追することを可能としている。第1章・木下によれば、立法者はこれにより、刑事法で要求される程度の詳細さと明確さが確保されるようにルールを規定しなければならないため、金融イノベーションへの立法的な対応が遅れてしまう。彼は、日本が金融規制のア

プローチを根本的に改革しなければ、日本の金融業界は取り残されてしまうのではないかと危惧している。

EU は、金融サービスにおける DX の推進で中心的な役割を果たしてきた。第 7 章・オマリーニは、欧州の銀行業界の DX において、規制が大きな原動力の 1 つになっていると主張している。欧州決済サービス指令 2 は、金融業界がオープン・ファイナンスの枠組みに移行するうえで重要な推進力となった。この指令は、新しい企業の参入を促し、FinTech 企業と銀行の協力を促進した。

6 デザインへの影響

一般の人々にとって、DX の影響が最も顕著に現れるのは、デザインのレベルである。これには、新しい貨幣の形態、決済の新しい方法、信用の獲得、貯蓄、投資、保険、さらにはさまざまなオファーの選択を助ける新しいアドバイス・サービスが含まれる。本書の規制に関連する章以外の章では、主にデザインの側面に光を当てている。本書の 3 つの章で、中央銀行デジタル通貨のデザインを取り上げている。

第 3 章・山岡は、暗号資産、既存の決済インフラを利用した銀行やノンバンクによるモバイル決済サービス、Facebook（現 Meta）の Libra（現 Diem）などの民間デジタル通貨の取組み、CBDC といった、現在利用され、議論されているデジタル決済システムを概観している。彼はデジタル通貨フォーラムでの活動をふまえ、日本で二層構造のデジタル通貨システムを提案している。それは、民間の団体が発行するものだ。上層レイヤーにはスマート・コントラクトなどのカスタマイズされたプログラムを搭載することで、決済の効率化や DvP（Delivery versus Payment）などの付加価値取引を促進し、下層レイヤーでは共通構造を採用することで、さまざまなデジタル通貨プラットフォーム間の相互運用性を高めるという。

第 4 章・ビンドザイルは、CBDC の設計を、付利、すなわち CBDC 預金の金利という側面から分析している。最近の ECB の金利政策をふまえて、

彼は特にマイナス金利下でのCBDCの導入を検討している。彼が提案するのは、民間の家計が保有する、ある閾値までのCBDC預金の金利は、現金の場合と同様に非マイナスであるが、企業が保有するCBDCや、家計が保有する、より多額の（閾値を超える）CBDCについては、金融政策や金融安定性の理由から必要であれば、マイナス金利を課すことができるという2階層の付利システムである。彼のデザイン案は、銀行の金融仲介機能を維持することを明示的な目的としている。さらに、中央銀行が銀行券の供給を継続することを約束しているため、CBDCの導入は、マイナス金利の拡大によって家計の保有資金に「課税」する手段ではないことを明確にしている。

　第5章・ベヒテルらは、eマネー・トークン、合成中央銀行デジタル通貨、CBDCなど、口座ベースとトークン・ベースの決済ソリューションを比較することで、DLTベースの通貨および決済インフラの設計オプションについて詳細に議論している。そして、ユーロ圏における中央銀行デジタル通貨の導入に向けたロードマップを示している。ベヒテルらは、EUの戦略目標であるデジタルな自律性と競争力の達成には、DLTをベースとしたデジタル支払ソリューションの導入が不可欠であると強調している。具体的には、①契約執行システム、②デジタル支払インフラストラクチャー、③通貨単位からなる、デジタル決済バリュー・チェーンの3本柱のフレームワークを提示している。また、第3章・山岡と同様に、デジタル・ユーロの発行者として公的機関と民間企業の両方を想定している。しかし、彼らは、単一の決済ソリューションでは、民間企業の多様な要求を満たすことはできないと結論づけている。そのかわりに、口座やトークンをベースとしたさまざまな補完的な決済システムが、近い将来に出現し、共存していくだろうと述べている。

　デジタル・ファイナンスの分野におけるイノベーションの多くは、その名が示すように、新しい技術を応用して新しい金融商品やサービスを生み出すFinTechスタートアップから生まれている。FinTechソリューションは、プロセスの仮想化、自動化、シームレスな統合、商品やサービスのパーソナライゼーション、ビッグデータと「インテリジェントな」アルゴリズムの使

用によって可能になる解析の改善などにより、コスト削減と顧客の利便性向上を実現する。第2回グローバルFinTechランキング・レポート（Findexable, 2021）は、FinTech産業の驚異的な成長を記録している。このレポートでは、2021年4月に市場評価額が10億米ドル以上の非上場スタートアップであるFinTechユニコーンが108社あると報告しており、この数は1年前に比べて61件増加している。市場評価額でみると、FinTechユニコーンはテクノロジー・ユニコーン全体の20％を占めるようになった。FinTechは世界的な現象だが、金融イノベーションのスピードや範囲は国によって著しく異なる。83カ国、264都市の1万1,000社を対象とした本レポートの国および都市のランキングは、こうした違いを反映している。このランキングは、特定の都市や国に本社を置く民間のFinTech企業の数に基づいており、支援機関やそのパフォーマンス、地域または国のビジネスおよび規制環境も評価基準に含まれている。国別ランキングでは、日本は21位で、アジアのトップランナーであるシンガポール（4位）と中国（6位）に大きく劣後している。上位20位以内には、経済規模の大きいドイツ（9位）とスペイン（16位）を含む7つのユーロ圏諸国がランクインしており、30位以内には10カ国がランクインしているが、ギリシャとスロバキアはそれぞれ58位と60位にランクインしており、ここでもユーロ圏諸国の間には大きな格差があることがわかる。

　商業銀行について第7章・オマリーニが説明しているように、主に国際化が進んだFinTechは独立して事業を行うことができるが、他のFinTechは、金融業界に本格的に参入するには規模が小さすぎるため、既存のプレーヤーと協力して事業を行っている。既存プレーヤーの側では、そのようなパートナーのイノベーション能力から利益を得ることができる。銀行とFinTechの協力関係は、APIなどのデジタル・イノベーションによって支えられ、新しい金融規制によって促進されている。大手テクノロジー企業（BigTech）も金融業界に参入している。彼らは自社のプラットフォーム・ビジネスに金融サービスを加えることで、データ収集能力をさらに高めることができる。彼らは、自分たちで金融グループ会社を設立できるほどの規模をもっている。そのため、協調的な戦略ではなく、競争的な戦略を採用している。

第6章・翁の実証研究は、社会的な伝統や顧客の嗜好が新技術のデザインや普及に影響を与えることを思い出させてくれる。日本ではキャッシュレス決済が遅れているようにみえるが、日本には高度に発達したポイントシステムがあり、それがキャッシュレス決済システムの機能を一部引き受けている。政府や金融庁だけではなく、楽天やソフトバンク（Yahoo!）グループなど、日本の電子商取引のプラットフォームもポイントを使った決済を推進している。また、今日ポイントは、ETF（Exchange Traded Fund）やREIT（Real Estate Investment Trust）への投資にも利用できるようになっている（Yomiuri Shimbun, 2021）。今後の日本の決済システムにおいて、ポイントシステムがどのような役割を果たすのかは未知数である。

　第8章・木内のアルゴリズム取引に関する説明によると、日本の株式市場においてHFTは米国ほど支配的ではない。しかし、米国企業の日本市場への参入により、HFTはすでに日本の証券業界のビジネスモデルに影響を与えている。

おわりに

　この10年間で金融のデジタル・イノベーションが世界的に獲得した勢いや、業界への新規参入者が調達できたベンチャー資本の額、各国の立法者や規制者による支援をみると、金融システムのDXは止められないように思える。とはいえ、個々の国のレベルでは、金融システムのDXは、スピード、範囲、結果においてさまざまである。国の状況が重要なのだ。

　DXの推進者は、デジタル化された金融システムは、現在の金融システムの欠点を改善できると主張している。利便性の向上などの一般的な効率化に加えて、国境を越えた送金にかかるサーチャージの撤廃や、これまで銀行口座をもてなかった人々に金融商品やサービスを提供することによる社会的包摂の向上の可能性が指摘されている。一方で、金融の安定性、プライバシー、サイバーセキュリティ、公平性など、さまざまなリスクが存在することも事実であり、それらを軽視することはできない。そこで重要なのは、チャンスがリスクを上回るように、金融システムの変革をどのようにコントロールするかということだ。これは、先に述べた重要な資源の1つである知識の提供と密接に関連している。金融イノベーションの恩恵を受け、詐欺の被害に遭わないためには、一般の人々が十分なレベルの金融リテラシーを身につける必要がある。しかし、効果的なガバナンスのためには、何よりも、立法者や規制者が公共の利益を守るために必要な知識をもっていることが必要だ。これは、業界の専門家が提供するアドバイスに耳を傾けるだけでは十分ではないため、些細な問題ではない。

　効果的なガバナンスのためには、民間企業から提供された専門家の知識を利用するだけではなく、公共政策の目標を追求するうえで産業界の専門家か

らの助言がどの程度有用かを評価できる、独立した知識ベースが必要である
(Waldenberger, 2019)。本書は、そのような試みの成果である。本書が公の
議論に貢献し、DX が金融システムに与える影響について、批判的な理解を
深めることを願っている。

◆ 参考文献

Bank of Canada, European Central Bank, Bank of Japan, Sveriges Riksbank, Swiss National Bank, Bank of England, Board of Governors Federal Reserve System, and Bank for International Settlements (2020). *Central bank digital currencies: Foundational principles and core features* (Report No.1 in a series of collaborations from a group of central banks). Bank for International Settlements.

Bátiz-Lazo, B. (2015). *A brief history of the ATM: How automation changed retail banking, an object lesson.* The Atlantic. (https://www.theatlantic.com/technology/archive/2015/03/a-brief-history-of-the-atm/388547/)

Bloomberg (2018). *How to steal $500 million in cryptocurrency.* Fortune. (https://fortune.com/2018/01/31/coincheck-hack-how/)

Boar, C., and Wehrli, A. (2021). *Ready, steady, go? Results of the third BIS survey on central bank digital currency* (BIS Papers No.114). Bank for International Settlements.

Dore, R. (2000). *Stock market capitalism: Welfare capitalism: Japan and Germany versus the Anglo-Saxons.* Oxford University Press.

European Commission (2020). *Communication from the Commission to the European Parliament, the Council, the European economic and social committee and the committee of the regions on a digital finance strategy for the EU* (COM (2020) 591 final). (https://ec.europa.eu/transparency/documents-register/detail?ref=COM(2020)591&lang=en)

Financial Service Agency (2021). *FinTech innovation hub katsudō hōkoku (dai 2 ban)* [FinTech innovation hub: 2nd Activity Report]. (https://www.fsa.go.jp/policy/bgin/FIH_Report_2nd_ja.pdf)

Findexable (2021). *Global Fintech rankings report: Bridging the gap.* (https://findexable.com/2021-fintech-rankings/)

Hall, P. A., and Soskice, D. (2001) : *Varieties of capitalism: The institutional foundations of comparative advantage.* Oxford University Press.

Heckel, M., and Nishimura, K. G. (2022). *Unconventional monetary policy through open market operations: A principal component analysis.* Asian Economic Papers. Forthcoming.

Hines, B. (2021). *Digital finance: Security tokens and unlocking the real potential of blockchain.* Wiley.

International Institute for Management Development (2020). *IMD world digital competitiveness ranking* 2020. IMD World Competitiveness Center. (https://www.imd.org/centers/world-competitiveness-center/rankings/world-digital-competitiveness/)

International Monetary Fund (2017). *Japan: Financial system stability assessment* (IMF Country Report No. 17/244). (https://www.imf.org/en/Publications/CR/Issues/2017/07/31/Japan-Financial-System-Stability-Assessment-45151)

International Monetary Fund (2018). *Euro area policies: Financial system stability assessment* (IMF Country Report No. 18/226). (https://www.imf.org/en/Publications/CR/Issues/2018/07/19/Euro-Area-Policies-Financial-System-Stability-Assessment-46100)

Kirkpatrick, G. (2009). The corporate governance lessons from the financial crisis. *OECD Journal: Financial Market Trends,* 2009(1), pp.61-87.

Kuroda, A. (2020). *A global history of money.* Routledge.

Leising, M. (2021, January 31). *'Trillion Dollar' Mt. Gox demise as told by a bitcoin insider.* Bloomberg. (https://www.bloomberg.com/news/articles/2021-01-31/-trillion-dollar-mt-gox-demise-as-told-by-a-bitcoin-insider)

McMillan, J. (2014) : *The end of banking: Money, credit, and the digital revolution.* Zero/One Economics.

Ministry of Finance (2020). *Japanese public finance fact sheet.* (https://www.mof.go.jp/english/policy/budget/budget/fy2020/04.pdf)

Neal, L., Fohlin, C., Burhop, C., and Chambers, D. (2016). Part 2: Stock Markets. In Chambers, D., and E. Dimson (eds.), *Financial market history: Reflections on the past for investors today.* CFA Institute Research Foundation.

Neary, I. (2019). *The state and politics in Japan.* Polity Press.

Organisation for Economic Co-operation and Development (2020). *OECD Digital Economy Outlook* 2020.

Parenti, R. (2020) : *Regulatory sandboxes and innovation hubs for FinTech: Impact on innovation, financial stability and supervisory convergence.* European Parliament.

Platform Industrie 4.0 (2019). *2030 Vision for industry 4.0: Shaping digital ecosystems globally.* Berlin: BMWi.

PwC (2019). *Financial services talent trends 2019.* (https://www.pwc.com/gx/en/ceo-survey/2019/Theme-assets/reports/financial-services-talent-ceo-surveytrends-report-2019.pdf)

Tapscott, D., and Tapscott, A. (2016) : *Blockchain revolution: How the technology behind bitcoin is changing money, business, and the world.* Penguin Random House.

Waldenberger, F. (2017). Fully reserve-backed money: A solution to Japan's fiscal and monetary challenges. In: Rövekamp, F., Bälz, M., and H. G. Hilpert (eds.), *Cash in East Asia.* Springer, pp.77-98.

Waldenberger, F. (2018). Society 5.0. Japanese ambitions and initiatives. In: Konrad Adenauer Stiftung (eds.), *The digital future* (= International Reports 1, 2018), pp. 48-55.

Waldenberger, F. (2019). Einige Überlegungen zu den Möglichkeiten und Grenzen staatlicher Regulierung in einer durch Arbeitsteilung geprägten Wissensgesellschaft. In: T. Baums, H. Remsperger, M. Sachs und V.W. Wieland (eds.), *Zentralbanken, Währungsunion und stabiles Finanzsystem. Festschrift für Helmut Siekmann.* Berlin: Duncker and Humblot, pp.621-635.

World Bank and International Monetary Fund (2005). *Financial sector assessment: A handbook.* Washington: The International Bank for Reconstruction and Development/The World Bank/The International Monetary Fund.

Yomiuri Shimbun (2021, July 14). *Genkin tsukawazu kin'yū shōhin* [Non-cash purchase of financial instruments]. Yomiuri Shimbun.

第1章

金融市場の将来

木下　信行

　金融取引のために提供されるサービスは情報通信技術に左右される一方、権利義務関係の変化は法制度によって規定される。情報通信技術が進歩すれば、金融サービスには世界共通に革新が求められるが、法制度には経路依存性が働くため、国ごとの対応に相違が生じる。こうした相違は、各国の金融市場の競争力に影響をもたらす。本章では、このような考え方のもとで、情報通信技術の進歩への対応という観点から、わが国の金融制度の課題を抽出する。第1節において、情報処理費用という観点から、情報通信技術と金融制度のかかわりを整理する。第2節では、金融制度の内訳やわが国における特徴を説明する。第3節では、情報通信技術の進歩に伴う金融サービスや金融市場の革新に関し、外国における実例やわが国の状況を概観する。第4節では、情報通信技術の進歩に伴う競争に伍していくためのわが国の金融制度の課題と対応策を提言する。第5節はまとめである。

◆ 著者略歴

木下　信行（きのした・のぶゆき）

株式会社東京金融取引所代表取締役社長兼CEO。東京大学法学部卒、筑波大学大学院経済学研究科修士課程修了。1977年に日本の大蔵省に入省後、金融庁の設立時を含め、ほぼ一貫して金融行政に従事。2010年から2014年まで日本銀行理事、2014年から2018年までアフラック日本法人のシニアアドバイザーを務めた。2018年より現職。著書に"Legal Background to the Low Profitability of Japanese Enterprises"（コロンビア大学、アカデミック・コモン）、『デジタルイノベーションと金融システム』（金融財政事情研究会、2018年）などがある。

情報通信技術の進歩と
金融取引のかかわり

1 情報処理費用と金融取引

(1) 取引費用

　本章における議論の対象に関する用語法としては、資金余剰者から資金不足者への資金の融通を「金融」と呼び、その実現のために行う取引を「金融取引」と呼ぶことが多い。また、金融取引の対象である「金融商品」の定義については、金融に関する法制度や会計制度においてさまざまな規定が置かれている。しかし、これらは、経済社会における「資金」の通念を前提としたものであり、情報通信技術と金融取引の関係を経済学的に検討したものではない。

　本章では、情報通信技術と金融取引の関係について、情報処理費用の観点から経済学的に検討する。

　そのためには、まず、資金の基本にある「通貨」の果たす機能を整理することが必要である。この点に関しては、経済学において、通貨の機能として、通例、「価値の尺度」「価値の交換」「価値の保存」という 3 つがあげられていることが出発点となる。また、法と経済学において、経済社会における法制度の機能として、取引の相手を見つけるための「探索の費用」、取引の内容を決めるための「交渉の費用」、取引の実行を確保するための「強制の費用」を節約する手段だと整理されていることが出発点となる。この両者を対比すると、取引当事者に共通のインフラストラクチャーを設けることで、各人がばらばらに取引を行うよりも小さな費用で取引を行えるようにす

る枠組みであることが共通している。

　こうした現象を経済学的観点から整理すると、取引費用の内容は情報処理費用であり、その総額は情報処理の件数と単価によって規定されることになる。この整理に基づけば、上述の通貨や法制度は、情報処理の件数を節約するための社会的枠組みである。すなわち、取引における情報処理は、当事者間の情報交換と各当事者における情報分析に区分することができるが、通貨や法制度を情報処理システムとしてみると、経済社会に共通のハブを置き、ノードである個々の取引当事者がハブとのスポークにより情報交換を行うハブ＆スポーク型ネットワークである。こうした枠組みによることの利点は、スポークの数に示される情報交換の件数を削減することにより、情報処理費用の節約につなげることにある。この枠組みと対照となる情報処理システムがメッシュ型ネットワークである。これに基づく取引の例としては、対面の売買と現金による支払いがあげられる。ここでは、個々の取引当事者は、各々の取引相手と直接に情報交換を行っており、ハブを介在させてはいないので、情報交換の件数を節約する効果はない。

　ハブ＆スポーク型とメッシュ型のネットワークについて、情報処理費用の観点から対比すると、前者によるほうが情報交換の件数を少なくできるという効率性を有する一方、ハブの機能に障害が生ずればネットワーク全体が機能不全になるという脆弱性を有する。こうした両者の優劣の度合いは、情報交換に伴う情報処理の単価の大小により左右されることになる。

⑵　情報通信技術の進歩と情報処理ネットワーク

　以上の考え方をふまえて、情報通信技術の進歩の経済的意義を考えると、情報処理の単価を引き下げることにより、情報処理システムの社会的選択に影響を与えるところにあるということになる。

　すなわち、経済社会における取引にあたっては、当事者によりハブ＆スポーク型ネットワークとメッシュ型ネットワークの選択が継続的に行われているが、その基準は情報処理費用の節約という観点からみた優劣にある。こ

うしたなかで、情報通信技術の進歩により情報処理の単価が低下すれば、ハブ＆スポーク型ネットワークについて、障害点の存在による脆弱性に変わりはない一方で、情報処理の効率性にかかわる優位性が相対的に低下するという影響を与えるので、取引当事者の選択は、メッシュ型ネットワークを選好する方向にシフトすることになる。

　ただし、メッシュ型ネットワークへのシフトという効果は、取引費用の種類によって異なってくる。すなわち、取引費用を構成する情報処理の内訳については、「探索の費用」では情報交換に要する費用のウェイトが高い一方、「強制の費用」では、情報分析に要する費用のウェイトが高く、「交渉の費用」はその中間だと考えられる。これまでのところ、情報通信技術の進歩の成果は、インターネットの普及等、情報交換の側面でより顕著に現れているので、メッシュ型ネットワークへのシフトは、取引相手の探索にかかわる枠組みにおいて最も大きくなると考えられる。

2　情報通信技術の継続的進歩[1]

(1)　ハードウェアの性能向上

　情報通信技術の進歩は最近になって始まったものではなく、長期にわたり指数関数的に加速してきたものである。このため、情報通信技術の進歩が金融取引に与える影響を考えるうえでは、最近取り上げられるようになった個別事象だけに目を奪われることなく、中長期でみた趨勢を見極めることが必要である。

　そこで、情報通信技術の進歩の経緯を振り返ってみると、その根本にハードウェアの性能向上があることを指摘できる。すなわち、「プロセッサー当りのトランジスター数が18カ月で2倍になる」という「ムーアの法則」と呼ばれる経験則は、過去数十年にわたって妥当してきた。これに伴い、プロ

1　成長戦略法制研究会［6］第6章

セッサーの集積であるコンピュータの能力にも著しい向上がみられている。たとえば、現在数百ドルで買える普及品であるタブレットは、1950年代には1兆ドル程度かかったコンピュータと同等の計算能力をもつようになっている。

(2) ソフトウェアの革新

事業革新に活用される情報通信技術の進歩とは、こうしたハードウェアの性能向上に基づいて、ソフトウェアの革新がさまざまな分野で進んできたことによるものである。まったく新たな要素技術が突然変異のように生じたものではない。たとえばブロックチェーンの基盤であるコンセンサスアルゴリズムは、取引情報をP2Pネットワークに開示したうえで、ネットワーク参加者が暗号技術に基づいて正当性確認を行うものであり、既存のソフトウェアの組合せにすぎない。発想としては画期的ではあるが、事業への活用が経済的に意味をもつようになるためには、こうした情報処理を高速で行えるような基盤が必要である。また、AI（Artificial Intelligence、人工知能）についても、近年注目を集めるようになったものの、いまに始まった技術ではない。事業への活用が具体的に検討されるようになった背景には、AIによる論理展開の前提となる膨大な情報の入力効率の向上とその特徴表現を自動的に把握できるディープラーニングの実用化がある[2]。このように、最近注目を浴びているソフトウェアの革新は、いずれもハードウェアの性能向上の基盤の上に成り立っている。

情報通信技術の進歩は、このように継続的に進展してきたものであるから、それに伴う経済社会の変革もやはり継続的に進展してきている。こうした認識をふまえ、本章で今後の金融取引について考える際には、これまでのイノベーションの進展、金融取引の変革、法制度の整備の延長線上で、全体をとらえていくことが必要である。

金融取引と金融制度

1 金融制度のグランドデザイン

(1) 広義の金融制度

　本章で情報通信技術と金融取引の関係を考えるにあたり、金融制度の意義
について振り返ってみると、金融取引は、物理的な商品を取り扱うのではな
く、通貨にかかわる契約を取り扱うものであり、取引のもたらす権利義務関
係も、取引を行う当事者に対する規制も、法制度によって決まってくること
が特徴である。こうした法制度を広く「金融制度」と呼ぶこととすると、
「広義の金融制度」と「狭義の金融制度」に区分することができる。

2　AI の活用の試みを振り返ってみると、コンピュータによる論理展開の活用可能性
は、60年以上前から指摘されていたが、その実用化にあたっては、入力との兼ね合いが
常に問題となってきた。つまり、かつての AI は、開発者が先に論理構造を決めておき、
顧客がそれに見合った入力を行うと、コンピュータが論理展開をするものであった。こ
のため、入力の許容範囲を狭くすると、開発者の想定していない入力に反応できない一
方、入力の許容範囲を緩めすぎると、入力に対応する論理を探索し続けるだけに終わる
という問題があった。これに対しては、1980年代の第 2 回目のブームに際し、エクス
パートシステムの導入等の工夫が行われたものの、論理展開と入力負担という根本的問
題を解決するには至らなかった。現在の第 3 回目のブームに際しては、ディープラーニ
ングがこの問題を処理するための切り札となるとされている。しかし、その基礎となる
考え方は、「多くの情報を背後にある少数の要因に縮約する」というものであり、心理
学で多用されてきた因子分析等、かねて用いられてきたものである。ディープラーニン
グでは、ニューラルネットワークを重層的に用いたり、対象の情報量を抜本的に増加さ
せたりすることで、非線形の定式化による因子を設定できるようになった点でかつての
因子分析等と異なっている。このように、情報処理能力の向上により、入力の面で、処
理対象の情報の特徴表現をコンピュータが自ら獲得できるものとなり、論理展開の面で
も、AI が注目されるようになったのである。

広義の金融制度としては、まず、企業にかかわる法制度をあげることができる。企業を構成する要素を考えると、役職員等の人的資本の提供者と、設備や在庫等の物的資本の提供者に分かれる[3]。これを貸借対照表でみると、負債や資本が後者に見合っており、損益計算書でみると、資本を回転させることによって得られた粗利を役職員等への報酬や利子・配当等に充てるという企業活動が示される。通貨はこうした企業活動の表示に用いられる計算単位として用いられている。

こうした企業活動を規定する法制度としては、負債による資金調達の基礎となる債権債務や資本による資金調達の中枢をなす株式に関する定めがあげられる。前者については、さらに、手形・小切手法のような有価証券法制等が設けられ、後者については、さらに、企業統治と株主の権利にかかわる会社法制等が設けられている。

倒産制度は、こうした法制度のなかでも、負債と資本の切替えにかかわるものとして、金融取引と最も深い関係を有している。すなわち、企業が窮境に陥り、約定どおりの債務の弁済が困難と見込まれるようになると、倒産手続が開始されることになる。倒産手続においては、まず、窮境企業の事業や資産の価値について評価が行われる。債権者は、これらによって弁済可能な範囲で配当を受けるというかたちに財産上の権利が縮減される一方で、管理人の選任や倒産計画の承認等のかたちで企業統治にかかわる権利を取得することになる。このように、倒産手続は、企業の弁済困難の見込みを契機として、負債を資本に近い性格に転換するものであり、金融制度として倒産制度をみると、デットエクイティスワップを一律に行う手続を定めたものと考えることができる。

(2) 狭義の金融制度

狭義の金融制度は、いわゆる金融規制を定める法制度であるが、その構成

3　宍戸善一 ［5］

としては、金融取引にかかわるサービスを提供する企業を対象として、その業務範囲や財務内容等に規制を課すものと、金融取引の対象となる商品のうち特定のものを対象として、その取引や情報処理の方法等に規制を課すものとに区分される。また、こうした規制に関しては、それぞれの法制度に特化した執行機関として、規制対象の事業者を監督する組織や規制対象の金融商品の取引を監視する組織が設けられる。

　狭義の金融制度を広義のものと比べると、特定の事業者や取引に限定された複雑な規制であること、規制対象の変革が著しく速いこと等から、多くの国で、法制度の制定面でも執行面でも執行機関に広範な権限が委ねられ、立法機関や司法機関はその枠組みを定めるものとされていることが特徴である。ただし、現実の各国の金融制度では、広義と狭義の金融制度が混在していることや、金融サービスが経済社会のインフラストラクチャーであることを反映して、中央銀行をはじめとする金融市場インフラや、証券業協会等の自主規制機関が設けられる等のバリエーションがみられる。

2　わが国の金融制度の特徴

　わが国における金融制度としては、広義の金融制度である債権法、会社法、倒産法等に対し、狭義の金融制度として銀行法や金融商品取引法等をあげることができる。

　わが国の狭義の金融制度の例として、金融商品取引法の構造をみると、債権法や会社法で規定された負債や資本のうち、特定の条件を満たすものを限定列挙して規制対象としていることが特徴である。そのうえで、こうした金融商品の取引の基礎となる情報の開示や公正な交渉を確保するため、取引当事者等に対し、刑事罰により担保された特別の強行法規を定めている。また、そうした取引にかかわるサービスを提供しようとする事業者を金融商品取引所や金融商品取引業者とし、認可取得や行為規制等の義務づけを行っている。こうした事業者は、無認可営業を行えば刑事罰を科される一方、認可等を得れば所管行政庁に対し検査監督等の受忍を含む特別の義務を負うこと

になる。認可事業者は義務に違反すれば、一義的には行政命令等を受けることになるが、行政命令等に違反すれば、最終的には刑事罰の対象となる。さらに、金融商品取引法では、こうした取締りを実効的なものとするため、証券取引等監視委員会のような特別な政府機関を設けることとされている。

　金融商品取引法に典型的にみられるように、わが国の狭義の金融制度は、原則として刑事罰によって担保されていることを特徴としており、もっぱら民事訴訟によって権利調整が行われる広義の金融制度と著しい対照を示している。たとえば株式に関する法制度をみると、一般的には民事訴訟で権利関係の調整が担保される会社法で定められているのに対し、上場株式等に限っては刑事罰で担保される金融商品取引法で定められるという二重構造となっている。このため、わが国では、たとえば上場企業の企業統治について、会社法に基づく権利行使の以前に、まず司法当局が金融商品取引法に基づく取締りを行うといった独特の現象が生ずることになる。

　また、狭義の金融制度が刑事罰を担保としていることは、たとえば金融商品取引法の改正作業にあたり、罪刑法定主義に留意しなくてはならないことを意味している。このため、規制対象の金融商品を限定列挙するにあたっては、概念の明確性が強く求められることになる。また、証券取引等監視委員会の活動においても、とりわけ犯則事件に関して、刑事罰を科すに足る十分な証拠を得るための内偵に長期間を費やすことになる。

　これに対し、米国等においては、金融制度の構成が大きく異なっている。すなわち、狭義の金融制度に関する争いも主として民事訴訟によって調整されるため、法律による限定列挙の明確化や長期間の内偵活動の必要性は小さい。また、その実効性を担保するための機関である証券取引委員会も、独立採算であったり、損害賠償金を投資家に配布したりする等、投資家代表の法律事務所に近い活動をしている。特別の権能としては、裁判所によらずに証拠提出命令を発出できるとされているだけである。

　こうした相違は、各国の法体系や規制導入の経緯を反映したものであるが、規制対象の事業者によるクロスボーダーの競争に大きな影響を与える。たとえば、情報通信技術の進歩等を活用して新たな金融商品の取引が行われ

るようになった場合、米国ではまずサービスが開始されてから権利調整の対象となるのに対し、わが国では狭義の金融制度がなかなか制定されず、サービスを開始しがたいという事態が生ずる。この結果、わが国の金融サービスでは、法律遵守に熱心な企業ほど後れをとることにつながることになる。

情報通信技術の進歩に伴う
金融取引の革新

1 金融サービスの革新

(1) 外国における革新の実例

　前述のように、情報通信技術の進歩は、これまで、ハードウェアの性能の指数関数的向上を基盤として継続的に進展してきたため、金融取引に対しても継続的に影響を及ぼしてきている。以下では、金融革新の経緯を中長期的に振り返って、2つの実例をあげることとしたい。

　情報通信技術の進歩による影響に関する第一の例としては、ストラクチャードファイナンスがあげられる。上記のように、広義の金融制度では、企業の活動に必要な資金調達は、債権債務関係を基礎とする負債や、株式に関する定めを基礎とする資本によることが想定されてきた。しかし、現実の企業活動においては、こうしたレディーメードの二分法にかかわらず、特定の事業や資産だけを切り出して資金調達を行うこととし、その手段になる負債や資本の性格についても案件ごとにオーダーメードとするほうがより効率的な場合がある。一方、資金供給を行う主体においても、伝統的な負債や資本の二分法にかかわらず、背後にある投資家等の特性に応じた商品特性を求める場合がある。こうした利用者のニーズに対応した金融仲介サービスがストラクチャードファイナンスである。サービスを提供する事業者は、金利や価格等の条件設定や、倒産時の手続からの隔離等について、情報通信技術の進歩を活用することによってオーダーメードを行い、利用者間の仲介を行うことに収益機会を見出すようになった。

情報通信技術の進歩による継続的影響の第二の例としては、インターネットを通じた流通サービスの革新と決済サービスへの侵食をあげることができる。インターネットを通じた取引は、情報交換に要する費用を抜本的に削減する効果があることから、急速に拡大している。ここでは、事業者と利用者が直接に対面するのではないので、利用者からみれば、商取引と決済に関するサービスを別々に提供するのではなく、一体として提供してくれる事業者のほうが好ましいと受け止められる。こうしたことから、インターネットを通じた商取引と流通事業者による決済サービスの組合せは、30年以上以前から世界的に進展してきており、現在もさらに世界的に拡大している。とりわけ中国においては、流通・決済・金融を一体としてサイト上で展開する超巨大企業が活動する等、情報通信技術の活用の流れが加速を続けている。こうした活動は、特定の社会的必要性に向けた政府の制度設計に基づくものではなく、情報通信技術の進歩を活用して収益機会を得ようとする企業活動に基づくものである。

(2)　わが国における経緯

　以上のような金融革新に関し、わが国における経緯を振り返ってみると、立ち遅れが目立つ。

　まず、ストラクチャードファイナンスの流れは、40年近く前から世界的に進展してきたものであるが、わが国の国内市場では、金利自由化が進展した1990年代後半に至って、ようやく経済的意味をもつようになった。とりわけ証券化については、現在でも、社債市場が著しく小さいうえ高格付企業に偏っていることに伴う制約がある。たとえば、リーマンショック後の国際的規制改革にあたって対象とされた CDS（Credit Default Swap）については、わが国ではそうした取引自体ほとんど存在していない[4]。

　また、インターネットを通じた金融サービスについても、わが国では、

4　吉井一洋［10］

1990年代後半に至って、ようやく実用化の俎上にのってきた。当初は、紙媒体である銀行券に重きが置かれ、コンビニエンスストアによる収納代行やATM運営等のかたちで事業化されており、運営主体に関する法制度は検討途上であった。しかし、折あしく金融危機が顕在化し、これに対応して銀行への公的資金の投入等が行われたため、新たなサービスを提供するための資本を調達するうえでは銀行の形態をとることが有利となってしまった。また、銀行以外の形態の事業者による決済サービスについても、少額送金に限って認めるという部分的な規制緩和にとどまった。現在でも、キャッシュレスの立ち遅れの挽回が目標とされている。

　金融サービスの革新の流れに対してわが国の事業者がこのように立ち遅れ気味となる要因としては、かつては金利規制が大きかったと考えられるが、その後は、刑事罰を担保とする狭義の金融制度の役割が大きいことがあげられる。上記のように、わが国の金融商品取引法等では、限定列挙された金融商品や金融サービス事業者に対し刑事罰を担保とする規制を科しているが、罪刑法定主義のもとでこうした法制度を構築できる理由は、規制対象となる取引を他の形態の取引から明確に区分できることにある。しかし、情報通信技術の進歩の活用にあたっては、QRコード決済の普及にみられるように、既存の区分にとらわれずにサービスの革新を進めることが不可欠であり、両者の間には矛盾がある。

　こうした情報通信技術の進歩は、今後とも、加速することはあっても停滞することはありえない。上記の実例にみられるように、金融サービスに対しても継続的な影響が生じ、関連する事業者の間ではクロスセクター、クロスボーダーの競争が激化する一方だと見込まれる。そうしたなかで、わが国政府が既存の金融制度の構造を墨守していれば、わが国の事業者はさらに立ち遅れ続けることにつながるおそれがある。

2 金融市場の革新

外国における革新の実例

　こうした情報通信技術の進歩の活用の流れは、金融市場についても同様に進展している。この点に関し、以下では、外国における2つの実例を紹介しておくこととしたい。

　第一の実例は、中国の倒産手続である。中国では、わが国における民事再生のような再建型手続と破産のような清算型手続の統合された「倒産更生制度」が存在しており、各省の裁判所における競売手続においては、かねてネットオークションが利用されてきた。

　こうしたことをふまえて、2016年の8月からは、最高人民法院の宣布に基づき、中国全土の裁判所において、倒産にかかわるすべての情報をネット上で公開し、手続を進めていくこととされた。こうした全国的な制度化の後の2018年においては、ネット上で、約3万件の手続が取り扱われるに至っている。

　具体的に、

　「全国企業破産重整案件信息网」（http://pccz.court.gov.cn/pcajxxw/index/xxwsy）

というウェブサイトをみると、スポンサーや管財人の募集、案件や競売の公告等の情報が掲示されている。このうち競売公告のサイトをみれば、債務者企業の資産が個別に掲示されており、その概要や資産特性を示す情報が添えられている。こうした競売については、債権者集会が決議する方法とルールに基づいて、管財人が補助プロバイダーの支援を受けてプラットフォーム上で実施することとされており、裁判所は、競売手続の進行および管財人の業務執行に対する監督・指導のみを行うこととされている。

　また、以上のような倒産手続に基づくネットオークションが行われるプラットフォームとして、

　「阿里拍卖・司法」（https://sf.taobao.com/）

というウェブサイトをみると、飛行機や不動産をはじめとして、ありとあらゆる資産の情報が掲示されている。とりわけ大都市の不動産については、昨今の価格高騰下で通常の売物が少ないため、競売案件が注目の的になっているとのことである。

こうした動きを金融制度の観点からみると、広義の金融制度の要である倒産制度を実務面から変革させる意味があると考えられる[5]。

第二の実例は、ECC（European Commodity Clearing）AG による商品先物向けのクリアリングである。この企業は、資本面では、ドイツのライプチヒに所在する EEX（European Energy Exchange、欧州商品エネルギー取引所）のグループに属しているが、業務面では、EEX に限らず、欧州におけるエネルギー取引全般について、取引所取引、店頭取引を問わずクリアリングサービスを提供している。具体的には、ECC の提供するスキームのもとで、金融機関を中心とする約20社の清算会員が約370社の非清算会員に対してクリアリングサービスを提供している。ECC は、取引当事者が清算決済を行う相手となる CCP（Central Counter Party）であるとともに、ドイツの銀行法に基づく金融機関でもあり、同国の銀行監督当局による規制を受けている[6]。

また、ECC を含む EEX グループの業務内容をみると、取扱額の過半が取引所取引ではなく店頭取引であることが注目される。EEX の市場参加者の資格についても、ドイツ国内に登記事務所をもっている必要はなく、ドイツ

5　狭義の金融制度の観点からみると、株式が競売対象の資産に含まれていることが注目される。投資家は、このサイトにおいて、通常のネットオークションと同様の操作により、株式を購入することができる。これは、証券取引所制度を相対化させるという意味があると考えられる。この点に関し、このサイトとわが国の証券取引所とを対比してみると、このサイトで買える銘柄は競売対象となったものに限られているが、わが国の証券取引所で買える銘柄も上場株式に限られていることを考えれば、今後の拡大いかんで株式取引のチャネルとして重要性をもってくる可能性がある。また、わが国の証券取引所の清算決済の確実性は、保管振替システムにおける名義変更が法律上有効であることによって担保されているが、このサイトにおける株式購入の清算決済は、裁判所自体によって担保されているので、取引のファイナリティという観点からはむしろ優れている面もある。

6　三菱 UFJ リサーチ＆コンサルティング［8］

と所在国の監督当局間の情報交換で足りるとされている[7]。

⑴　金融市場の機能のアンバンドリング

　こうした外国における革新は、いまだ変革の兆しにすぎないようにみえるかもしれないが、今後の情報通信技術のいっそうの進歩を展望すると、経済取引に伴う情報処理のネットワークがハブ＆スポーク型からメッシュ型へとシフトしていく大きな流れの一環であると考えられる。金融サービスを提供する事業者の間で、クロスセクター、クロスボーダーの競争が激化していることに伴い、金融市場においても革新が進むものと見込まれる。

　こうした実例をふまえて金融商品取引所の機能を考えると、特に、既存の金融制度で前提とされてきたマッチング、クリアリング、価格発見の組合せについて、アンバンドリングが進んでいることが注目される。これは、情報通信技術の進歩に伴うメッシュ型ネットワークへのシフトに対応したものである。すなわち、マッチングサービスについては、現在では、ありとあらゆる経済取引についてネット上で提供可能であり、金融商品取引所が金融取引のマッチングのハブとなる独自の経済性は薄れてきていると考えられる。情報通信技術の進歩を活用したマッチングは、シェアリングサービスにみられるように、対象が金融商品か一般の財・サービスか、提供者が事業者か個人

7　わが国の電力先物の取引に関しては、電力市場の自由化を背景に必要性が指摘され、東京商品取引所が上場商品としての取扱いを目指しているが、いまだに実現に至っていない。報道によれば、先物取引のCCPとなる東京商品取引所に対して清算預託義務を負う会員候補企業が懸念をもっているからではないかと推測されている。

　こうしたなかで、ECCは、わが国における電力先物の取引について清算決済サービスを提供することを検討していると報じられた。たしかに、わが国で電力先物の取引ニーズを有する企業からすれば、取引所取引であることは必ずしも重要でないし、CCPをわが国の取引所に限る必要もないので、欧州においてエネルギーデリバティブの清算決済に実績をもつ事業者がサービスを提供してくれれば事が足りるかもしれない。ECCが現実にサービス提供を行うかどうかは今後の課題ではあるが、この動きには、国ごとに取引所を設けて取引を囲い込む意味が小さくなっていることが現れている。

か等を問わず、規模の経済性に応じて急速に拡大しており、経済全体に及ぶ大きな流れとなっている。一方、クリアリングサービスに関しては、金融取引の当事者が情報の非対称性に対処することを支援するものであり、情報通信技術の進歩によって情報処理の単価が低下してもあまり影響を受けないものとみられる。

こうした差異があるなかでは、マッチングとクリアリングを一連のサービスとして提供することの経済合理性は著しく低下していると考えられる。

(2) システミックリスクの遮断

一方、金融規制の観点からは、リーマンショック以降の国際的な規制改革において、デリバティブ取引のクリアリングをCCP（Central Counter Party）に集中させることによるシステミックリスクの遮断を目指した制度整備が進められてきた。

これも、広くとらえれば情報通信技術の進歩の影響であると考えられる。すなわち、金融取引に係る情報処理費用を節減するためにデリバティブ取引が膨張してきたことに対し、CCPというハブに集約させることで既存のネットワークの持続性を確保しようとしたものである。

CCPによるシステミックリスクの遮断に関しては、国際的な規制改革で主眼とされたデリバティブに限らず、貸出等の通常の金融取引についても必要だという指摘がある[8]。この指摘によれば、デリバティブ取引のクリアリング集中が主として課題となった理由は、デリバティブ取引は、小さい取引費用で大きな効果を得ることができるため、通常の金融取引に比して拡大しやすい一方、契約内容や取引方法の標準化が進展しているため、CCPでの一括処理に適しているからだとされる。そして、こうした標準化は、一般の金融取引の場合であっても、標準約款の普及、情報通信技術の進歩の活用により達成することが容易になっているとされる。

---

[8] Schwarz, Steven L. [15]

こうした指摘もあわせ考えれば、金融商品取引所においても、限定列挙された金融取引について、マッチング、クリアリング、価格発見という固定的組合せのサービスを提供するだけではなく、より幅広い金融取引について、マッチングと切り離してクリアリングサービスを提供することが求められる。

　その場合には、金融商品取引所が担ってきた市場価格等の情報提供機能も変わっていくと考えられる。従来の価格発見機能は、これまでのマッチングとクリアリングの組合せに対応したものであり、両者のアンバンドリングが進むなかでは、提供される内容も変化していく筋合いにある。従来前提とされていた一義的な価格情報の発見機能は、標準化された金融取引の画一的なマッチングに対応したものであり、相対的に多様な金融取引のクリアリングに基づく場合には、条件に応じた価格スケジュールや商品グループごとの気配値等の情報を提供することになると考えられる。

わが国の金融制度の課題

金融制度の設計

(1) 一括清算制度に関する実例

　情報通信技術の進歩を活用する金融革新が世界的に進むなかで、わが国の金融制度の特性は、金融市場の国際競争力に影響を及ぼしているとみられる。以下では、こうした影響の実例として、店頭デリバティブ取引の一括清算をあげることとしたい。

　店頭デリバティブ取引については、リーマンショック後、上記のシステミックリスク遮断の観点から、CCP における集中クリアリングに誘導することが主要国の規制当局のコンセンサスとなった。しかしそのためには、取引当事者が破綻した際に、一括清算により集中して処理できることが必要であった。倒産手続においては債権者平等が原則なので、一括清算による優先弁済を認めるためには、当該取引については一般の倒産手続で処理しなくてもよい旨の根拠が必要である。

　そこで、各国がそのための法制度を整備することになったが、その具体的態様は国によって異なるものとなった。たとえば、米国やドイツでは、広義の金融制度である倒産制度の問題として取り扱われた。すなわち、米国においては、企業特殊的資産でないとして連邦倒産法の手続以前の一括清算がコンセンサスとなっていた[9]。また、ドイツにおいては、倒産法の改正により

9　山本慶子［9］

立法的措置が講じられ、金融規制上は、銀行に関する特則を改正倒産法にあわせて、私的自治を拡大したものである[10]。

　これに対しわが国では、狭義の金融制度である金融商品取引法において制度整備が行われた。具体的には、当局が限定列挙したデリバティブ取引について、金融商品取引業者に集中清算を行う義務を課すという方法が採用された。この措置がシステミックリスクを有効に遮断できるためには、取引当事者が破綻した際に、CCPに集約された取引を一括清算できることが前提となるので、わが国では、上記の義務づけに沿って金融商品取引所で取り扱われた取引に限り一括清算を認めることとされた。これを受けて、金融市場関係者の実務においても、金融商品取引法により限定列挙されたデリバティブ取引のみを一括清算の対象とすることとされている[11]。また、金融商品取引所における金融商品の取扱いについては、当該取引所における取扱いの可否やサービスの内容について個別に認可を要することとされている。これらをあわせ考えると、わが国においては、当局が一括清算の対象を限定列挙することとされている。事業者からみれば、店頭デリバティブの一括清算について、金融規制の観点から厳しく限定された制度整備が行われたことになる。

10　金融法務研究会［3］第6章
11　金融商品取引法第156条の11の2（特別清算手続等が開始されたときの手続等）
　　　金融商品取引清算機関が業務方法書で未決済債務等（清算参加者が行った対象取引
　　等（対象取引、商品市場における取引（商品先物取引法第2条第10項に規定する商品
　　市場における取引をいう。）又は店頭商品デリバティブ取引（同条第14項に規定する
　　店頭商品デリバティブ取引をいう。）をいう。以下この条において同じ。）の相手方か
　　ら金融商品債務引受業又は商品取引債務引受業等として引受け、更改その他の方法に
　　より負担した当該対象取引等に基づく債務、当該清算参加者から当該対象取引等に基
　　づく債務を負担した対価として当該清算参加者に対して取得した債権（当該債務と同
　　一の内容を有するものに限る。）及び担保をいう。以下この項において同じ。）につい
　　て差引計算の方法、担保の充当の方法その他の決済の方法を定めている場合において、
　　清算参加者に特別清算手続、破産手続、再生手続又は更生手続が開始されたときは、
　　これらの手続の関係において、未決済債務等に関する金融商品取引清算機関又は当該
　　清算参加者が有する請求権の額の算定その他の決済の方法は、当該業務方法書の定め
　　に従うものとする。
　　2　破産手続、再生手続又は更生手続において、金融商品取引清算機関が有する前項に
　　　規定する請求権は破産債権、再生債権又は更生債権とし、清算参加者が有する同項に
　　　規定する請求権は破産財団、再生債務者財産又は更生会社財産若しくは更生協同組織
　　　金融機関財産に属する財産とする。

もっとも、わが国においても、金融商品取引法とは別に、広義の金融制度である破産法等において、「取引所の相場その他の市場の相場がある商品」の取引であること等の一定の要件のもとで、清算機関に集中された取引の一括清算を認める規定が設けられてきている[12]。これは、こうした価格変動のある商品については、倒産手続のなかで管財人等が処分時期を定めることになじまないという趣旨によるものであるとされている。わが国の金融取引について、この規定が一般法として広く適用されるのであれば、金融商品取引法による定めはその特別法の位置づけとなり、一括清算の規定がクリアリングサービスの拡大を限定する要因として働くおそれは小さくなる。

　そこで、この両者の規定の関係が問題となるが、まず法律論としてみると、「店頭取引であっても、客観的かつ公正な価格形成機構が発動していればよく、取引そのものが取引所で行われる必要はない」等として、破産法の規定により一括清算を適用することが肯定されているようである[13]。

　また、経済的にみれば、金融商品取引法の規定では、取引参加者への義務づけと清算面の効果が明確に結びつけられており、事業者からみれば予見可能性が高いという利点がある。一方、倒産法の規定では、より柔軟な運用の余地があり、事業者からみれば創意工夫の余地が大きいという利点がある。

　この両者をどう評価するかは、対象の金融商品として標準化されたものを

12　破産法第58条（市場の相場がある商品の取引に係る契約）
　　　取引所の相場その他の市場の相場がある商品の取引に係る契約であって、その取引の性質上特定の日時又は一定の期間内に履行をしなければ契約をした目的を達することができないものについて、その時期が破産手続開始後に到来すべきときは、当該契約は、解除されたものとみなす。
　2　前項の場合において、損害賠償の額は、履行地又はその地の相場の標準となるべき地における同種の取引であって同一の時期に履行すべきものの相場と当該契約における商品の価格との差額によって定める。
　3　第54条第1項の規定は、前項の規定による損害の賠償について準用する。
　4　第1項又は第2項に定める事項について当該取引所又は市場における別段の定めがあるときは、その定めに従う。
　5　第1項の取引を継続して行うためにその当事者間で締結された基本契約において、その基本契約に基づいて行われるすべての同項の取引に係る契約につき生ずる第2項に規定する損害賠償の債権又は債務を差引計算して決済する旨の定めをしたときは、請求することができる損害賠償の額の算定については、その定めに従う。

13　金融法委員会［4］

考えるか、多様なものを考えるかで異なる。この点に関し、金融市場における標準化の経済的意義を振り返ると、マッチングに際しての情報共有という側面とクリアリングに際しての相殺適状の確保という側面があげられるが、CCPにおけるシステミックリスクの遮断という観点からは後者が重要である。今後、情報通信技術の進歩を反映し、金融商品や金融取引の設計の自由度が拡大すること、マッチングとクリアリングのアンバンドリングが進むことをあわせ鑑みると、わが国の一括清算に関しても、破産法の規定に基づいて、より柔軟な運用を志向することが適当だと考えられる。ただし、実務的には予見可能性を高めることも必要であり、そのための具体的方策としては、たとえば企業統治等に関するガイドラインを参考に、破産法の規定の適用範囲に関するソフト・ローを形成していくことが考えられる。

(2) 金融制度の横断的設計

　以上のように、一括清算に関しては、わが国では、金融商品取引法の枠組みのなかで制度整備が行われることにより、マッチング、クリアリング、価格発見というワンセットの枠組みが維持されるとともに、その入り口が金融商品の限定列挙や金融商品取引所の業務認可により絞られることになった。このことは、結果として、多様な金融取引のクリアリングという観点からは限定的な制度整備となった。

　この実例にみられるように、わが国の金融制度の整備は、狭義の金融制度の手直しによることが多い[14]。このことは、取引当事者による創意工夫の余地を小さくすることにつながる。また、こうした金融制度の整備は、金融サービスはかつての情報通信技術に基づくビジネスモデルにひきずられがちだと懸念される。情報通信技術の進歩に対応して金融革新が進み、金融サービスをめぐるクロスボーダーの競争が激化していくなかで、わが国の事業者や金融制度が既存の構造を踏襲していれば、金融市場の競争力の阻害要因と

14　高橋正彦［7］

なりかねない。たとえば、わが国の機関投資家の投資においては、外国の市場で発行された CLO（Collateralized Loan Obligation）等の比重が大きいが、これは、わが国では限定列挙された市場デリバティブについて制度整備が行われてきたために、投資家のニーズに即した証券化商品の組成がむずかしいことによるのではないかと考えられる。

　こうしたことから、わが国の金融市場が情報通信技術の進歩を機動的に活用していくことができるようにするためには、制度設計にあたり、広義と狭義の金融制度の組合せを横断的に見直すことが必要だと考えられる。

2　金融制度のエンフォースメント

　また、わが国の金融市場が情報通信技術の進歩を機動的に活用していくことができるようにするためには、金融制度の執行方法を見直すことも必要だと考えられる。

　情報通信技術の進歩のなかで、金融サービスを提供する事業者としては、業務展開とシステム投資に要するリードタイムが問題となる。金融サービスの提供は基本的にコンピュータシステムを通じて行うため、事業開始に先立ってシステム開発を行わねばならないからである。その際に、金融制度が不確実であれば、事業の採算性に大きなリスクをもたらすことになる。わが国の金融制度の構成は、予見可能性を高めるという点では長所を有するものの、法改正に長期間を要するという点では短所も有することに鑑みると、情報通信技術の進歩を活用していくうえで機動性に欠ける面もある。

　この問題に関しては、同じ規制上の目的を達成しようとする場合でも、事前予防型とするか、事後是正型とするかによって、システム開発への影響が異なることに留意する必要がある。目的に反した業務が行われないようにするという事前予防型の場合は、システムの要件定義を行う際に組み込んでおかねばならないので、システム開発の前に規制の詳細を明確化することが必要になる。これに対し、目的に反した業務が行われれば賠償責任を負わせる等の事後是正型とする場合は、システム開発と規制の詳細の明確化を並行し

て進めることができる。この両者のいずれとするかによって、事業の開始時期には大きな差違が生ずるのである。

　外国では、情報通信技術の進歩を活用した業務システムの開発の多くがアジャイル型で進められていることをふまえると、事前予防型の規制を課すことは、ウォーターフォール型のシステム開発との組合せを通じて、わが国における金融革新に対して著しい遅延要因となるとみられる。金融市場の分野では、クロスセクター、クロスボーダーの競争のもとで「早い者勝ち」と「勝者総取り」が基本である。少しでも早期の事業開始を可能とすることが競争力維持のために不可欠である。

　こうしたことから、金融規制の執行にあたっては、刑事罰を担保とする事前予防型よりも、民事訴訟による権利調整を基本とする事後是正型を志向することが必要だと考えられる。

む す び

　本章では、金融市場を中心として、情報通信技術の進歩と金融制度のかかわりについて論じてきたが、わが国の法制度の経路依存性は、この分野に限られた問題ではない。これまでの経緯を振り返ると、情報通信技術の革新やそれに伴う経済取引の変化が中長期的に加速を続けてきたのに、わが国の法制度の対応は一貫して立ち遅れてきたものと見受けられる。

　こうした遅れにはさまざまな要因があろうが、1つには「立法事実論」といわれる現状維持優先の考え方があると考えられる。これは、「法改正は、どうしてもそれが必要であることが具体的に証明された場合に限って行う」という立法政策の基本原則である。国会が法律審議を通して国家統治を行うという民主主義の大前提のもとで、行政庁による恣意的な立法提案を回避し、真に必要な分野を効率的に審議するという目的からすればきわめて重要な原則である。しかし、実務上は、「立法事実」の証明が盾となり、事業革新の芽を摘んでいるおそれもある。つまり、革新的な事業アイデアについて、政府や企業が無理に現行法制の枠内に押し込めようとする結果、事業の経済合理性が失われ、立法事実となりうる取引ニーズ自体が生じなくなるという現象である。

　これに対し、法改正の必要性を訴えるためによく持ち出される論拠は、「外国ではすでに現実に行われている」といった議論である。しかしこの論法は、「早いもの勝ち」や「勝者総取り」が一般的な分野では、国内事業者を必敗に追い込むものにすぎない。しかも現実には、持ち出される論拠は英語圏での調査結果が多く、それ以外の国が先行している分野では長期にわたって現実を見逃しがちである。たとえば、QRコード決済の普及について

は、中国の市内を自分で散歩すれば5〜6年前から気づくことができたのに、わが国のメディアでは近年になってようやく注目されるようになったにとどまる。

　今後も、情報通信技術の進歩が加速の一途をたどるため、その環境整備をめぐる法制度間の競争も激化していくものと見込まれる。こうしたなかでわが国の法制度の対応が遅れれば、関連分野の事業者の国際競争力に悪影響を与えることになる。法制度関係者には、こうした状況認識をふまえて、従来にない機動的な対応が望まれる。

◆ 参考文献

木下信行『デジタルイノベーションと金融システム』（金融財政事情研究会、2019年10月28日）［1］

金融庁「「店頭デリバティブ市場規制にかかる検討会」における議論の取りまとめ」（2010年12月16日）［2］

金融法務研究会（事務局　全国銀行協会）「デリバティブ取引に係る諸問題と金融規制の在り方」（2018年3月）のうち、第3章・松下淳一「CCPに関する倒産法的な問題点」、第6章・神作裕之「ドイツにおける店頭デリバティブ規制の動向―倒産法との関係を中心として」［3］

金融法委員会（事務局　日本銀行金融研究所）「CCPと倒産法制―関係当事者の破綻時における処理方法を中心に―」（2009年2月1日）［4］

宍戸善一『動機付けの仕組みとしての企業』（有斐閣、2000年9月30日）［5］

成長戦略法制研究会『成長戦略と企業法制 成長戦略法制―イノベーションを促進する企業法制設計』（商事法務、2019年2月14日）のうち、第6章・木下信行「デジタルイノベーションと成長戦略」［6］

高橋正彦「わが国における証券化関連法制の軌跡―特定債権法から民法改正まで―」（リース事業協会「資産流動化に関する調査研究報告書」、2015年3月）［7］

三菱UFJリサーチ＆コンサルティング「電力先物市場の在り方に関する調査報告書」（2019年3月30日）［8］

山本慶子「デリバティブ取引等の一括清算ネッティングを巡る最近の議論：金融危機後の米国での議論を踏まえた一考察」（日本銀行金融研究所「金融研究」第33巻第3号、2014年7月）［9］

吉井一洋「クレジット市場における検討課題　わが国社債市場の問題点、およびCDSの集中清算機関の設立と規制の動向」（金融庁金融研究研修センター、2009

年7月 DP2009-4、「金融危機後の金融・資本市場をめぐる課題」）［10］

中国最高人民法院「全国企业破产重整案件信息网」（http://pccz.court.gov.cn/pcajxxw/index/xxwsy）［11］

Bozanic, Zahn, Loumioti, Maria and Vasvari, Florian P., "Corporate loan securitization and the standardization of financial covenants" (Journal of Accounting and research, 2014 September) ［12］

Deutsche Börse Group White Paper, "The Global Derivatives Market: A Blueprint for Market Safety and Integrity" (2009, September 7) ［13］

European Commodity Clearing, "About ECC AG" (https://www.ecc.de/ecc-en/about-ecc) ［14］

Schwarz, Steven L., "Central Clearing of Financial Contracts : Theory and Regulatory Implications" (University of Pennsylvania Law Review, 2018 May 3) ［15］

第 2 章

日本における
金融デジタライゼーションと
規制上の対応

佐々木　清隆

　本章では、金融庁での金融行政の経験をふまえ、金融デジタライゼーションの主な特徴、規制対応、および今後の課題について議論する。金融デジタライゼーションのポイントは5つのD（Data, Decentralization, Diversification, Democratization, Disruption）に要約することができる。これまで金融デジタライゼーションに伴う新しい商品、サービス、プレーヤー等の監督を含めた新たな規制が導入されてきている。しかし、世界中の金融規制当局は権限、人的資源、インフラ、内外における規制上の協力等、金融デジタライゼーションの進展に対応した効率的・効果的な監督のうえで破壊的（disruptive）な課題に直面している。コロナ禍によるニューノーマルへの対応のうえでデジタル・トランスフォーメーション（DX）の加速が予想されるが、これが金融規制当局にはさらなる課題をもたらしている。

◆ 著者略歴

佐々木　清隆（ささき・きよたか）

　一橋大学大学院経営管理研究科客員教授。1983年に日本の大蔵省に入省した後、20年以上にわたって日本の金融庁に勤務。金融セクターの監督と資本市場の監視において、政策立案と実行の両方で幅広い経験をもつ。プルデンシャル・リスク管理、コンプライアンス／コンダクト・リスク管理、金融市場における不正行為の監視、内部／外部監査機能、コーポレート・ガバナンス、デジタル化を含む IT ガバナンス、サイバーセキュリティの脅威などについて専門的な経験と知識を有している。また、国際的な経験も豊富で、金融安定理事会（FSB）を含む国際的なフォーラムでの政策議論に大きく貢献している。2019年 7 月に金融庁を退いてからは、一橋大学経営大学院の客員教授として、グローバルな金融規制・監督に関するプログラムを担当しており、同大学院のグローバル金融規制研究フォーラムの議長も務めている。

金融デジタライゼーションのポイント
——5Ds

デジタライゼーション、デジタル・トランスフォーメーション（以下「DX」という）はわれわれの生活や社会のあらゆる分野で急速に進展してきている。2020年に始まったコロナ禍は、感染拡大防止のための在宅勤務やソーシャル・ディスタンス等の新しい生活様式（ニューノーマル）に対応するうえでの DX を加速している。DX に関してはさまざまな定義があるが、金融業におけるデジタライゼーションの特徴は5Ds として要約できる。すなわち、① Data（データ）、② Decentralization（分散化）、③ Diversification（多様化）、④ Democratization（民主化）、そして⑤ Disruption（創造的破壊）である。これらの５つの D を理解することは次節以下で紹介するデジタライゼーションへの規制対応を理解するうえで不可欠である。

① **Data（データ）の利活用**

金融デジタライゼーションの最たる特徴は、**データの利活用**であり、これは従来の金融業における IT システム（ハード、ソフト）の発展（デジタライゼーション）と異なる。

ビッグデータ分析等のデータマネジメントの革新によりビジネスにおけるデータの価値が飛躍的に高まった。データの収集、分析、多様な目的での活用はビジネスにおける競争力強化の強力な武器である。たとえば金融取引に関するデータを e コマース等の他のデータをあわせて分析・活用することで金融サービスの提供者は顧客の選好等をよりよく理解し個々の顧客に最適なサービスを提供することが可能になる。その結果、顧客データを求める競争が激化し、顧客とのタッチポイントの確保がビジネスの成功のうえで必須になっている。

② Decentralization（分散化）

従来の金融システムは政府、中央銀行、中央集中の証券取引所や決済機関等から構成される中央集権的な仕組みであった。しかし暗号資産（仮想通貨）に利用されるブロックチェーンにより中央銀行等の中央の管理者を置かない**分権的なシステム**が出現している。このようなシステムでは統制機能は参加者の間に分散され中央の管理監視機能は存在しない。またコロナ禍で普及した在宅勤務により物理的な分散化も加速している。

③ Diversification（多様化）

金融デジタライゼーションは新しい金融商品・サービスとその提供者である**プレーヤーの多様化**を促進している。BigTech企業やプラットフォーマー等の非金融分野からの新たなプレーヤーが金融サービスに進出してきており、特に送金サービスの分野で著しい。銀行等の従来の金融プレーヤーはオープン・バンキング戦略のもと、非金融のプレーヤーとの協業を拡大してきている。その結果暗号資産やモバイル送金のような多様なサービスや商品の提供につながっている。

④ Democratization（民主化）

金融サービスの提供者の多様化と既存のプレーヤーとの競争の激化は、金融における従来の「B to C」のビジネスモデルから「C to B」のビジネスモデルへの転換を促進している。伝統的な金融システムは従来型の銀行等のサプライサイドの論理に支配されてきたが、金融デジタライゼーションの進展により、かつてのインターネットの普及と同様、金融サービスの利用者や顧客がよりパワーをもつようになってきている。顧客満足（CX）と顧客とのタッチポイントの獲得が金融サービスの提供者にとってきわめて重要になっている。

⑤ Disruption（創造的破壊）

上述の4つのDは既存の金融機関および金融規制監督当局にとって破壊的な影響を与えている。

金融デジタライゼーションのなかでも金融プレーヤーの多様化と金融サービスの民主化は**既存の金融プレーヤーのビジネスモデルにとって破壊的な脅**

威となっている。多くの金融機関はグローバル金融危機（2008）以降の低金利、低収益の経営環境に苦闘してきているが、金融デジタライゼーションはさらなる大きな課題を突き付けている。

　また金融デジタライゼーションは金融規制監督当局にとっても破壊的な脅威である。金融デジタライゼーションは金融サービスの利用者にとっての便益をもたらし経済の発展のうえでもプラスである半面、金融規制監督当局にとって規制権限や枠組み、効果的な監督と法執行に関し多くの新たな課題を生んでいる。

規制上の対応と課題

　筆者は2017年から2019年にかけて日本の金融庁の改革を担当し、監督上の枠組み、組織、人材、IT システムの改革を進めた。改革の大きな背景の1つは金融デジタライゼーションの進展であり、デジタライゼーションへの規制対応は改革の最優先課題となっている。

1　金融デジタライゼーションへの対応のビジョン

　金融庁の改革の一環として、金融庁の存在意義およびミッションを再度振り返り、「経済の持続的成長および社会・国民の富の増大への貢献」であることを再確認した。このような金融庁のミッションのもと、金融庁の目指すべき方向性（ビジョン）は以下のとおり整理された。

①　効果的な金融仲介機能と金融システムの健全性のバランス

②　市場活力と市場の公正性・透明性のバランス

③　利用者利便と利用者保護のバランス

　各ビジョンにおけるバランスは時代や経済環境、金融庁としての優先課題によって変化するが、金融庁のミッションに立ち返りながらこのバランスを確保することが重要である。

　このような3つのビジョンをふまえ、金融デジタライゼーションへの規制対応の基本方針として、**イノベーションの促進を図りつつ利用者や社会の利益を重視**することが明確にされた。すなわち、金融デジタライゼーションは金融機関等の利益になるだけではなく、**利用者ニーズや社会課題の解決のうえで貢献**することが必要である。デジタライゼーションはそれ自体が最終

ゴールではなく、利用者ニーズや社会課題の解決のための「手段」であることを認識することが重要である。

　このような基本方針をふまえ、イノベーションを促進するような施策が金融庁により講じられてきており、たとえばFinTechイノベーション・ハブ、新たな商品等のためのサンドボックス、民間企業とのオープンラボ等が開設されてきている。

2　新商品・サービスの規制

　従来の金融規制は銀行業や保険業等の金融業ごとに構築されており、金融機関等の健全性を確保するため業務への参入のための免許制、継続的な監督等が求められている。しかし、非金融分野からの新たなプレーヤーはこれらの業務全体というよりは、eコマース等の他のサービスにとっても有益な顧客データを入手できるような特定のサービス（支払い・送金等）に関心をもっている。従来の金融プレーヤーが提供するフルラインでのサービスは、新たなプレーヤーによっていくつかの個別のサービスに分解され特定のモノラインのサービスが提供される傾向が強まっている。既存のプレーヤーと新たなプレーヤーの間の競争上の公平性を担保し、同じサービスには同じ規制を適用することが必要になる。

　また既存の規制の枠組みを適用するだけでなく、商品やサービスによっては**新しい規制の枠組み**をつくることが必要になる。たとえば、仮想通貨については決済手段として2017年に改正資金決済法の対象に取り込まれ仮想通貨交換業者に対する監督規制が導入された。また非金融のプレーヤーが多く参入している送金の分野では、少額の送金業務に関する規制が緩和されている。さらに利用者利便の向上の観点から異なる金融サービスの提供を可能にする金融仲介業制度も新たに導入された。

　このような金融デジタライゼーションの進展に伴う規制対応のうえでは、従来のような政府や当局による法規制等のハード・ローに加え、民間団体等による自主規制等のソフト・ローも有効である。イノベーションのスピー

ド、新しい技術やサービスの複雑化に伴い、当局と自主規制団体等とのより緊密な連携が重要である。

3 監督・監視

　金融デジタライゼーションに対する規制のあり方に加え、プレーヤー、商品やサービス等に対する監督・監視についても、従来とは異なる視点での検討が必要である。

　第一に、「デジタル・ガバナンス」のモニタリングがより重要になる。金融プレーヤーのデジタライゼーションの戦略は、各プレーヤーの存在意義・ミッションと整合的であり、利用者・社会との共通価値の創造（creating shared value: CSV）に貢献することが必要である。デジタライゼーションはそれ自体が最終ゴールではなく、CSV に向けての「手段」であり、各プレーヤーの存在意義・ミッションをふまえて検討される必要がある。デジタライゼーションが CSV につながり、それが新たなビジネスの機会をもたらし、さらなるイノベーションにつながるという**持続可能なイノベーション・サイクル**が構築されることが重要である。

　第二に、金融デジタライゼーションの進展に伴い、これまでの**3つの防衛ライン**（3 lines of defense）**の監督のあり方についても再検討**する必要がある。実効的なデジタル・ガバナンスのもと、各プレーヤーのビジネスモデルとリスク選好が検討される必要があり、3つの防衛ライン（1st line：営業部門、2nd line：リスク管理・コンプライアンス等、3rd line：内部監査）に対する監督を通じてその実効性を確保することが重要である。特に金融デジタライゼーションのもとでは、IT、サイバーセキュリティ等のオペレーショナルリスク、顧客保護やマネーロンダリング・テロ資金供与対策を含むコンプライアンスやコンダクトリスク管理に対する監視の強化が重要である。また把握された個別の問題の「根本原因」としての各プレーヤーのビジネスモデル、ガバナンス、カルチャーまで掘り下げた分析が有益である。

　第三に**国内外における関連する当局との連携**が必要である。金融デジタラ

イゼーションに伴う新たな金融プレーヤーは大半が非金融の分野からの参入であることから、金融規制当局は非金融分野の関連する当局との連携が必要になる。特に金融デジタライゼーションにとってデータおよびその価値がきわめて重要であることから、個人情報保護を所管する当局はもちろん、公正競争や国家安全保障関連の当局との連携も必要になる。さらに、デジタル化された商品やサービスは取引、顧客、データセンター等で容易に国境を越えることから、クロスボーダーな協力が必須である。たとえば、中央の管理者の存在しないブロックチェーンを利用する暗号資産の監督はこの点で課題がある。デジタル化された金融サービスに対する規制や当局の発展段階に各国で差があることも国際連携や情報交換のうえでの障害になっている。

4 監督・監視のためのテクノロジー（SupTech）

　金融デジタライゼーションに伴う監督・監視のうえでの上記のような対応に加え、それらを支える**監督当局にとってのIT インフラの整備**も必要である。民間企業はビジネスのための FinTech や DX を進めてきているとともに、リスク管理や当局への報告等の規制対応のための IT（RegTech: Regulatory Technology）も整備してきている。

　このような民間企業による FinTech、RegTech の発展に対応して、金融規制当局は監督・監視のための IT インフラ（SupTech: Supervisory Technology）を整備する必要があるが、SupTech の整備は民間における FinTech、RegTech の発展をふまえて構築されることから時間を要する。金融デジタライゼーションにより両者のギャップはさらに拡大し、SupTech が FinTech および RegTech に大きく立ち遅れる懸念がある。このようなギャップを埋めるために、たとえば民間企業による FinTech および RegTech に SupTech のニーズや観点をあらかじめ埋め込むことにより一種の「エコシステム」を構築する構想が金融庁および金機機関や IT 企業との間で検討されている。

　監督当局にとっての人的資源に関しても同様の課題が認識されている。従

来のような IT リスク管理に関する専門家に加え、ブロックチェーン、サイバーセキュリティ、DX 等に関する専門性をもつ人材が監督当局に不可欠になっている。

5 利用者教育

　金融デジタライゼーションの利用者にとっての便益を最大化するためには、金融教育のあり方も再検討する必要がある。これまでのような金融リタラシーに加え、デジタル化された商品や取引に関連するサイバー攻撃や金融犯罪等についてのリタラシーが金融教育で必要となる。

コロナ禍での新たな課題

　従来の金融デジタライゼーションの進展と規制上の対応に加え、2020年からのコロナ禍は金融機関および金融規制当局の双方に新たな課題を突き付けている。

1 DX の加速：COVIDX

　コロナ禍においては、オンラインのツールを活用しソーシャル・ディスタンスや在宅勤務等のニューノーマルに対応することが求められている。感染拡大防止のための都市封鎖等の施策により、世界経済は大きく打撃を受けており多くの企業でビジネスモデルの見直しやビジネスの停止が必須になっている。コロナ感染拡大を防止する有効な手段として、金融サービスに限らず生活のあらゆる分野で DX が加速しているが、筆者はこれを COVID-19 と DX を掛け合わせて COVIDX と呼んでいる。COVIDX は仮にコロナ禍が終息したとしてもさらに進むことが期待されている。

2 3つの S：social（社会）、sustainability（持続可能性）、solidarity（連帯）

　金融機関はコロナ禍での社会の変化に対応しそれぞれのビジネスモデルを見直す必要がある。コロナウイルスは人の命に対するリスク・脅威であることから、健康、公衆衛生、安全、雇用、教育、コミュニティを含む**社会**（social）の価値がコロナ禍以前よりもはるかに重要になっている。また**持続**

可能性（sustainability）と分断を深めている階層や社会を結束させる**連帯**（solidarity）も同様に重要と認識されている。このような3つのS（social, sustainability, solidarity）がwithコロナの時代のビジネスモデルを考えるうえで重要になっていると思われる。

3　金融セクターおよび金融デジタライゼーションの役割

　2008年のグローバル金融危機と異なり、コロナ禍において金融セクターは健全で安定している。その理由は、コロナ禍の原因は人の命を脅かす新型コロナウイルスであり、金融危機をもたらした向こうみずな金融機関やトレーダーではないからである。むしろ金融セクターの役割はコロナ禍での経済を支え、コロナウイルスに対するワクチンの開発製造を含めコロナ禍を克服するうえでますます大きくなっている。金融デジタライゼーションはコロナ禍でのニューノーマルに適した新しい金融商品やサービスを提供することで利用者・顧客の利益に貢献することが期待されている。

　金融庁としてはコロナと戦いまたコロナ後の新しい社会を構築するうえで金融セクターが利用者や社会のために貢献することの重要性を重視した施策を講じてきている。また金融庁はサイバーリスク等の高まりに適切に配慮しながらも金融デジタライゼーションが社会課題の解決のうえで果たす使命について繰り返し強調してきているところである。

第3章

デジタル通貨とマネーの将来

山岡　浩巳

　現在、ほとんどの国々で、マネーは中央銀行と民間銀行の二層構造モデルにより供給されている。このモデルのもと、各国はそれぞれ国内に1つの中央銀行をもち、この中央銀行がソブリン通貨を一元的に発行する。そして商業銀行は預金マネーを提供し、支払決済と金融仲介の両方の機能を果たす。しかしながら近年、デジタル技術革新を受け、マネーをめぐる構図は大きく変化している。これらの動きは、「国家への信認を背景とし、中央銀行と民間銀行との二層構造をもつ」ことを特徴とする現代のマネーシステムにチャレンジする面がある。デジタル通貨をめぐっては、経済効率性や金融安定、金融政策、データの利活用など広範な論点が存在する。デジタル技術の果実を取り込みながら、これらの課題を克服していくための1つの有力な選択肢として、新たな技術を組み込んだ、ソブリン通貨建ての「二層型デジタル通貨」を民間主体が発行することが考えられる。

◆ 著者略歴

山岡　浩巳（やまおか・ひろみ）

フューチャー株式会社取締役、フューチャー経済金融研究所長。米国ニューヨーク州弁護士。東京大学法学部卒業、カリフォルニア大学バークレー校法律学大学院修士。日本銀行、国際通貨基金などで30年以上の実務経験を積む。現職就任前は、日本銀行の金融市場局および決済機構局の局長を務めた。また、バーゼル銀行監督委員会、国際決済銀行市場委員会および同決済・市場インフラ委員会の委員を務めた。現在、デジタル通貨フォーラムの議長を務めている。主な論文に"Managing the Exit: Lessons from Japan's Reversal of Unconventional Monetary Policy"（Murtaza H . Syed 氏との共著、IMF ワーキングペーパー、2010年）、「情報技術革新・データ革命と中央銀行デジタル通貨」（柳川範之氏との共著、日銀ワーキングペーパー、2019年）などがある。

現代のマネーシステム

1 ## 現代のマネーシステムの歴史

　現在、ほとんどの国々は、経済社会へのマネーの供給を、中央銀行と民間銀行からなる二層構造型モデルによって行っている。各国はそれぞれ1つの中央銀行をもち、その中央銀行が自らの債務としてソブリン通貨を一元的に発行している。このように発行されるソブリン通貨は「中央銀行マネー」と呼ばれる。そして、民間銀行は預金、すなわち「民間銀行マネー」を発行し、これをもとに、支払決済機能と金融仲介機能の両方を提供している。

　このような現代マネーシステムは、近代国民国家確立の後期に形成された。民間銀行はすでにルネサンス後期に登場していたが、近代的な中央銀行は19世紀にほぼ同時に登場した。たとえば、ドイツのライヒスバンクは1876年、日本銀行は1882年に設立された。なかには、スウェーデンのリクスバンクやイングランド銀行のように、設立自体は17世紀にさかのぼる中央銀行もあるが、これらは当初は民間銀行に近い存在であり、ソブリン通貨の一元的発行を担うようになったのは、やはり19世紀のことである。実際、イングランド銀行は1844年、ピール銀行条例によりソブリン通貨の一元的発行を担うに至った。スウェーデンがソブリン通貨の発行権限をリクスバンクに集約したのは、1897年のことであった。

　マネーの信認は、人々の信頼に基づいている。そして、ソブリン通貨と中央銀行への十分な信頼構築を可能としたのも、まさに近代国民国家の形成であった。現代マネーシステム成立の背景には、法律、課税、制度、銀行規制などさまざまな要因を指摘できる。

2　現代マネーシステムの優位性

　近代的中央銀行の歴史はかなり短いにもかかわらず、20世紀にはほとんど
の国が国内にソブリン通貨の一元的発行を担う中央銀行と、二層構造型の現
代マネーシステムをもつに至っている。この事実は、このようなマネーシス
テムが効率的であり、経済にとって有益であったことを示唆している。

　現代マネーシステムは、さまざまな優位性をもっている。

　まず第一に、中央銀行マネーも民間銀行マネーも、いずれも同じ通貨単位
で表示され、異なる通貨単位の間での「換算」「両替」といったコストや非
効率性が発生しない。現金、中央銀行預金、民間銀行預金、民間の支払手段
はいずれも、それぞれの間で1対1の比率で交換できる。このシステムが円
滑に機能するよう、銀行預金の信認は、銀行への規制監督や預金保険によっ
て守られている。

　もしも1国のなかで2つ以上の通貨単位が用いられていれば、個人や企業
はそれぞれの通貨の信認を検証し、取引ごとに、各支払手段について、受け
入れるか否かを判断しなければならない。さらに、これらの異なる通貨をそ
のつど換算し、両替するコストも発生する。現代マネーシステムは、このよ
うなコストを大幅に引き下げ、経済にとってのリスクを減少させている。

　第二に、現代マネーシステムは、民間主導の効率的な資源配分に貢献す
る。民間銀行は部分準備制度のもと、預金を貸出や投資の原資に充てること
ができる。各銀行が、よりリターンが高くリスクの低いプロジェクトに対し
貸出や投資を行おうとする活動を通じて、民間のイニシアチブを効率的な資
源配分のために活用できる。

　第三に、民間主導のイノベーションが促進される。小切手や電子送金、
ATM、クレジットカード、デビットカードやモバイル決済など、マネーイ
ンフラをめぐるイノベーションの多くは、民間によって進められてきた。中
央銀行は、自らがマネーインフラを独占してしまうことを注意深く避け、民
間によるイノベーションを促してきた。

　第四に、支払決済に伴うデータを民間に活用させることができる。中央銀

行は現金と中央銀行預金という2種類の中央銀行マネーを発行している。このうち、いつでも誰でも日々の取引に使える現金には匿名性があり、発行者である中央銀行も誰が現金をもっているかはわからない。一方、中央銀行預金は主に銀行による大口資金決済などに利用されている。このことをデータの利活用の観点からみると、中央銀行は支払決済システムの安定のために重要な銀行間大口決済に関するデータは把握する一方、人々の日々の取引に付随するデータまで独占することは避けてきたといえる。

20世紀には、新興国や途上国も含めほとんどすべての国々が、ソブリン通貨を一元的に発行する中央銀行をもつに至っている[1]。これにより、ほとんどの国が、中央銀行と民間銀行からなる二層型のマネーシステムを確立したことは、このシステムが取引の効率性を高め、経済の発展を促すうえで優位性をもち、効率的であったことを示している[2]。

---

1 2022年初時点で、国際通貨基金の加盟国は190カ国であるのに対し、国際決済銀行のウェブサイトには191の中央銀行が記載されている（これは、たとえばユーロ圏のように、各国の中央銀行に加えて共通中央銀行ももつ例があることなどによる）。

2 たとえば、国際決済銀行のCPSS（2003年）は以下のように述べている。
「近代の経済においては、中央銀行マネーと商業銀行マネーが共存している」「マネーシステムの本質的な特徴は、中央銀行マネーと商業銀行マネーの共存であり、これは守られるべきである」「この考え方からは、以下の両極端の考え方は否定される。一つは、中央銀行マネーだけが存在し商業銀行マネーの存在しない『モノバンキング』である。もう一つは、商業銀行マネーだけが存在し中央銀行マネーの存在しない『フリーバンキング』である。これらのコーナー解のいずれも、安定的でも効率的でもないことが証明されている」

デジタルイノベーションと
現代マネーシステムの変革圧力

1 デジタルイノベーションとマネーシステム

　ルネサンス期における、活版印刷技術の導入とほぼ同時期の民間銀行の誕生以降、支払決済インフラは主に紙技術に基づいてきた。中央銀行は紙の銀行券を発行し、人々は小切手を使ってきた。しかし20世紀になると、電子技術の発達を背景に、電子送金やATM、クレジットカード、デビットカードのような新しい支払決済インフラが発達してきた。

　そして、2008年のグローバル金融危機の前後に、新たなデジタル技術がほぼ同時に登場した。

　2007年にiPhoneが登場し、その後、スマートフォンは世界中に普及した。世界銀行グループの調査によれば、全世界に銀行口座をもたない成人はなお約17億人存在しているが、そのうち11億人以上はすでに携帯電話やスマートフォンをもっている。携帯電話やスマートフォンの普及は、これらを通じた金融サービスへのアクセスを可能とし、全世界で「金融包摂」を大きく推進した。

　最初の暗号資産であるビットコイン、そして、その基盤技術であるブロックチェーンと分散型台帳技術（DLT）も2009年に登場した。ビットコインや他の「第一世代」の暗号資産は実際には支払手段としては使われず、投機の対象となってきた。ブロックチェーンと分散型台帳技術は、「リブラ」（現ディエム）のような新しい支払インフラの技術的な基盤としても用いられるようになった。

　ビッグデータはいまや、広範な経済活動の中核となっている。インター

ネットやSNS、eコマースやスマートフォンアプリなどの発達に伴い、デー タ量は急激に増加している。世界中の何十億人ものスマートフォンユーザー がSNSに発信したり、インターネットを検索したり、ゲームを楽しんだり するたびに、巨大なデータが生産されている。人類が歴史上生み出したデー タの90％以上は最近２年間だけで生産されているとの推計もある（SINTEF, 2013）。データはいまや「21世紀の石油」と呼ばれ、さまざまな用途で付加 価値を生み出せる無形資産ととらえられている。そして、このようなデータ を分析する有益な手段であるAI（人工知能）、とりわけディープラーニング も、2010年頃から急速な発達をみた。

これらの技術進歩やデータ革命を背景に、スマートフォンやAI、ブロッ クチェーン、分散型台帳などの新しい技術を金融サービスに応用する、「フィ ンテック」と呼ばれる産業革新の動きが起こってきた。また、これらの技術 やビッグデータは、「ビッグテック」と呼ばれる巨大企業の成長を促してき た。そしていま、スタートアップ企業からビッグテック企業に至る広範な企 業が金融ビジネスの分野に参入している。新興国や途上国においても、多く の人々がスマートフォン経由で支払決済サービスにアクセスできるようにな るなど、フィンテックは世界の金融包摂を大きく推進してきた。

2　現代マネーシステムへの新たなチャレンジ

このようなデジタル技術革新は、現代マネーシステムに、以下のようなさ まざまなチャレンジをもたらしている。

(1)　暗号資産（仮想通貨）

ビットコインや、その他の「第一世代」暗号資産は本質的に国家の枠組み の外にある。これらはソブリン通貨単位によって表示されない。ビットコイ ンは、マネーにとって不可欠である信用と信認を、国家の枠組みによらず に、計算力によってつくりだそうとしている。もしもこれらの「第一世代」

暗号資産が国内取引に広く使われるようになれば、金融政策を含むマクロ政策の有効性は大きく低下するだろう。ソブリン通貨をいくらコントロールしても、暗号資産を通じた経済活動に影響を及ぼすことはむずかしくなるからだ。

　これまで、第一世代暗号資産は、支払決済手段としてはほとんど使われず、投機の対象となってきた。この事実は、国家の枠組みによらずに信用と信認を構築するコストは、それなりに高いことを示唆している。たとえば、ビットコインでは巨大な電力消費が必要となる。このため、これまでのところ、第一世代暗号資産がマクロ政策の有効性に及ぼした影響は限定的である。しかしながら、暗号資産の登場は、その後の「リブラ」（現ディエム）などへの道を開くことになった。

(2)　「ビッグテック」の支払決済サービスへの参入

　前述のような「データ革命」のなか、米国の"GAFA"（Google, Amazon, Facebook, Apple）や中国の"BAT"（Baidu, Alibaba, Tencent）に代表される「ビッグテック」企業が急速に成長している。これらのビッグテック企業は、いまや世界の時価総額ランキングのトップ層を占拠し、いくつかの国々を上回るような経済力を有するに至っている。

　データはしばしば「21世紀の石油」と呼ばれるが、石油と異なる点もある。まず、データは使っても減らない。また、データは保管に大きな場所を要しない。さらに、データは集めれば集めるほど、その限界効用も高まりうる。このような性質ゆえに、データは特定の主体に集中しやすい。ビッグテック企業の起源はさまざまであるが、これらの企業は、巨大なデータを集積し広範なビジネスに活用している点では共通している。

　これらのビッグテック企業は近年、支払決済サービスにこぞって参入している。とりわけ、中国のアリババグループの"Alipay"とテンセントの"WeChat Pay"は、ユーザー数では世界最大の支払決済ネットワークに成長した。テンセントによる WeChat Pay のサービス開始は2013年であるが、

いまやユーザー数は約10億人に達している。

　ビッグテック企業の支払決済サービスへの参入は、現代マネーシステムにいくつかのチャレンジをもたらしている。第一に、銀行ではない彼らが、支払決済インフラにおける巨大プレーヤーになってきている。いくつかの中央銀行は最近、ノンバンク支払決済サービス業者が中央銀行に直接口座をもつことを認めている。たとえば中国では、Alipay と WeChat Pay は、顧客残高に相当する金額を中央銀行に預託するよう求められている。このようなノンバンクの支払決済分野への参入は、現代マネーシステムの「中央銀行と民間銀行の二層構造」という部分にチャレンジするものといえる。第二に、ビッグテック企業が運営する支払決済インフラのいくつかは巨大化しており、「国による支払決済システムの制御」にチャレンジしうる存在となっている。

⑶　フェイスブック主導による「リブラ」

　2019年6月、フェイスブック（現メタ）が主導する「リブラ」の計画が公表され、大きな関心を集めた。

　ビットコインやその他の第一世代暗号資産が支払決済手段として使われていないのは、これらの価値のボラティリティが大きく、また、支払決済手段にとって重要な「ネットワーク外部性」を得るに十分な規模を獲得できていないことによる。この点リブラは、米ドルやユーロといった複数の高信認通貨建ての安全資産を100％裏付けとすることで、価値の安定を図ろうとした。また、フェイスブックにはすでに20億人を超えるユーザーがおり、これをもとにリブラが発行されれば、十分な「ネットワーク外部性」を獲得できる可能性もあった。すなわち、リブラは、第一世代暗号資産が抱えていた、マネーとして使われるうえでの課題の克服を試みたものといえる。

　世界の規制監督当局は総じて、リブラ計画に対して警戒的であった。2020年4月にはリブラは計画を変更し、2020年12月にはさらに、名称をリブラから「ディエム」に改めた。リブラは当初の計画では2020年前半の発行が予定

されていたが、2022年初時点でなお発行されていない。しかしながら、リブラ計画は、中央銀行デジタル通貨に関する各国の取組みを加速させた。

　これらの動きはいずれも、「国への信認に裏付けられたソブリン通貨」と「二層構造」を特徴とする現代マネーシステムにチャレンジするものといえる。

3　中央銀行デジタル通貨

(1)　基本的な発想

　デジタル技術革命や暗号資産、ビッグテック企業の支払決済サービスへの参入やリブラ計画は、中央銀行デジタル通貨（以下「CBDC」という）に関する検討や実験を加速させている（図表3－1）。

　中央銀行は2種類の中央銀行マネーを発行している。1つは、いつでも、誰でも日々の取引に使える銀行券である。もう1つは、主に銀行などの大口資金決済に使われる中央銀行預金である。これら2つの分類に対応するかたちで、中央銀行デジタル通貨についても、以下の2種類が考えられる。

　まず、銀行券と同様に、個人も含め幅広い主体によって一般の取引に利用可能な「一般利用型中央銀行デジタル通貨」（general-purpose CBDC）である。

図表3－1　デジタルマネーの分類

発行者 単位	民間銀行	ノンバンク	中央銀行
ソブリン通貨単位を用いる	銀行預金、デビットカード、Swish、J-コイン Pay など	電子マネー、M-Pesa、Alipay、WeChat Pay など	中央銀行 デジタル通貨 （CBDC）
ソブリン通貨単位を用いない		暗号資産 （仮想通貨）	

（注）　暗号資産は通常、債務者をもたない。
（出所）　筆者

図表3－2　2種類の中央銀行デジタル通貨

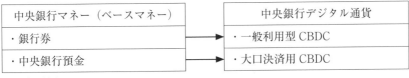

中央銀行マネー（ベースマネー）	中央銀行デジタル通貨
・銀行券	・一般利用型 CBDC
・中央銀行預金	・大口決済用 CBDC

（出所）　筆者

　次に、中央銀行預金と同様に、主に銀行などによる大口資金決済に使われる「大口決済用中央銀行デジタル通貨」（large-value CBDC）である（図表3－2）。

　先進国の中央銀行の多くは、まず、大口決済用中央銀行デジタル通貨の分野で取組みを開始した。中央銀行預金はすでにデジタル化されているため、大口決済用中央銀行デジタル通貨が金融システムや金融政策に大きな影響を及ぼすことは考えにくいからである。いわば、大口決済用中央銀行デジタル通貨とは、すでにデジタル化されている中央銀行預金に、ブロックチェーンや分散型台帳技術を応用するものともいえる。欧州中央銀行と日本銀行は、2016年に共同調査「プロジェクト・ステラ」を開始した。カナダ銀行とペイメント・カナダによる「プロジェクト・ジャスパー」や、シンガポール通貨庁による「プロジェクト・ウービン」など、世界中で類似のプロジェクトが数多く進められている。

(2)　最近の動向

　しかしながら、ビッグテック企業の支払決済分野への参入やリブラ計画は、最近では一般利用型 CBDC の検討や実験も加速させている。

　一般利用型 CBDC の検討の先駆者としてまずあげられるのはスウェーデン中央銀行（リクスバンク）である。同行は2016年にデジタル通貨「eクローナ」（e-Krona）の検討を開始した。ウルグアイ中央銀行は2017年11月から

2018年4月にかけて、デジタル通貨「eペソ」を試験的に発行した[3]。2016年1月には、中国人民銀行が中央銀行デジタル通貨の発行計画があることを公表し[4]、2020年4月には国内4都市において"e-CNY"（デジタル人民元）と呼ばれる中央銀行デジタル通貨の試験発行を開始した。同年10月には欧州中央銀行と日本銀行が一般利用型CBDCに関する研究を加速していく意向を表明し、また同年10月20日にはバハマ中央銀行が、一般利用型CBDCである"Sand Dollar"を正式に発行するに至っている。

(3)　中央銀行デジタル通貨の論点

　しかしながら、一般利用型CBDCには、数多くの論点が残されている。これらは、とりわけ発達した銀行システムを有する先進国にとって、大きな課題となる。

a　銀行預金への影響

　第一に、信用リスクのない一般利用型CBDCは、預金からの資金シフトを促しうる。銀行による貸出や投資などの原資となっている預金が減少すれば、銀行を通じた資金仲介ルートが細ることになる。一方で、中央銀行のバランスシートは拡大する。中央銀行は企業や個人に直接貸出を行ううえで適切な主体とは言いがたく、したがって、預金からCBDCへの資金シフトは、従来民間主導で行われてきた資金の効率的配分をゆがめるおそれがあると考えられる。

　もちろん、銀行が自らの預金に高い金利を提供できれば、預金からCBDCへの資金シフトを防げるかもしれない。しかし、極端な低金利環境に置かれている国々では、銀行が預金に魅力的な金利を提供することでCBDCに対する優位性を確保することは容易ではない。

3　Licandro（2018）を参照されたい。
4　中央銀行デジタル通貨に関する中国人民銀行の多くの資料は中国語のみで提供されているが、英語の報道としては、たとえば2016年1月20日ロイター社記事"China's central bank plans to launch its own digital currencies"などを参照されたい。

b 「デジタル取付け」の加速

仮に一般利用型CBDCが発行されるとすれば、それは銀行券の代替として、誰でも、真夜中でも週末でも、また、パソコンやスマートフォン経由でも利用できるよう設計されるだろう。もしも金融市場が、風評やその他の要因によってストレスにさらされることがあれば、預金者は真夜中でも週末でも、パソコンやスマートフォン経由で自らの預金をCBDCに移すかもしれない。このような「デジタル銀行取付け」（digital bank run）は、預金者が預金引出しのために銀行やＡＴＭに押し寄せる古典的な取付けに比べ、迅速に起こりうる。このため、市場のストレス状況のもとでは、デジタル取付けは流動性危機の伝播を、時に国境を越えて加速させることが考えられる。

もっとも、このようなデジタル取付けは、CBDCがなかったとしても、「インターネットバンキングやモバイルバンキングを使って預金を他の銀行に移す」というかたちで起こりうる。したがって、CBDCはデジタル銀行取付けの唯一の原因とはいえない。論点は、CBDCが危機時の「安全への逃避」（flight to safety）の動きをどの程度強めるのかということである。また、危機時に預金からCBDCにシフトしてきた資金を、中央銀行がそのまま民間銀行部門に流動性として供給すれば、マクロ的には流動性の穴を埋められるかもしれない。しかしながら、現実の危機のなかで、中央銀行が瞬時に流動性不足に陥っている金融機関を見つけ、直ちに流動性を穴埋めしていくことは容易ではないだろう。

c 中央銀行デジタル通貨の保有額・決済額制限

これらの論点をふまえ、各主体が保有できるCBDCの残高や1回の決済ごとの金額に上限を設けてはどうかとの意見もある。これらに上限を設けることで、CBDCは銀行券だけを代替し、預金をなるべく代替しないように設計できるとの考え方である。

しかしながら、多くの国において、銀行券の保有や利用には法的な金額制限は課されておらず、法定通貨としてあらゆる取引に使える。このなかでもし、CBDCだけに量的な上限が設けられれば、CBDCに「希少性」が生じてしまい、銀行券とCBDCとの1対1の交換比率が維持できなくなる可能

性が考えられる。現代マネーシステムの効率性は、現金、中央銀行預金、民間銀行預金が常に1対1で交換可能であることを前提としているため、CBDCに希少性が発生すれば、支払決済インフラの効率性を低下させかねない。

　加えて、支払手段が信用リスクフリーであることは、とりわけ大口決済において強く求められる。したがって、CBDCに量的な上限が設けられることの経済的理由づけは必ずしも明確でない。少額決済の分野こそ、民間のイニシアチブが最大限発揮されるべきとの立論も可能であろう。

d　イノベーションへの影響

　これまで、支払決済インフラにおける小切手、クレジットカード、デビットカード、ATM、電信送金などのイノベーションは、民間のイニシアチブで進められてきた。仮に中央銀行がCBDCの発行を通じて支払決済インフラにおける圧倒的なプレーヤーになってしまうと、民間主導のイノベーションを阻害してしまうリスクも考えられる。

e　データ利活用への影響

　仮に中央銀行がCBDCの発行を通じて、人々の日々の取引に付随するデータを大規模に集積すると、その分、これらのデータの民間による活用が困難になってしまうことも考えられる。中央銀行はこれらのデータを活用していくうえで優位な立場にあるわけではない。仮にCBDCが支払決済の効率性や安全性を高めるとしても、民間によるデータ活用を阻害してしまっては、経済全体としてのメリットが減少してしまう。

　加えて、中央銀行が巨大なデータを蓄積していくと、中央銀行の独立性の観点から微妙な問題が生じうる。とりわけこの問題は、中央銀行に集積されたデータが徴税や犯罪防止、行政目的などに使われる場合に先鋭化する。たとえば、中央銀行に集まった取引データを税務当局や警察が利用できるかどうかはセンシティブな問題である。多くの国々で中央銀行は政府からの一定の独立を確保しているが、これは、中央銀行が行政的な権限から距離を置くことを前提としているからである。

⑷ 中央銀行デジタル通貨と金融政策

CBDC に関しては、金融政策の観点からも多くの論点がある。これらの論点はとりわけ、独自の通貨と金融政策をもつ国々にとって重要となる。

a 中央銀行デジタル通貨へのプラスの付利の是非

学界からは、CBDC には市場環境に応じプラスの付利を行ってはどうかとの見解が出されている。CBDC の付利水準は広範な金利の強力な「下限」を画することになり、中央銀行は新たな市場調節手段として CBDC への付利を使えるという考え方である。

しかしながら、CBDC にプラスの付利を行えば、預金から CBDC への資金シフトも起こりやすくなる。CBDC を、現金だけを代替し預金を代替しないように設計したいのであれば、これに付利をしなければならない強い理由は見出しにくくなる。

b CBDC へのマイナス金利の賦課

学界では、CBDC は、その名目価値を削減することで容易に深いマイナス金利を実現することができるため、CBDC の発行は「名目金利のゼロ制約」を乗り越え、マイナス金利政策を行いやすくするとの考え方もある。

しかしながら、銀行券が残存する限り、「名目金利のゼロ制約」は残る。中央銀行にとって、「電力供給に依存しない」といったメリットをもつ現金を、完全になくすことはむずかしい。実際、現金は、2018年に発生した北海道胆振東部地震直後の大規模停電のなかでも、支払手段として機能した。人々にとって現金は、パソコンや携帯電話、スマートフォンがなくても広範な支払いに使える便利な支払手段であり続けている。このような状況下、CBDC にマイナス金利を賦課すれば、人々は CBDC ではなく現金を選好するだろう。そうなると、なぜ CBDC を発行しなければならないのかを問われる。

さらに、CBDC の名目価値を削減することが、支出にプラスに働くか、それともマイナスに働くかもたしかではない。CBDC の名目価値の減少が実質的な課税ととらえられれば、支出はむしろ抑制されるかもしれない。ま

図表 3 - 3　中央銀行デジタル通貨の論点

```
■銀行預金への影響？
  ・銀行預金から CBDC への資金シフト？
  （銀行を通じた資金仲介の縮小？）
■デジタル銀行取付け？
  ・「安全への逃避」による銀行預金から CBDC への資金シフト？
  ・流動性危機の加速？
■名目金利のゼロ制約への影響？
  ・CBDC はマイナス金利回避に使えるか？
■CBDC に付利すべきか？
  ・CBDC にプラスの金利を付せば、預金からの資金シフトが起こりやすい？
  ・CBDC へのマイナス金利賦課は、消費者心理を悪化させるかもしれない？
■CBDC の保有額や取引額に上限を設けるべきか？
  ・CBDC に「希少性」が発生すると現金や預金との等価交換が確保されない？
■支払決済データの中央銀行による独占？
```

（出所）　筆者

た、CBDC の名目価値の削減は、発行者である中央銀行の信認低下を招く
かもしれない（図表 3 - 3）。

(5)　中央銀行デジタル通貨と現代の「二層型」マネーシステム

　デジタル技術革新は、ビッグテック企業やリブラに代表されるような、
「近代国民国家の枠組みに基づく現代マネーシステム」へのチャレンジャー
を生んでいる。このなかで、CBDC は、当局が自らデジタル技術を応用し、
マネーのコントローラビリティを確保しようとする試みととらえることもで
きる。同時に、CBDC は、今度は現代マネーシステムのもう 1 つの特徴で
ある「二層構造」を揺るがしうる。一般利用型 CBDC は、その設計によっ
ては、二層構造を一層構造に変えてしまう可能性を有している。

　一般利用型 CBDC に関する検討や実験を行っている中央銀行は、仮に
CBDC が発行される場合でも「間接的」な発行とし、二層構造は維持する

との意向を表明している。すなわち、中央銀行はCBDCを銀行や支払決済サービス業者に対して発行し、これらの主体が企業や個人にCBDCを届けることが想定されている。

このような「間接型」の発行スキームでは、銀行は自らの債務である預金と中央銀行の債務であるCBDCを並べて提供することになる。しかし、現代マネーシステムでは、預金と現金の1対1の交換を維持するため、銀行規制監督や預金保険など、預金の安全性を確保するためのさまざまな枠組みが存在している。

したがって、CBDCの発行は、銀行規制監督や預金保険、さらには現代マネーシステムの存在意義を問い直すことになる。これらの論点は、学界でかねて主張されてきた「ナローバンキング論」ともかかわってくる。

4 民間発行デジタル通貨の可能性

(1) 日本の支払決済インフラの課題

発達した銀行システムをもつ先進国では、現代マネーシステムの長所を生かしながら、新しいデジタル技術を活用していくことが求められる。この観点からCBDCに関しても、経済の効率性や金融安定、金融政策、データの利活用など、さまざまな論点がある。

現金を含め、あらゆる支払決済手段は強い「ネットワーク外部性」をもつ。このため、デジタル決済手段が現金を凌駕するまでに何年かかるのかは、各国独自の事情に大きく左右される。たとえば、現金が広く使われている国では、既存の現金の強力なネットワーク外部性ゆえに、デジタル決済手段が現金を代替していくには時間がかかるだろう。また、低金利環境下の国では、現金を保有する機会費用も小さくなるため、現金は取引需要だけでなく価値保蔵需要からも選好されやすくなる。しかしながら、中期的には以下の理由から、支払決済のデジタル化自体は進んでいくと考えられる。

まず、eコマースなど、さまざまなデジタル化された経済活動が発展をみ

ているなか、企業や個人はますます、現金を取り扱い、保管し、運搬するコストを意識するようになっている。このなかで、現金関連コストを低下させるとともに経済取引の効率性を向上させ、ｅコマースやシェアリングエコノミー、「アズ・ア・サービス」などの新たな経済活動を発展させていく観点から、デジタル支払決済手段が一段と求められるようになっている。

しばしば「21世紀の石油」といわれるデータの、無形資産としての有用性は高まっており、このなかでデジタル支払決済手段は、さまざまなデータを集め、運ぶ手段として大いに注目を集めている。現在進行している「データ革命」は、デジタルマネー発展の原動力になっている。現金は「価値」に関するデータしかもたないが、デジタル支払決済手段は、「誰が、いつ、どこで、何を買ったか」といったさまざまなデータも取り扱うことができる。現在、多くの企業がデジタル決済分野に参入し、ユーザーに割引やポイント還元などを提供しながら、顧客データの囲い込みに乗り出している。

決済イノベーションは、経済のデジタル・トランスフォーメーション（以下「DX」という）にとって重要な意味をもつ。またリブラ構想は、支払決済インフラへの応用技術としてのブロックチェーンや分散型台帳技術の潜在力、および、「安全資産を裏付けとするステーブル・コイン」というスキームの有用性を示唆するものといえる。

このなかで、デジタル技術革新の果実を取り込みつつ、CBDCがもつ課題を克服するための選択肢としては、①民間が発行し、②ソブリン通貨単位で表示され、③ブロックチェーンや分散型台帳技術、スマート・コントラクトなどを組み込むことができる、④二層型、のデジタル通貨をつくることが考えられる。

日本の支払決済インフラは多くの課題を抱えている。日本は世界的にみても「キャッシュヘビー」な国であり、取引にも資産保有にも現金が多く使われている。このため日本は経済社会全体として、現金の取扱いや保管、輸送に相当なコストをかけ続けている。また、現金への依存は、支払決済に伴うデータの利活用をむずかしくする面もある。日本には数多くのデジタル支払決済プラットフォームが存在しているが、それらの相互運用性は確立されて

いるとはいえず、消費者は取引のつど、現金も含むさまざまな決済手段の選択肢のなかから、1つを選ぶことを余儀なくされている。

また、ブロックチェーンや分散型台帳技術の現実のビジネスへの応用は、その多くがなお今後の課題となっている。この間、COVID-19の経験は、感染拡大のリスクを抑えながら経済社会活動を維持する観点から、経済のさらなるデジタル化を進める意義を再認識させた。この点からも、経済のデジタル・トランスフォーメーションの一段の促進、および非接触で支払決済を行えるインフラが求められている。

(2) 民間発行による二層型デジタル通貨のコンセプト

このような問題意識のもと、2020年6月、メガバンク3行や日本の代表的企業、有識者などが参加し、「デジタル通貨勉強会」が設立された。この勉強会には、金融庁など関連省庁や中央銀行もオブザーバーとして加わった。当勉強会では、日本の支払決済インフラの民間主導でのイノベーションを進め、経済のDXを推進するとともに、日本が世界の金融インフラ革新をリードしていくとの観点から、望ましいデジタル通貨の設計やその可能性について検討を進めてきた。

さまざまなオプションのなかから、デジタル通貨勉強会としては、日本円を単位とするデジタル通貨を民間主体が発行することが有望な選択肢であると考え、このようなデジタル通貨の潜在力やさまざまなユースケースへの適用可能性について、検討を深めてきた（図表3-4）。

デジタル通貨が経済の発展に貢献を果たしていくうえでは、インフラが安定的で、高度の安全性を有し、頑健で信頼性が高いことが求められる。また、デジタル通貨は広範な主体がいつでも使え、相互運用が可能であることが望ましい。さらに、デジタル通貨は、常に新しい技術を柔軟に取り込みながら自らをイノベートしていけることが必要となる。これらの属性は、デジタル通貨が公正な競争と協調を促しながら、イノベーションと経済の発展に貢献していくうえで重要となる。

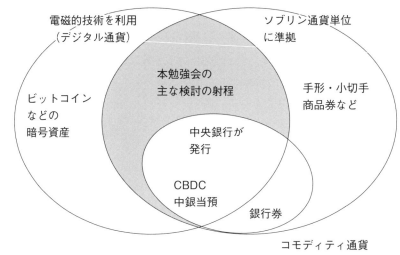

図表 3 - 4　デジタル通貨勉強会の検討の射程

電磁的技術を利用
（デジタル通貨）

ソブリン通貨単位
に準拠

本勉強会の
主な検討の射程

ビットコイン
などの
暗号資産

手形・小切手
商品券など

中央銀行が
発行

CBDC
中銀当預

銀行券

コモディティ通貨

（出所）　筆者

　このような観点から、デジタル通貨勉強会としては、二層型のデジタル通貨を銀行などの民間主体が発行することが有望な選択肢と考えた。二層型デジタル通貨は、「共通領域」である下層部分と、「付加領域」としてプログラムが書き込める上層部分からなる。付加領域には、さまざまなビジネスニーズに応えるためのプログラムを書き込むことができ、これにより、デジタル通貨は支払決済の効率性向上や高度・迅速な取引の実現に寄与することが期待される。これによる解決が期待されるビジネスニーズは、ロジスティックスや仕入れと支払決済との同時処理、サプライチェーン管理、ファイナンス、証券と資金の DVP、バックオフィス事務の効率化など多岐にわたる。また、共通領域にはデジタル通貨の「価値」に関する情報が書き込まれ、この領域を使うことで、デジタル通貨が相互に交換可能になる（図表3－5）。

　このようなデジタル通貨は、以下のメリットをもつと考えられる。

①　民間のイニチアチブによる効率的な資金配分と両立しうる。

②　銀行規制監督など、すでに機能している、マネーの信認確保のための枠組みを活用できる。ノンバンクが発行体になる場合には、「リブラ」が計

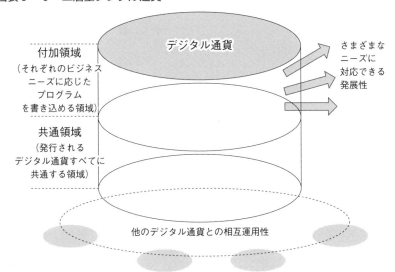

図表 3 − 5 　二層型デジタル通貨

付加領域
（それぞれのビジネス
ニーズに応じた
プログラム
を書き込める領域）

デジタル通貨

さまざまな
ニーズに
対応できる
発展性

共通領域
（発行される
デジタル通貨すべてに
共通する領域）

他のデジタル通貨との相互運用性

（出所）　筆者

画したように、安全資産を100％裏付けとすることで安全性を確保することも可能である。仮に中央銀行が自らの即時グロス決済（RTGS）システムを１年365日、１日24時間稼動させ、ここにデジタル通貨の発行主体の直接参加を認めれば、このデジタル通貨は支払決済手段として CBDC に近い安全性を備えることができるだろう。

③　ブロックチェーンや分散型台帳技術、スマート・コントラクトなどを付加領域に組み込むことで、さまざまな経済活動の効率性向上に寄与しうる。

④　このスキームのもとで発行されるすべてのデジタル通貨に共通する領域を用いることで、さまざまな支払プラットフォームの相互運用性を高めることができる。

⑤　支払決済インフラのイノベーションに民間のイニシアチブを活用できる。二層構造をもつマネーシステムでは、銀行など民間主体が競争のなかでインターネットバンキングやモバイル決済などの新しいサービスをつく

図表 3 - 6　二層型デジタル通貨と相互運用性

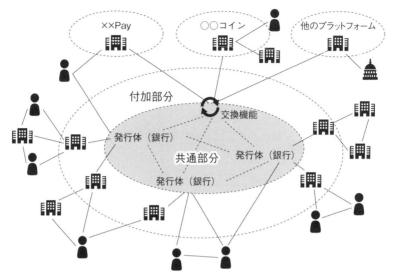

（出所）　筆者

　りだし、その一方で「ドル」や「円」などの共通単位を用いることで相互
運用性を確保してきた。すなわち、二層構造をもつマネーシステムは民間
主導のイノベーションと相互運用性の両立を図ってきたわけであり、二層
型デジタル通貨はそのメリットを継受できる（図表 3 - 6 ）。

⑥　支払決済に伴うデータを民間が活用していくことが可能となる。

　このような二層型デジタル通貨は、電子マネーやクレジットカード、デ
ビットカードのような既存のデジタル決済手段や、全銀システムのような既
存の集中型決済システム、さらには CBDC とも共存しうる。デジタル通貨
勉強会としては、新しい技術と民間のイニシアチブの活用こそが、経済取引
全般の効率性・利便性向上と経済の DX 推進に貢献すると信じている。

⑶　デジタル通貨フォーラム

　2020年11月、デジタル通貨勉強会は「デジタル通貨フォーラム」へと発展

図表 3 - 7　デジタル通貨フォーラム

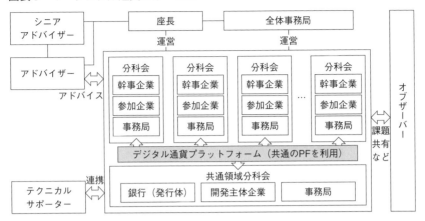

（出所）　デジタル通貨フォーラム HP

的に改組した。デジタル通貨フォーラムは、勉強会からの参加メンバーと、新たに加わったメンバーから構成され、引き続き日本の代表的な銀行や企業、有識者が加わっている。

　デジタル通貨フォーラムは、広範なユースケースに照らしたデジタル通貨の概念実証（PoC）など、さまざまな活動を行っていく。あわせて、支払決済インフラのイノベーションの促進と効率的なエコシステム構築に向けた、企業・産業横断的な協力と協調を支援していく。これらを通じて、新しいテクノロジーと民間のイニシアチブを活用し、日本の金融インフラの効率性・利便性向上と経済の DX に貢献していく（図表3 - 7）。

　二層型デジタル通貨の発行にあたっては、そのための法的・制度的位置づけを明確にするとともに、技術的ハードルをクリアし、さらに、その経済的インパクトもより深く検討していく必要がある。このような観点から、デジタル通貨フォーラムでは、法律・会計、テクノロジー、経済の専門家からなる「アドバイザリーボード」も設置した（図表3 - 8）。

図表 3 - 8　デジタル通貨フォーラムのメンバー（2021年10月末時点）

「デジタル通貨勉強会」より参加のメンバー

【座長】
山岡 浩巳（フューチャー株式会社取締役、
　　　　　元日本銀行決済機構局長）
株式会社三菱 UFJ 銀行
株式会社三井住友銀行
株式会社みずほ銀行
株式会社セブン銀行（株式会社セブン＆
　アイ・ホールディングス）

NTT グループ
東日本旅客鉄道株式会社
KDDI 株式会社
株式会社インターネットイニシアティブ
森・濱田松本法律事務所
アクセンチュア株式会社
株式会社シグマクシス

「デジタル通貨フォーラム」より参加のメンバー

あいおいニッセイ同和損害保険株式会社
会津若松市
株式会社アスコエパートナーズ
イオン株式会社
株式会社インダストリー・ワン
株式会社インテリジェント ウェイブ
ANA グループ（株式会社 ACD）
SBI ホールディングス株式会社
株式会社エナリス
au カブコム証券株式会社
au じぶん銀行株式会社
au フィナンシャルホールディングス株
　式会社
片岡総合法律事務所
関西電力株式会社
一般社団法人キャッシュレス推進協議会
京セラ株式会社
xID 株式会社
気仙沼市
株式会社ジェーシービー
住友商事株式会社
住友生命保険相互会社
Securitize Japan 株式会社
セコム株式会社
綜合警備保障株式会社（ALSOK）
ソニー銀行株式会社
ソニーペイメントサービス株式会社
SOMPO ホールディングス株式会社
大同生命保険株式会社
大日本印刷株式会社
株式会社大和証券グループ本社
株式会社大和総研
中部電力株式会社

株式会社ツルハホールディングス
TIS 株式会社
株式会社電通
東京海上日動火災保険株式会社
株式会社東京金融取引所
凸版印刷株式会社
トッパン・フォームズ株式会社
日鉄ソリューションズ株式会社
日本住宅ローン株式会社
日本ユニシス株式会社
株式会社野村総合研究所
野村ホールディングス株式会社
株式会社 HashPort
阪急阪神ホールディングス株式会社
PwC コンサルティング合同会社
株式会社日立製作所
株式会社ファミリーマート
株式会社 BOOSTRY
フューチャーアーキテクト株式会社
株式会社ペイロール
三井住友海上火災保険株式会社
三井住友信託銀行株式会社
三菱商事株式会社
三菱 UFJ ニコス株式会社
三菱 UFJ リサーチ＆コンサルティング
　株式会社
明治安田生命保険相互会社
ヤマトホールディングス株式会社
株式会社ゆうちょ銀行
楽天Ｅｄｙ株式会社
株式会社りそなホールディングス
株式会社ローソン

アドバイザリー

森・濱田松本法律事務所 増島雅和 弁護
　士
野村総合研究所 井上哲也 主席研究員
明治大学政治経済学部 小早川周司 教授
早稲田大学大学院経営管理研究科 斉藤
　賢爾 教授
鈴木智佳子 公認会計士

オブザーバー

金融庁
総務省
財務省
経済産業省
日本銀行

（出所）　デジタル通貨フォーラム HP

⑷　デジタル通貨のユースケース例

　デジタル通貨フォーラムでは、二層型デジタル通貨のユースケースとして以下を例示している。

① 　製造業のサプライチェーン（図表3‐9）
② 　小売業の納入チェーン
③ 　物流・配送と支払決済の連携
④ 　金融資産取引の効率化とリスク削減
⑤ 　貿易金融

図表3‐9　デジタル通貨のユースケース例─製造業サプライチェーン─

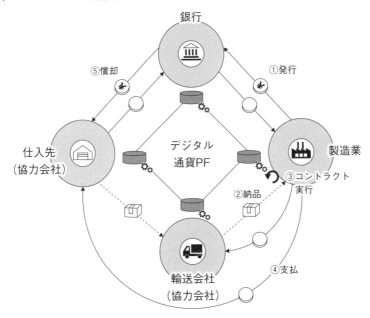

① 　デジタル通貨を発行する
② 　製造業企業へ仕入先が製品を納品する
③ 　納品をトリガーにスマート・コントラクトを実行する
④ 　デジタル通貨で自動で取引つど、支払処理を実行
⑤ 　デジタル通貨を償却する

（出所）　筆者

⑥　電力取引

⑦　電子マネーとデジタル通貨の連携

⑧　銀行間決済

⑨　地域通貨

⑩　行政事務

⑪　ポイントサービス・経済圏活性化

⑫　ファイナンスへの応用

⑬　クレジットカード会社の加盟店払い

⑭　保険業務

⑮　NFT（Non-Fungible Token）取引

⑯　MaaS（Mobility as a Service）

⑰　海外送金

⑱　スマートフォン間でのオフラインでの少額決済

⑲　グループでの資金管理

　日本経済のDXと発展のために支払決済インフラのイノベーションを活用するうえでは、デジタル技術の支払決済への応用だけでなく、実務のあり方など経済活動全般を包括的に見直していくことが有益である。すなわち、経済のDXを進めるためには、デジタル支払決済インフラを中核とする「エコシステム」を構築する必要がある。

　デジタル通貨勉強会では、デジタル通貨、とりわけ二層型デジタル通貨が効率性向上やビジネス上の課題の克服に貢献しうる、さまざまなケースをあげた。次なるステップでは、これらの発想やコンセプトを、現実のイニシアチブや行動に結びつけていくことが求められる。

　このような考え方に立って、デジタル通貨勉強会は「デジタル通貨フォーラム」へと発展的に改組した。筆者が座長を務めるデジタル通貨フォーラムは、全体会と、個々のユースケースに照らした複数の分科会から構成されている。デジタル通貨フォーラムは、デジタル通貨のユースケースへの適用に関する概念実証（PoC）や、デジタル通貨を活用するうえで最適な実務のあり方の検討など、さまざまな取組みを行っていくとともに、関係者間での情

報共有と積極的な議論も進めていく。

5 デジタル通貨とマネーシステムの未来

(1) デジタル技術革新がもたらした現代マネーシステムへのチャレンジ

　中央銀行がソブリン通貨を一元的に発行し、二層構造をもつ現代マネーシステムは、19世紀、近代国民国家形成の後期で確立された。デジタル通貨は、このようなマネーシステムを再考する機会を提供している。

　最近のデジタル技術革新は、現代マネーシステムにさまざまなチャレンジをもたらしている。前述のような暗号資産の登場、ビッグテック企業の支払決済サービスへの参入、フェイスブック（現メタ）の主導するリブラ（現ディエム）計画などである。CBDC は、当局側が自らデジタル技術を応用し、マネーシステムのコントローラビリティを確保しようとする試みととらえることもできる。しかしながら CBDC は、それ自体が、今度は現代マネーシステムの「二層構造」に影響を及ぼしうる。

　このなかで、民間主体の発行するデジタル通貨は、デジタル技術を活用し経済取引の効率性向上に貢献すると同時に、さまざまな支払決済プラットフォーム間の相互運用性向上にも寄与すると考えられる。また、二層型デジタル通貨は、現代マネーシステムの「二層構造」の長所を取り込むことにも貢献しうる。

　さらに、民間発行の二層型デジタル通貨は、金融政策の有効性確保にも寄与する。仮に、ソブリン通貨単位で表示されない暗号資産が国内取引に広く使われれば、金融政策の有効性は低下する。理論的には、このような状況は、いわゆる「ドル化」のように、国内取引に外貨が広く使われる状況と似ている。この点、デジタル通貨フォーラムが提案する、円を単位とする二層型デジタル通貨は、円の使い勝手を高めることを通じて、金融政策の有効性にも貢献しうるだろう。

⑵ 近代国民国家とマネーシステム

　デジタル通貨は、現代マネーシステムを再考する機会を提供している。現代マネーシステムの信用と信認は、法律、税制、銀行規制監督、預金保険など、国家を基盤とする制度的枠組みによって担保されており、中央銀行もまさに国民国家の産物である。すなわち、国民国家の枠組みは、現代マネーシステムを支える「信用マシン」として機能してきた。このような現代マネーシステムは短期間のうちに世界的に広がり、各国が中央銀行を１つもち、その中央銀行はソブリン通貨を一元的に発行し、民間銀行が預金通貨を発行するようになった。

　第一世代の暗号資産ともいえるビットコインは、国家の枠組みに頼らず、ゼロから信用と信認を構築しようとするものといえる。しかし、そのためには「マイニング」に伴う巨大な電力消費など大きなコストがかかる。第一世代の暗号資産が支払決済手段として広く使われてこなかった事実は、人類は現時点では、国家よりも明らかに優れた信用・信認構築の枠組みを見出しえていないことを示唆している。

　この点では、リブラ（現ディエム）は「ステーブル・コイン」として興味深い特徴をもつ。信認あるソブリン通貨建ての安全資産を100％裏付けとするリブラは、言い換えれば、その価値を安定させるために、基軸通貨への既存の信認、すなわち、国家を通じて信用と信認を構築する仕組みを利用するものともいえる。つまり、リブラは暗号資産とソブリン通貨の組合せとみることができる。

　これらの動向をみても、近い将来において、マネーシステムが完全に国家の外側で機能することは想定しにくい。信用と信認を維持し続けている国家においては、暗号資産がソブリン通貨に取ってかわることはむずかしいだろう。

　一方で、暗号資産の基盤技術でもあるブロックチェーンや分散型台帳技術自体は、大きなポテンシャルを有している。これらの技術を、既存の通貨の信用や信認と結びつけることができれば、支払決済や経済の効率性向上に寄

与しうると考えられる。デジタル通貨フォーラムが実現しようとしている二層型デジタル通貨は、このような目的を達成するうえでの選択肢の1つとなりうる。

(3) マネーシステムと「二層構造」

　少なくとも近い将来においては、マネーシステムの「二層構造」も基本的には維持されるだろう。CBDCが現状の「二層構造」を「一層構造」にしていくケースは、1980年代にジェームズ＝トービン教授などによって提案された「ナローバンキング」に類似している。しかし、これには多くの論点がある。仮にCBDCが現金だけでなく銀行預金も代替していくことがあれば、銀行を通じた資金仲介は縮小し、かわりに中央銀行のバランスシートが拡大する。中央銀行は、個々の民間プロジェクトのリスクとリターンを評価し、企業や個人に直接貸出をするうえで適切な立場にはない。したがって、CBDCが預金を代替していけば、経済における資源配分の効率性を低下させてしまうかもしれない。もちろん、民間銀行が自らの預金に付利をすることでCBDCへのシフトを防ぐことも考えられるが、とりわけ低金利環境に置かれている国では、銀行が要求払預金に魅力的な金利を付すことはむずかしい。また、民間との競争にさらされにくい中央銀行が、自ら支払決済インフラを継続的にイノベートするインセンティブはもちにくいし、個々のビジネスニーズに沿ったスマート・コントラクトを組み込んだり、自らマネロン対策（AML/CFT）を行うことも想定しにくい。

　しかしながら、「二層構造」の二層目の参加者は、より多様化していくだろう。そして、銀行に加え、非銀行の支払決済サービス企業やビッグテック企業も、支払決済インフラにおける重要なプレーヤーとなっていくと想定される。

　この観点からは、中央銀行が自らの即時グロス決済（RTGS）システムの直接参加者の範囲を広げ、あわせてシステムの稼動時間を拡大することで、CBDCのもたらしうる便益の一部を取り込むことも可能となる。実際、

2018年、欧州中央銀行は"TIPS"、オーストラリア準備銀行は"FPP"とい
う、それぞれ1年365日、1日24時間稼働するRTGSシステムを、民間のデ
ジタル決済のサポートを企図して稼働させている。また、同じく2018年、イ
ングランド銀行はノンバンク支払決済サービス事業者にRTGSシステムへ
の直接参加を認め、2019年にはスイス国民銀行が、フィンテック企業による
Swiss Interbank Clearingへの参加を認めた。CBDCの検討と並行して、こ
れらのオプションについても、検討が深められるべきであろう。

⑷　通貨の競争

　デジタル技術革新は、さまざまな支払決済手段を使うコストを低減させる
ことを通じて、通貨間の競争を激化させる。このなかで、信認と使い勝手の
劣る通貨は、従来よりも容易にそのプレゼンスを低下させうるだろう。

　20世紀には、ほとんどの国々が自国に中央銀行をもつに至り、これに伴い
中央銀行の数は徐々に増加し、国家の数にほぼ匹敵するようになっている。
しかしながら最近では、通貨統合に向けた動きも進み、20世紀末には欧州中
央銀行が設立された。欧州中央銀行や、アフリカやカリブ諸国での通貨統合
の取組みは、複数の国々が中央銀行と通貨単位を共有することで、クロス
ボーダー取引などのコストを削減する取組みととらえることもできる。中央
銀行は引き続き必要とされているが、一国が「固有の」中央銀行をもつこと
は、必ずしも国にとっての必要条件ではなくなってきている。複数の国々
が、経済政策やインフラのハーモナイゼーションを通じて、通貨の信用や信
認を確保できる協力体制を構築し、1つの中央銀行と通貨単位を共有するこ
とも可能になっている。これに伴い、未来のマネーシステムは、いくつかの
中核的通貨と、これらとのリンクを通じて存続を図る「衛星的」通貨とに分
化していくことが考えられる。このなかで独自の通貨を維持したいと考える
国は、これまで以上に、自国通貨の信認確保と、自国の支払決済インフラの
効率性・利便性の向上に努めることが求められる。

⑸ マネーシステムの未来

　未来のマネーシステムを考えるうえで、通貨とデータの関係の考察は避けては通れない。未来のマネーシステムは、経済社会における、安全かつ信頼されるデータの利活用に寄与することが求められる。

　マネーは、その発生のときから、さまざまな財やサービスの価値を共通の尺度で定量的なデータに変換し、価格メカニズムが効率的に機能することを可能にした。「一般物価水準」や「インフレーション」なども、マネーがあってこその概念である。このように、マネーは経済において、情報やデータを処理する中核的ツールである。

　現在の二層構造をもつマネーシステムのもとでは、中央銀行は支払決済インフラ全体の安定確保にとって重要な、銀行間大口決済にかかわる情報やデータは入手できる。一方、銀行券は匿名の支払決済手段であり、発行者である中央銀行も、銀行券で行われる広範な取引に付随するデータにはアクセスできない。これらのデータは、民間の利用に委ねられてきたわけである。

　デジタル支払決済手段の発達に伴い、これらの手段は支払決済に付随するさまざまなデータを収集し、処理するうえで、ますます重要な役割を果たしている。これに伴い、マネーとデータはより密接に結びつくようになっている。このことは、多くのビッグテック企業がデジタル支払決済サービスに参入している、大きな理由でもある。

　デジタル技術革新により、支払決済手段がさまざまなデータの処理や媒介の手段としても活用されるようになるなか、データセキュリティやプライバシーの確保は、金融サービスにとってますます重要な課題となっている。これらすべてに中央銀行が自ら責任を負うことは現実的ではなく、この分野での民間経済主体、規制監督当局および中央銀行の協調と協力が強く求められる。

　このような環境下、マネーシステムがデータの安全かつ効率的な利活用に寄与するものとなるかどうかは、経済の効率性を大きく左右する。CBDCをめぐる大きな論点の１つも、そのデータ利活用への影響である。未来のマ

ネーシステムを考えるうえでも、経済活動に付随するデータを活用していくにあたり、関係主体の間でのどのような役割分担が望ましいのか、検討する必要があろう。

これまで、金融機関は主に金融関連のデータを収集し、非金融企業は非金融関連のデータを収集してきた。しかし、たとえば e コマース上の売買取引とその決済にみられるように、金融データと非金融データはますます密接に関連するようになっている、このような変化をふまえると、これからのマネーシステムは、金融関連データだけでなく、非金融データも安全かつ信頼できるかたちでの活用を可能にすることが求められる。

グローバル金融危機の発生した2008年当時、暗号資産や、その背景技術であるブロックチェーン、分散型台帳技術はまだ登場していなかった。iPhoneや Kindle、Uber や Airbnb もその頃に誕生した。当時、誰もフェイスブックの「いいね」ボタンを押すこともなかったし、インスタグラムも存在しなかった。その後、スマートフォンは世界中で爆発的に普及し、ビッグテック企業が急成長をみた。これらのツールや企業はいまや、デジタル支払決済でも重要な役割を果たすようになっている。このように、現在進行しているデジタル技術革新は、マネーの姿にさまざまな影響を及ぼしている。しかしながら、経済や人々の生活において避けがたい不確実が存在する以上、マネーが消滅することもないであろう。

このようなマネーをめぐる世界の動向、そして経済社会の期待をふまえ、デジタル通貨フォーラムは、日本の支払決済インフラの信頼性を確保するとともに、その効率性や利便性の向上に貢献していきたい。

◆ 参考文献

Adrian, T. and Mancini-Griffoli, T. (2021), "Public and Private Money Can Coexist in the Digital Age" (February).

Amamiya, M. (2018), "The future of money", speech at the 2018 Autumn Annual Meeting of the Japan Society of Monetary Economics (October). (https://www.boj.or.jp/en/announcements/press/koen_2018/data/ko181026a.pdf)

Bank for International Settlements (2018), "Central bank digital currencies", CPMI papers No.174 (March). (https://www.bis.org/cpmi/publ/d174.pdf)

Broadbent, B. (2016), "Central banks and digital currencies", speech at London School of Economics (March 2016). (https://www.bankofengland.co.uk/-/media/boe/files/speech/2016/central-banks-and-digital-currencies.pdf?la=en&hash=8D9B0F2911064BD7570B10370DF521FAE174217D)

Cœuré, B. (2018), "The future of central bank money", speech at the International Center for Monetary and Banking Studies (May). (https://www.ecb.europa.eu/press/key/date/2018/html/ecb.sp180514_4.en.html)

Cleland, V. (2018), "Transforming our payments infrastructure", speech at Payment International, London (November). (https://www.bankofengland.co.uk/speech/2018/victoria-cleland-speech-at-payments-international-london)

Committee on Payment and Settlement Systems (CPSS) of the Bank for International Settlements (2003), "The role of central bank money in payment systems", CPMI Papers No.55 (August). (https://www.bis.org/cpmi/publ/d55.pdf)

Ingves, S. (2017), "Do we need an e-krona?", speech at Swedish House of Finance (December). (https://www.riksbank.se/globalassets/media/tal/engelska/ingves/2017/tal_ingves_171208_eng.pdf)

Ingves, S. (2018), "The e-krona and the payments of the future", speech at Di Framtidens betalningar (November). (https://www.riksbank.se/globalassets/media/tal/engelska/ingves/2018/the-e-krona-and-the-payments-of-the-future.pdf)

King, M. (1999), "Challenges for Monetary Policy: New and Old", speech at the Symposium on "New Challenges for Monetary Policy" Jackson Hole, Wyoming (August). (https://www.bankofengland.co.uk/-/media/boe/files/speech/1999/challenges-for-monetary-policy-new-and-old)

Lagarde, C. (2018), "Winds of Change: The Case for New Digital Currency", speech at Singapore Fintech Festival (November). (https://www.imf.org/en/News/Articles/2018/11/13/sp111418-winds-of-change-the-case-for-new-digital-currency)

Licandro, G. (2018), "Uruguayan e-Peso on the context of financial inclusion", presentation at Conference on "Economics of Payments IX" at Bank for International Settlements (November). (https://www.bis.org/events/eopix_1810/licandro_pres.pdf)

Mancini-Griffoli, T., Peria, M., Agur, I., Ari, A., Kiff, J., Popescu, A. and Rochon, C. (2018), "Casting Light on Central Bank Digital Currency", IMF staff discussion note No. 18/08 (November).

Mersch, Y. (2017), "Digital Base Money: an assessment from the ECB's perspective", speech at the Farewell ceremony for Pentti Hakkarainen, Deputy Governor of Suomen Pankki (January). (https://www.ecb.europa.eu/press/key/date/2017/html/sp170116.en.html)

Nakamoto, S. (2009), "Bitcoin: A Peer-to-Peer Electronic Cash System" (May). (https://bitcoin.org/bitcoin.pdf)

SINTEF (2013), "Big Data, for better or worse: 90% of world's data generated over last two years", Science Daily (May 22). (www.sciencedaily.com/releases/2013/05/130522085217.htm)

Study Group on Digital Currency Settlement Infrastructure (2020), "Innovation of Payment Infrastructure and Potential of Digital Currencies in Japan" (November). (https://news.decurret.com/hc/ja/articles/360059491353?_bdld=2yNHMG.n8hq7mj.1614444606)

Sveriges Riksbank (2017), The Riksbank's e-krona project Report n. 1 (September). (http://www.riksbank.se/Documents/Rapporter/E-krona/2017/rapport_ekrona_170920_eng.pdf)

Sveriges Riksbank (2018), The Riksbank's e-krona project Report n. 2 (October). (https://www.riksbank.se/globalassets/media/rapporter/e-krona/2018/the-riksbanks-e-krona-project-report-2.pdf)

Tobin, J. (1987), "The case for preserving regulatory distinctions", proceedings - Economic Policy Symposium - Jackson Hole, Federal Reserve Bank of Kansas City, pages 167-205. (https://www.kansascityfed.org/publicat/sympos/1987/S87TOBIN.PDF)

University of Tokyo and the Bank of Japan (2017), Executive Summary of the Conference on FinTech and the Future of Money. (https://www.boj.or.jp/en/announcements/release_2017/data/rel170208a1.pdf)

Woodford, M. (2000), "Monetary Policy in a World without Money", NBER Working Paper No. 7853 (August).

World Bank Group (2017), *The Global Findex Database 2017*. (https://globalfindex.worldbank.org/)

Yanagawa, N., and Yamaoka, H. (2019), "Digital Innovation, Data Revolution and Central Bank Digital Currency", Bank of Japan Working Paper 19-E-2 (February). (https://www.boj.or.jp/en/research/wps_rev/wps_2019/data/wp19e02.pdf)

第4章

名目金利がマイナスの世界における中央銀行デジタル通貨

ウルリッヒ・ビンドザイル

訳／ドイツ日本研究所、協力／花岡　博

　IT技術の進化とその適用に刺激を受けて、中央銀行と学界は、公衆が広くアクセス可能な中央銀行デジタル通貨（CBDC）の利点を分析するようになった。本章では、G7諸国、なかでも日本とユーロ圏において、今日、広がっている低金利またはマイナス金利下でのCBDC利子率に関する問題を取り上げる。CBDCがもたらす構造的または循環的な銀行預金から他の金融商品・支払手段へのシフト（ディスインターミディエーション）、そして、金融政策のスタンスをどのように維持するかが議論されている。マイナス金利環境における、これらの問題の最も効率的な解決策として、CBDCに2階層の利子率設定方式を採用することが提案されている。これにより、家計はマイナス利子率を付されない支払手段である中央銀行通貨への十分なアクセスを保障されることになり、その結果、付利における「リテール」CBDCと「ホールセール」CBDCの分離というこれまで認識されてきた課題を克服することもできるようになるだろう。

◆ 著者略歴

ウルリッヒ・ビンドザイル（Ulrich Bindseil）

ザールブリュッケン大学で経済学の博士号を取得（1994年）し、2019年11月から欧州中央銀行の市場インフラ・決済システム総局（DG-MIP）の局長を務めている。20年以上にわたって欧州中央銀行に勤務し、市場運営担当局長、リスク管理部門長、流動性管理部門長などを歴任してきた。多数の著書のなかには、"Monetary Policy Operations and the Financial System"（OUP, 2014）、"Central Banking before 1800 : A Rehabilitation"（OUP, 2019）などがある。

第1節

はじめに

　最近、学界と中央銀行の双方において、中央銀行デジタル通貨（以下「CBDC」という）を導入することの利点と危険についての議論が始まった。ここでCBDCとは、電子的な手段で取り扱われ、広く公衆にとってアクセス可能な、なんらかの形態の中央銀行通貨のことである。CBDCは、①中央銀行への当座預金、②銀行券に次ぐ、第三の本源的通貨と考えることができる。①は現在、銀行および銀行以外の特定の金融機関に利用が制限されている。②は誰にでもアクセス可能だが、議論の余地はあるものの、効率性は限定されており、古い技術[1]に依拠している。本章は、一般にアクセス可能なCBDCの利子率に関する問題点、特にユーロ圏や日本で広がっているマイナス金利環境下でのCBDCの利子率に関する問題について論ずる。これまでの文献で、CBDCのきわめて多岐にわたるいくつかの利点が指摘されてきた（概観として、たとえば、Bindseil, 2020を参照）。本章は、そうしたCBDCの側面のうちの1つ、つまり、利子率の設定に光を当てる。何人かの論者は、CBDCを現金と同じ特徴をもつように設計できること、たとえば、利子率をゼロにできることに注目してきた。しかし、CBDCの利子率がゼロであることは、金利環境に応じて非常に異なる意味をもつ。つまり、名目短期金利が10%か、3%か、0%か、マイナス0.5%かによって、利子率ゼロのCBDCを導入する帰結は異なる。中央銀行の運営者と中央銀行通貨の保有者は、経済において名目金利が構造的あるいは循環的にどのように変化しようとも、銀行券が名目ゼロ利子率のリスクフリーの短期金融資産で

1　現代の銀行券が同時に、その物質的な面とセキュリティ面での特徴において、現代の技術を基礎としていることはもちろんである。

あるという事実に慣れ親しんできた。銀行券のこの特徴は異常であり、CBDCの導入（および銀行券の廃止）によって完全に是正されなければならないと考える論者がいる一方、これと正反対の主張をする論者もいる。後者は、銀行券のこの特徴はCBDCの設計においても維持することが重要であり、CBDCはできるだけ銀行券と同じような電子的な支払手段となるように設計されるべきだと考えている。

　本章は、名目リスクフリー金利が現在マイナスになっている通貨圏、あるいは将来そうなる可能性がある程度存在する通貨圏においては、CBDCに利子率を設定できること、そして、マイナスの利子率にもできることが必要になると主張する。より具体的にいえば、CBDCについて2階層の利子率設定方式を採用することによって、（決済手段として使うのに合理的に必要とされるだけの量の）CBDCを銀行券より悪くない（決してゼロより低くならない）利子率で市民に提供する必要性と、金融の安定および金融政策の有効性を維持する必要性の間にある相克を解消することを提案する。この方式により、CBDCを、企業や外国人といった、他の保有者となりうる者に対して、伸縮的かつ制限のないやり方で提供することも可能になるだろう。したがって、「リテール」CBDCと「ホールセール」CBDCの分離という、これまで認識されてきた問題を解決することもできるだろう。

　第2節では、構造的または循環的（つまり、危機に関連する）なディスインターミディエーションの危険について検証する。第3節では、CBDCのもとで非常に緩和的な金融政策、つまりマイナス金利政策を維持することに伴う問題に目を向ける。第4節では、CBDCを市民にとって銀行券と比べて魅力的な支払手段とする一方、他の保有者に制約なく提供できるようにするという2つの問題を解決する方法として、CBDC利子率設定の階層化を提案する。第5節は結論である。

CBDC による構造的または循環的なディスインターミディエーションのリスク

　CBDC がディスインターミディエーションに与える影響の構造と規模に関して、支持と強い懸念の両方が存在する。「ソブリン通貨」の信奉者たちは、ディスインターミディエーションがまさに CBDC の目的だとみている。預金という銀行の資金調達手段を犠牲にして、中央銀行のバランスシートをふくらませる CBDC というアイデアを強く拒否する論者もいる。たとえば、Pollock（2018）は、米国合衆国議会下院・金融サービス委員会・金融政策と経済に関する小委員会での証言において、CBDC はまさにディスインターミディエーションのために、さまざまな不都合をもたらすだろうと主張している。その主張によれば、中央銀行は不公平な競争上の優位性を利用して預金を集めることに成功し、不適切な権力の集中と高い市場占有率を享受することになる（規制上の権限を濫用して不公平な優位性をさらに強化する可能性も高い）。他方で、中央銀行は信用供与に関して競争上の優位性をもっていないが、そのことは中央銀行によって無視され、最終的に納税者の負担につながる非効率性、利益の相反、金銭的な損失がもたらされるという。Carstens（2019）は、こうした懸念を確認している（Mancini-Griffoli et al., 2018も参照）。最後に国際決済銀行の決済・市場インフラ委員会および市場委員会による報告書（CPMI-MC, 2018）は、CBDC がクロスボーダー問題を生むことを強調している。実は銀行券でも、海外需要は最近数十年間における現金需要増加の大きな要因だった（たとえば、Jobst and Stix, 2017）。CBDC が銀行券と同じように完全に需要に応じて伸縮的に発行されれば、それは中央銀行通貨に対する国境を越えたアクセスをさらに加速することになるかもしれない。

　図表 4 - 1 は、CBDC の発行を金融資産・負債残高表の統計システムで

とらえたものである。数字は、（ECB統計集またはECB経済公報にある）2018年第2四半期におけるユーロ地域の金融資産・負債残高を非常におおざっぱに再現している。統計は、とりわけ相殺の点、そして、ノンバンク金融セクター（「その他金融機関（OFIs）」と「保険会社および年金基金（ICPFs）」）が除去あるいは広く家計部門に統合されているという点において、単純化されたものである。また、ECBの資産購入プログラムは反映されていない。

　家計が銀行券をCBDCに持ち替えたとしても、中央銀行と商業銀行のバランスシートに変化はない。しかし、家計が商業銀行への預金をCBDCに持ち替えると、商業銀行にとっては資金調達手段が失われ、銀行セクターの「ディスインターミディエーション」が起きることになる。とりわけ、利子率の低い要求払預金のうち少なくともある程度の部分はリスクのないCBDCにシフトする結果、シフトしたのと同じ額の商業銀行の資金調達手段が失われることになると予想される。銀行はできる限り預金残高を維持するために、預金についてよりよい条件を提示しなければならないだろう。しかし、このことは銀行の資金調達コストが上昇し、商業銀行の「シニョレッジ（通貨発行益）」が失われることを意味する。そこで、図表4-1において、発行されたCBDCは2つの部分に分けて表記される。銀行券を代替するCBDC1と、銀行預金を代替するCBDC2である。CBDCが両方の帰結をもたらす可能性は高そうだが、それぞれの割合がどうなるかは定かではない。CBDC1が残りの金融資産・負債残高表の計数に与える影響は中立的だが、CBDC2の影響はそうではない。CBDC2によって銀行の資金調達に生じた穴を埋めるために、中央銀行は銀行に信用を供与することを通じてバランスシートを拡大しなければならないだろう。中央銀行はこれを避けるために、政府や企業の債券を購入することを望むかもしれない。こうした債券の売り手は家計であることもあれば、銀行であることもあり、金融資産・負債残高表ではそれぞれの売却金額がS1、S2として示されている。前者の場合、家計は売却によって得た資金を銀行預金のかたちで保有せず、銀行が追加的に発行する銀行債を購入すると仮定している（もっとも、中央銀行による家計からの債券の購入が、銀行預金の増加につながろうが、家計の資本市場にお

図表 4 − 1　CBDC を反映した金融資産・負債残高表。中央銀行による証券購入とそれに伴う銀行の負債縮小を補正（数字は兆ユーロ、ユーロ圏の計数をおおざっぱに示している）

家計、年金・投資ファンド、保険会社部門				
不動産	20		家計の自己資金	44	
要求払預金	5	-CBDC2			
貯蓄・定期預金	4		銀行借入れ	5	
CBDC		+CBDC1+CBDC2			
銀行券	1	-CBDC1			
銀行債	4	+S1			
企業／政府債	7	-S1			
株式	8				

企業部門				
不動産	13	債券	3
要求払預金	2	借入れ	8
貯蓄預金	1	株式	5

政府部門				
不動産	11	債券	9
		借入れ	2

商業銀行部門					
企業向け貸出	8		要求払預金	7	-CBDC2
政府向け貸出	2		貯蓄・定期預金	5	
家計向け貸出	5	-S2	債券	4	+S1
企業／政府債	5		株式	3	
中央銀行預金	0		中央銀行借入れ	1	+CBDC2-S1-S2

中央銀行部門					
銀行向け貸出	1	+CBDC2-S1-S2	銀行券	1	-CBDC1
企業／政府債	0	+S1+S2	銀行による預金	0	
			CBDC		+CBDC1+CBDC2

（出所）　筆者

ける銀行債への投資の増加につながろうが、金融資産・負債残高表の観点からの違いはない）。

CBDC1は中央銀行通貨の一形態を他の形態で代替するにすぎないために議論を引き起こさないようにみえる一方で、CBDC2は銀行の中央銀行与信への依存を強め、銀行システム内の要求払預金を減少させる。Ｓ１とＳ２は、銀行の中央銀行与信への依存を再び減少させるという意味でポジティブな影響を与える。一般的に中央銀行与信と債券発行は要求払預金よりも高くつくので（2014年以降のユーロ圏のように、家計による銀行預金の利子率がマイナスにならないなかで、銀行が中央銀行からマイナス利子率で与信を受けることが部分的には可能な、通常ではない状況を除く）、CBDC2は明らかに銀行システムの資金調達コストに影響を及ぼす。さらに、中央銀行与信への依存が強くなると担保不足の問題が生じ、信用割当ての観点から中央銀行の担保フレームワークが重要になり、実質的に信用供給プロセスの中央集権化が生ずるのではないかという疑問が生まれる。次の２つの項で、この２つの効果についてさらに分析する。

1 CBDC2が銀行の資金調達コストに与える影響

Juks（2018）に従って、CBDC が銀行の平均資金調達コストにどのような影響を及ぼし、ひいては銀行の貸出金利にどのような影響を及ぼすのかを理解する必要がある（Engert and Fung, 2017も参照）。加えて、それが中央銀行による政策金利の設定と中央銀行のシニョレッジ収入にどのような影響を与えるかも理解されるべきである。安い資金調達源（要求払預金）が失われ、より高くつく資金調達源（中央銀行与信と銀行債の発行）が取ってかわるわけだから、銀行の資金調達コストは明らかに増加するだろう。中央銀行は、銀行の要求払預金での安い資金調達の減少に起因する金融環境の引締まりを埋め合わせるために、政策金利を*引き下げ*なければならないだろう。必要となる短期金利の引下げ幅は、CBDC2の量、経済において銀行が供給する資金の割合、そして、銀行の他の資金調達手段の利率と金融政策のオペレーション利率の間とのスプレッドによって異なるだろう。さらに、経済における銀行ベースの資金供給と資本市場ベースの資金供給との間の代替効果も、中央

銀行利子率の全般的な調整に影響を及ぼすだろう。銀行による資金供給が経済における資金供給全体の一部にすぎないという事実から、中央銀行は銀行の資金調達コストを安定化させるように短期金利を引き下げるのではなく、部分的に安定化させるだけである。したがって、新たな均衡状態で銀行は競争力を失い、他の資金供給方法（資本市場や銀行以外の金融仲介業者）に市場シェアを奪われることになるだろう。

図表4－2aと図表4－2bに、2003～2008年と2009～2018年における、銀行のさまざまな資金調達手段の平均的な比率と金利を示す。

銀行の最大の資金調達源は、残存期間2年未満で、通知から3カ月未満で

図表4－2a　ユーロ圏における銀行のさまざまな資金調達手段のコスト（2003～2008年）

	銀行の資金調達に占める割合	平均金利
預金（M3）	44％	1.83％
その他預金	13％	3.25％
債券	30％	4.10％
株式	10％	8.47％
中央銀行与信（MROレート）	3％	2.79％

（出所）　筆者による計算。債券の利回りのデータはメリルリンチ、その他はすべてECBのデータ。

図表4－2b　ユーロ圏における銀行のさまざまな資金調達手段のコスト（2009～2018年）

	銀行の資金調達に占める割合	平均金利
預金（M3）	47％	0.78％
その他預金	14％	2.39％
債券	23％	2.15％
株式	12％	10.54％
中央銀行与信（MROレート）	4％	0.50％

（出所）　筆者による計算。債券の利回りのデータはメリルリンチ、その他はすべてECBのデータ。

償還される預金、つまり、マネーサプライ統計でM３に含まれるタイプの預金である。これは第１期間では最も安い資金調達源でもあったが、第２期間では中央銀行与信のほうが安くなっている。実際には翌日払預金がこの種の預金の50〜60％を占め、その利子率は非常に低い。たとえば、2005年12月において、期間１年までの定期預金の利子率が平均2.15％だったのに対し、新規の翌日払預金の利子率は平均0.71％だった。

　たとえば、2003〜2008年のデータを適用し、銀行M３預金の10パーセントポイントがCBDC2に置き換わり、CBDCは無利子だったとしよう。他のすべての状況が変わらなければ、銀行の資金調達コストは0.1×（2.79％－1.83％）、つまり、約10ベーシスポイント上昇する。中央銀行が金融環境の変化を望まないとすれば、金利水準全体を引き下げる必要がある。銀行の資金供給が経済全体の資金供給に占める割合が50％であり、その他の資金供給が資本市場ベースだと仮定すると、中央銀行は実体経済の平均資金調達コストを不変にしたいのであれば（そして、波及効果を無視するとすれば）、金利を５ベーシスポイント引き下げなければならないだろう。銀行の平均資金調達コストは５ベーシスポイント上昇し、資本市場を通じた資金調達のコストは同じだけ下落することになる。これは、銀行の競争力がある程度失われることを意味する。

2　銀行の中央銀行与信への依存、担保の不足、信用割当ての中央集権化？

　CBDCの発行が中央銀行のバランスシートを肥大化させ、中央銀行による証券保有の増加または中央銀行による銀行への信用供与の増加を通じて、中央銀行が信用割当プロセスの重要な（しかし、潜在的に非効率な）要素となる結果、CBDCはどの程度、実体経済における分散化された、市場ベースの資金供給を阻害するだろうか。政府の負債は家計の価値保蔵手段となりうる。政府のバランスシートにおいて、政府の負債が政府保有の**リアルな**不動産とマッチさせられる場合には特にそうである。しかし、政府はおそらく

家計の貯蓄のための*金融*仲介者にはなりたくないだろう。政府が家計に対する負債の発行によって得た代り金を、再投資自体を目的にして、金融資産や政府の仕事とは関係のない不動産に再投資すれば、そうなってしまう。中央銀行の業務は負債側から出発するので、政府とは少し違ったかたちになるとしても、この論理は中央銀行にも同じように当てはまるかもしれない。中央銀行が一定量の支払手段を発行すると、それと同じ量の代り金を再投資する必要がある。しかし、中央銀行は中央銀行通貨が大規模な価値の保蔵手段、つまる投資ビークルとなることをおそらく望まない。それは中央銀行が金融仲介者となることを意味するからだ。中央銀行の資産側に目を転ずると、通貨発行によって生じた負債に最もマッチする資産が何かについて、中央銀行によって異なる見解があることに気づくだろう。米国連邦準備制度とイングランド銀行は、銀行券の発行によって得た代り金をシステマチックに政府証券に投資してきた。ドイツのブンデスバンクはこれとは対照的に、伝統的に中央銀行の政府へのエクスポージャーには問題があると考え、高品質の証券または貿易手形で担保された銀行向けの貸出のほうを好んできた。

　先進国で政府負債が高い水準まで積み上がり、それに比べると現金の流通量がずっと少ないこと（先進国[2]でGDPの約10%、発展途上国で8%［Sveriges Riksbank, 2018］）を考慮すると、中央銀行の資産側でCBDC2と増加した国債保有とをマッチさせる余地があるように思われる。そうすれば、①銀行の中央銀行与信への依存が高まる必要はないし、②中央銀行が信用リスクの高い証券ポートフォリオをもつ必要もない。いずれにしても、少なくとも現在までのところ、イギリス、日本、そして、ユーロ圏の中央銀行は大規模な量的緩和関連のポートフォリオをもち、それによって銀行では巨大な量の超過準備が生み出されている。ここから、（国債のさらなる購入がないとして）超過準備の枯渇が生じるまで、少なくとも流通する現金の量に達するまではCBDC2を発行する余地があるだろう。さらに、CBDCを政府へのエクスポージャーでマッチさせることができなくなったとしても、中央銀行は民間セク

2　日本は興味深い例外であり、流通する現金の比率がずっと高い（Ministry of Internal Affairs and Communications, 2020参照）。

ター向けの分散化されたエクスポージャーを目指すことによって（たとえば、時価総額に応じたさまざまなタイプ・発行者の証券の直接保有、銀行への信用供与オペレーションにおいて広範囲の担保セットを徴求など）、そのバランスシートの拡大が信用割当プロセスに与える影響を最小化するよう努めることができる。ここまでの議論から、中央銀行が本当に民間セクター向けの信用リスクの高いエクスポージャーを受け入れざるをえなくなり、そのために経済の信用割当プロセスにおいて中央銀行が果たす潜在的な役割が大きくなって、最終的に経済全体の効率性にとってネガティブな状況になるまでは、CBDC2を発行できる余地があると主張することができる。

3 CBDC を通じた預金取付け、循環的なディスインターミディエーション

　論者のなかで、とりわけ Mersch（2018）と Panetta（2018）が、金融危機において CBDC が不安定化をもたらしうること、つまり、銀行システムへの取付けを促進する可能性があることを強調してきた。CPMI-MC（2018）も、CBDC が危機時に銀行取付けを悪化させる可能性があるという見解を支持している。Mancini-Griffoli et al.（2018）も CBDC のこの側面について論じているが、全体的にみて、こうした効果は打ち消すことができそうだという結論を出している。銀行券への逃避には、大量の銀行券を家やどこか安全な場所に保管するためのリスクとコストから来る制限があるが、誰もが CBDC を無制限に保有できるのであれば、そのような制限はなくなる。また、危機時における安全な金融資産（金に関係する資産、高格付の政府債務など）への逃避は違った特徴をもつ。これらは「電子的な」形態をとることができ、したがって、安全の問題は生じないが（物質的な金を除く）、安全な金融資産への逃避は、①プライスメカニズムを通じて購入をあきらめさせる誘引が働く、つまり、安全な資産の価格は危機時にはとても高くなるし、②集合的にみると、こうした逃避それ自体が銀行預金を減少させることはない。したがって、CBDC は物質的な安全の問題を生じさせないし、（銀行券のよ

うに）完全に伸縮的に供給されれば、希少性に関連する価格の高騰で購入を
あきらめさせる誘引が働くこともないので、CBDC が銀行取付けを悪化さ
せるということはありそうである。銀行取付けで CBDC への逃避が生じた
場合の資金フローは、図表4－1で示した CBDC2の資金フローと同様であ
る。

NIRP と CBDC

　いくつかの中央銀行がNIRP、すなわちマイナス金利政策を実行してきた。とりわけ、デンマーク、スイス、ユーロ圏、スウェーデン、そして、最後に忘れてはならないのが日本である。さらに、名目長期金利は将来、再びマイナス金利政策が実行される可能性が相当に高いことを示している。同政策を採用していない通貨圏においてさえ、同じことがいえる。

　しかし、アクセスや量に制限のない利子率ゼロの CBDC の発行は、NIRP をやめることを意味する。また、それは将来 NIRP がもはや不可能と考えられることを意味するため、名目長期金利は上昇傾向を示すだろう。NIRP シナリオはもはや期待に織り込まれないわけだから、現在、プラス圏内にある名目長期金利さえ上昇傾向を示すだろう。

　たしかに、中央銀行の国内通貨建ての翌日払預金という最も流動性があるリスクフリーの資産が0％のリターンを提供するのであれば、ほかの金融資産の利回りがマイナスになることはもはやないだろう。もしマイナスになれば、その保有者は当該金融資産を CBDC で置き換えることになるからだ。したがって、将来*利子率ゼロ*の CBDC を発行する際には、NIRP を実行する能力を確保するために、CBDC へのアクセスか量、またはその両方を効果的に制限する必要があるだろう。しかし、こうした制限は CBDC が利用される量と範囲を減らすことになり、したがって、その決済手段としての有効性と有用性を減らすことになるだろう。

2 階層の CBDC 利子率設定システム

　何人かの論者（たとえば、Kumhof and Noone, 2018）は、CBDC に潜在する構造的または循環的なディスインターミディエーションの問題に対処するために、CBDC に対して魅力に欠ける利子率、あるいはマイナス金利を適用する可能性について指摘している。しかし、彼らは、政治的な受入れのむずかしさのために、危機時にマイナス金利というツールが常に効果的に働くかについて懐疑的である。たしかに、中央銀行は市民に対して、CBDC がすべての関連する側面において、少なくとも銀行券と同等の魅力があると約束できるほうを好むだろう。すなわち、中央銀行は危機時においてさえ、銀行券の通常保有量と同じ量の CBDC を保有する家計については、その CBDC をマイナス利子率の対象から除外する。本節では、前 2 節で説明した潜在的な問題を解決しつつ、中央銀行がこの目的を達成できるようにするためのソリューション、つまり、CBDC 利子率設定の階層化を提案する。Panetta（2018）は、銀行取付問題に対処するための CBDC の階層化システムというアイデアを最初に示したが（下線は筆者）、第 2 階層についてマイナス利子率を展望するまでには至っていない。

　「状況が悪化すると、預金者は素早く、コストをかけずに銀行口座から CBDC に移し替えることができる。中央銀行はこのリスクを限定することができる。たとえば、各個人が保有することのできる CBDC の額に上限を設けること、または、**一定の閾値を超える** CBDC の保有に 0 ％の利子率を適用することが考えられる」

　準備預金に階層を設けて異なる利子率を適用するシステムは、実際に中央銀行によってしばしば採用されている。その目的はまさに、適当な水準の預

金については前向きに受け入れつつ、全体的な預金の量をコントロールすることにある。こうしたシステムのもとでは、ある上限量までは比較的魅力的な利子率が適用される一方で、その上限量を超える預金については低い金利が適用される。ユーロシステムは公共セクター機関の預金について、こうした階層システムを採用している。ここで公共セクター機関には、特に国内政府、外国中央銀行、ソブリン・ウェルス・ファンドが含まれる。たとえば、**政府預金**の利子率について、ユーロシステムのDALMガイドライン[3]の第5条は、2階層の利子率システムが適用されると規定している。ユーロシステムのリザーブ・マネジメント・サービス（ERMS[4]）は、外国中央銀行と公共セクターのファンドに口座開設を認めているが、やはり同様に、典型的には、一定の上限までに適用されるより魅力的な利子率と、上限がない場合に適用されるより魅力的でない利子率の間に区別を設けることを予定している。第2階層の利子率が十分に低ければ、その階層の預金の量は少なく、ゼロにさえなるだろう。また、中央銀行は金融危機が発生した場合、第2階層の利子率を適切な値にまで思い切って引き下げることにより、預金の流入を抑えることもできるだろう。

　過去数年間にわたって、いくつかの中央銀行（デンマーク、スウェーデン、スイス、日本）が、銀行による中央銀行への預金に対して異なる利子率を適用する経験を蓄積してきたことに気づく読者もいるだろう。たとえば、日本銀行は、他の中央銀行における2階層アプローチの存在にならって、2016年1月29日に3階層のシステムを導入した（2016年1月29日付け日本銀行プレスリリース）。よりよい利子率が適用される階層の金額は、実質的に各銀行の必要準備額に応じて銀行ごとに日本銀行によって計算され、各銀行の必要準備額は、当該銀行の銀行以外の者からの短期資金の調達額に応じて計算され

3　GUIDELINE OF THE EUROPEAN CENTRAL BANK of 20 February 2014 on domestic asset and liability management operations by the national central banks（ECB/2014/9）, as amended by GUIDELINE OF THE EUROPEAN CENTRAL BANK of 5 June 2014 amending Guideline ECB/2014/9 on domestic asset and liability management operations by the national central banks（ECB/2014/22）

4　https://www.ecb.europa.eu/paym/erms/html/index.en.html

る。

　要するに、中央銀行は階層化された利子率適用システムについて豊富な経験をもっている。これらは預金ベースのCBDCにすぐに適用することができ、CBDCを支払手段として使う家計を、（仮定の話だが）金融抑圧にさらすことなしに、構造的または金融危機に関連したディスインターミディエーションの問題に対処することを可能にする。もちろん、CBDC預金全体に適用される金利が十分に低い（あるいは一時的に低くされた）単一階層のシステムであっても、銀行を犠牲にする不適切な、構造的または一時的なCBDCの増加に対処することができるだろう。しかし、2階層システムには次のような、いくつかの重要な利点があると思われる。

・**通貨の支払手段としての機能は第1階層CBDCに、価値の保蔵手段としての機能は第2階層に割り当てることが可能になる**。第2階層のより魅力的でない利子率によって、CBDCに価値保蔵手段としての機能を実質的に果たさせないような誘引が働く。たしかに、中央銀行通貨は大規模な価値の保蔵手段（あるいは投資ビークル）、つまり、家計による主要な投資の形態になるべきではない。なぜなら、それは究極的に中央銀行が経済における投資の仲介者になることを意味するからだ（中央銀行は特に投資の仲介に適した能力を持っているわけではない）。

・**第1階層CBDCへの依存をきわめて低い利子率で防ぐ必要はないので、**原則的にすべての家計にとって**CBDCの保有を魅力的なものにすること**ができる。

・**2階層システムにより、CBDCの量をよりうまくコントロールすること**ができるようになる。これにより、CBDC導入の制御可能性に対して追加的な信頼性が与えられる。

・すでに述べたように、危機的な状況下で、**すべてのCBDCにマイナスの利子率を適用する必要を避けることができる**。そのため、**階層化は中央銀行に対するよくある批判（たとえば、金融抑圧、お金の保有者を搾取しているなど）の余地を決定的に減らすことになる**。中央銀行は早い段階で、第2階層のCBDCの利子率を魅力的なものにするつもりはなく、危機時に

必要であれば、非常に魅力のないものにするかもしれないことを、明確に説明しておく必要があるだろう。第1階層のCBDCについては決してマイナス利子率を課さないことを、中央銀行は約束することができる。

・銀行券を廃止することがあわせて望まれる場合、第1階層のCBDCの利子率をゼロ未満にすることなしに、必要であれば金融政策上の理由から、名目金利のゼロ制約（ZLB）を克服することができるようになる。第1階層のCBDCをマイナスの利子率としないことは、低所得の個人にとって公平なように思われるし、より一般的に中央銀行通貨が支払手段として機能するために適切であるように思われる。

中央銀行は**第1階層のCBDCの量についてコミットメントを提供する**こともできる。たとえば、常に国民1人当りの第1階層CBDCが3,000ユーロになるように約束することができるだろう。これは、家計向けの第1階層CBDCの総量が1兆ユーロになることを意味する（ユーロ圏の割当適格人口が3億4,000人であると仮定している。未成年者の割当量はゼロと設定することもできるし、親のCBDC口座に割り当てることもできる）。次のことを思い出そう。ユーロ圏で流通している銀行券の量は1人当り3,000ユーロを若干超える数値である（総量は現在、約1.2兆ユーロになる）。ユーロシステムの証券保有量（投資ポートフォリオと保険ポートフォリオの双方を含む）は現在、約3兆ユーロである。銀行システムは2兆ユーロ近くの超過準備をもつ。したがって、他の条件が変わらなければ、総計1兆ユーロのCBDCがいま発行されたとしても、銀行との間で大規模な信用供与オペレーションを実施する必要はまだないだろう。流通する銀行券が減ったときには、中央銀行はさらに第1階層CBDCの割当量を増やすことを約束できるだろう。3,000ユーロの第1階層CBDCは、ユーロ圏の家計の平均的な月次ネット所得をカバーするものと解釈することができる。それは通貨の支払手段としての通常の機能をカバーする金額である。CBDCの主要な目的は市民に奉仕することだと主張することができるから、企業への第1階層CBDCの割当量を多くする必要はない。第1階層CBDCの割当ての結果、CBDCの総量がどうなるかを推測する際には、すべてのCBDC口座が素早く開設されるわけではなく、

口座を開設しない家計もあるだろうし、口座に割り当てられた第1階層CBDCの全量を保有しない家計もあるということを考慮するべきである。他方で、第2階層CBDC割当量の保有を望む家計もあるということも考慮する必要があるだろう。

　企業（銀行以外の金融機関および企業）の第1階層CBDCの割当量はゼロでもいいし、規模、したがって、支払ニーズを反映するなんらかの計測値に比例した数値になるように計算してもいい。割当てにあたっては、単純さとコントロールの容易さが重要になるだろう。外国人にも口座開設を認めるとすれば、その第1階層の保有上限はゼロにすべきである。最後に、預金ベースのCBDCフレームワークは原則的に、匿名のトークン・ベースのCBDCによって補完することができる。そうするのであれば、匿名のトークン・ベース部分に対しては口座ベースの第2階層CBDCと同じ利子率が適用されることになるだろう。たとえば、旅行者のような、口座を保有しない者がCBDCを使えるようにするためには、（ロンドン・オイスター・カードのようなストアード・バリュー・カードなど）単純なソリューションで十分だろう。こうしたカードにも第2階層の利子率が適用されるべきである。

　第1階層の利子率 r_1 は原則として、銀行の超過準備に適用される利子率を上限として、比較的魅力的な水準に設定することができる。加えて、r_1 は決してゼロ未満にならないことが明確にされるだろう。第2階層の利子率 r_2 は、価値の保蔵手段としては魅力的でない水準に設定される。すなわち、リスクプレミアムを考慮しても、銀行預金やその他の短期金融資産より魅力的でない水準である。2つの利子率は、ゼロ金利の下限に近づいたときに発動される特別な条項を追加的な条件として、政策金利とパラレルに変動する。両利子率の変動は単純に、時間の経過を通じて他の中央銀行の利子率との間のスプレッドを似たような水準に保ち、ひいては原則的に他の市場利子率との間のスプレッドを似たような水準に保つためのものである。両利子率自体が政策金利とみなされることはないだろう。その目的は、CBDCを保有する誘因を時間の経過を通じて効果的に安定化し、コントロールすることにある。もちろん、不変的に利子率ゼロである銀行券の存在により、銀行券

の利子率と CBDC の利子率の間のスプレッドは可変的なものになる。その
ことは両者の量にも影響を及ぼすかもしれない。

ECB は当初、たとえば、次の利子率を第 1 階層 CBDC に適用することが
考えられる（DFR は ECB の預金ファシリティの利子率である）。

$$r_1 = \max\{0, DFR - 1\%\}$$

第 2 階層 CBDC については、次の公式が考えられる。

$$r_2 = \min\{0, DFR - 1\%\}$$

すなわち、r_1 はゼロを下限にして ECB の預金ファシリティ、マイナス
1 ％と等しい水準となり、r_2 も ECB の預金ファシリティ、マイナス 1 ％と

図表 4 － 3　CBDC 利子率の例と過去の ECB の公式利子率との比較
第 1 階層 CBDC 利子率 $r_1 = \max\{0, DFR - 1\%\}$、第 2 階層 CBDC 利子率 $r_2 = \min\{0, DFR - 1\%\}$

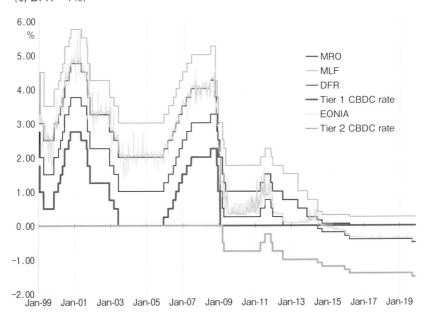

（注）　DFR は ECB の預金ファシリティの利子率。MLF は ECB の限界貸出ファシリティ
　　　の利子率。MRO は ECB の主要なリファイナンシング・オペレーションの利子率。
　　　EONIA はユーロ翌日物インデックス平均金利、インターバンクの利子率。
（出所）　筆者

等しい水準だが、ゼロが上限となる。図表4-3はr_1、r_2とECBの公式な利子率との関係を示している。

　もちろん、両階層の利子率について別の公式を考案し、適用することも考えられる。

結　論

　本章はCBDCの導入に関連する次の4つの目的を同時に達成する方法を提案するものである。

① 　少なくとも銀行券と同じくらい魅力的な条件のもとで、決済手段としてのCBDCを家計に提供すること。これは、1家計につき比較的多額な一定量のCBDCに対してマイナスの利子率を適用しないことを意味する。

② 　一般市民だけではなく、また、企業、外国人、機関投資家などを含めて、*あらゆる*保有者に対しCBDCを量的制限のない方法で提供すること。これにより、国際的に使用されることを含めて、CBDCが決済手段として最大の規模、範囲、有効性を達成できるようにする。そして、CBDCが「リテール」CBDCと「ホールセール」CBDC双方の用途に用いられるようにする。

③ 　とりわけ低金利環境（NIRPを含む）において、CBDCが構造的または循環的なディスインターミディエーションをもたらすリスクをコントロールできるようにすること。

④ 　NIRPを実施する能力を維持すること。それにより、現在いくつかの先進国（日本とユーロ圏を含む）で広がっているような、緩和的な金融政策のスタンスを維持すること。

　解決策は、中央銀行で長年にわたって試されてきたロジックと実務に沿い、CBDCの利子率設定を階層化することにある。1980年代のG7諸国でそうだったように、名目短期リスクフリー金利がゼロを大きく超えてプラスの状況であれば、利子率設定の階層化はおそらく必要ない。こうした状況では、たとえば、名目金利が10％に近ければ、たとえ金融危機下であっても、

CBDC が価値の保蔵手段（つまり、大規模な投資の対象）として拡張的に使用されるのを防ぐためには、CBDC の利子率をゼロにすれば十分だろう。名目金利が低いプラス圏にある経済では、特に危機に関連するディスインターミディエーションのリスクに対応するために、技術的に利子率設定の階層化を可能にしておくことが望ましいかもしれない。さらに、将来の NIRP の可能性を技術的に除外するような CBDC の発行は、定義上、将来の政策オプションを制約するだけではなく、今日の名目長期金利も押し上げる傾向があるだろう。これは、期待効果によって、金融政策のスタンスを引き締めることを意味する。

　利子率ゼロの CBDC の家計への提供では、①か②どちらかの目的を達成することができるが、③と④の目的を達成することができない。量とアクセスを制限すると、①③④の目的を達成できるが、明らかに②は達成できない。単一階層の利子率の CBDC は、①を犠牲にすれば、②③④の目的を達成できる。したがって、利子率設定の階層化は 4 つの目的すべてを達成する唯一の解決策のようにみえる。

＊本章に記された意見は筆者自身のものであり、欧州中央銀行の意見とは限らない。有益なコメントを寄せてくれたアンドレア・ピンナ、アンドレイ・バッハマン、マルクス・ヘッケルに感謝したい。

◆　参考文献

Bindseil, U.（2020），"Tiered CBDC and the financial system", ECB Working Paper Series No. 2351.

Carstens, A.（2019），"The future of money and payments", Speech held in Dublin, 22 March 2019.

Committee on Payment and Market Infrastructure-Markets Committee（CPMI-MC）（2018），"Central bank digital currencies", Bank for International Settlements, March 2018.

Engert, Walter and Ben S. Fung（2017），"Central bank digital currencies: motivations and implications", Staff Discussion Paper 2017-16, Bank of Canada.

Jobst, C., and Stix, H.（2017），"Doomed to disappear? The surprising return of cash across time and across countries", CEPR Discussion Paper, No. 12327, Centre for Economic Policy Research.

Juks, R. (2018), "When a central bank digital currency meets private money: effects of an e-krona on banks", Sveriges Riksbank Economic Review, 2018:3, 79-98.

Kumhof, M. and C. Noone, (2018), "Central bank digital currencies - design principles and balance sheet implications", Bank of England, Staff WP No. 725.

Mancini-Griffoli, T., M. S. Martinez Peria, I. Agur, J. Kiff, A. Popescu, and C. Rochon (2018), "Casting Light on Central Bank Digital Currency", IMF Staff Discussion Note, 18/08.

Mersch, Y. (2018), "Virtual or virtueless? The evolution of money in the digital age", Lecture at the Official Monetary and Financial Institutions Forum, London, 8 February 2018.

Ministry of Internal Affairs and Communications, Statistics Bureau (2020) : Statistical Handbook of Japan. (https://www.stat.go.jp/english/data/handbook/index.html)

Panetta, F (2018), "21st century cash: central banking, technological innovation and digital currency", in: E. Gnan and D. Masciandaro (eds.), Do We Need Central Bank Digital Currency?, SUERF Conference Proceedings 2018/2, 23-32.

Pollock, Alex J. (2018), Testimony to the Subcommittee on Monetary Policy and Trade of the Committee on Financial Services, United States House of Representatives, Hearing on "The future of money: Digital currency", July 18, 2018.

Sveriges Riksbank (2018) : The Riksbank's e-krona project, Report 2, October 2018. (https://www.riksbank.se/globalassets/media/rapporter/e-krona/2018/the-riksbanks-e-krona-project-report-2.pdf)

第5章

DLT ベースの欧州経済における 未来の決済
―ロードマップ―

アレクサンダー・ベヒテル
アガタ・フェレイラ
ヨナス・グロス
フィリップ・サンドナー
訳／ドイツ日本研究所、協力／花岡　博

　分散台帳技術（DLT）によって、広範囲にわたる革新的な産業利用事例やビジネスモデルが可能となっている。DLT ベースの欧州経済の可能性を最大限に発揮させるためには、ユーロを DLT ネットワークに統合することが決定的に重要である。

　本章では、DLT ベースの欧州経済に向けた支払ソリューション発展の分析枠組みを提案したい。われわれはデジタル支払いのバリュー・チェーンを３つの柱に分解する。①契約執行システム、②デジタル支払インフラストラクチャー、③通貨単位である。この枠組みに基づき、口座ベースとトークン・ベースの支払ソリューションを系統的に比較する。結論は、どの単一の支払ソリューションもすべての利用事例に対応するために十分ではないというものである。さまざまな支払ソリューションが出現し、共存することになり、こうしたソリューションは、さまざまな異なる利用事例に対し、異なる時点で導入されることになるだろう。

アレクサンダー・ベヒテル（Alexander Bechtel）

ドイツ銀行コーポレート・バンク、デジタル資産・通貨戦略担当。ザンクトガレン大学で博士号を取得し、現在もブロックチェーンと貨幣に関する外部講師として活躍している。金融政策とデジタル通貨を中心に研究している。欧州中央銀行で外部コンサルタントを務めた経験があり、米国スタンフォード大学に研究滞在したこともある。2019年6月からは、ブロックチェーンとデジタル通貨に関するポッドキャスト"Bitcoin, Fiat & Rock 'n' Roll"を主催している。

アガタ・フェレイラ（Agata Ferreira）

ワルシャワ工科大学助教授。法学博士号をもち、コモン・ローやシビル・ローの法体系を含む複数の欧州の法域や法体系下での法教育と法実務経験をもつ。EU Blockchain Observatory and Forum のメンバーであり、Blockchain for Europe の諮問委員会にも参加している。ロンドンのシティでは、金融・銀行部門で長年にわたり弁護士を務め、ストラクチャードファイナンスのクロスボーダー取引を専門としていた。現在は、エマージング・テクノロジー、デジタル化、フィンテックの革新がもたらす法的問題にフォーカスしている。専門分野は、トークン化やスマート・コントラクトを含むブロックチェーン技術を規律する法的・規制的フレームワークである。

ヨナス・グロス（Jonas Gross）

フランクフルト・スクール・ブロックチェーン・センター（FSBC）のプロジェクト・マネージャー。ドイツ・バイロイト大学の博士号候補者でもある。主な研究テーマは、中央銀行デジタル通貨（CBDC）、ステーブル・コイン、暗号資産など。また、ポッドキャスト"Bitcoin, Fiat & Rock 'n' Roll"の共同司会者であり、EU Blockchain Observatory and Forum の専門家パネルのメンバーでもある。また、デジタルマネーに関するシンクタンクである Digital Euro Association の会長を務めている。

フィリップ・サンドナー（Philipp Sandner）

ルードヴィヒ・マクシミリアン大学（ミュンヘン）で経営学博士号を取得。現在は、フランクフルト大学金融・経営学部の教授であり、フランクフルト・スクール・ブロックチェーン・センター（FSBC）の創設者でもある。2018年から2020年にかけて、ドイツの主要新聞である Frankfurter Allgemeine Zeitung（FAZ）の「トップ30エコノミスト」、ドイツのビジネス誌 Capital の「Top 40 under 40」にエコノミストとしてランクインした。2017年からは、ドイツ連邦財務省の FinTech 評議会のメンバーを務めている。専門分野は、ブロックチェーン技術全般、ビットコインやイーサリアムなどの暗号資産、デジタル・プログラマブル・ユーロ、資産のトークン化、権利とデジタル・アイデンティティなど多岐にわたる。

はじめに

　分散型台帳技術（以下「DLT」という）は、長きにわたって未解決だった産業の課題を解決し、摩擦を取り除き、ビジネスと産業に新たな価値をもたらす可能性を秘めている。それは、分権化、データの不変性、透明化、そして、ビジネス・プロセスの自動化を可能にする。したがって、それは、エネルギーと製造から移動と輸送に至るまでの多くの利用事例を生む。しかし、DLT に基づく産業のデジタル化は、資産・物品・サービスの交換が可能となるだけではなく、通貨の交換が可能となることによってはじめて実現しうる。言い換えると、DLT ベースの分権化されたネットワークに適合的で、ユーロ建ての取引を可能にする、支払ソリューションへのニーズが存在する。最近、生じつつある地政学的な環境のもとで、それは特に今日的な意味をもっている。デジタルな支払ソリューションは、欧州がデジタルな競争力と戦略的な自律性を追求するうえで、重要な戦略的構成要素となる（Anghel et al., 2020）。さまざまな欧州の機関が、欧州の支払インフラストラクチャーを現代化するために、いっそうの努力を傾けてきた。これには、欧州委員会によるデジタル金融パッケージ（European Commission, 2020）、欧州中央銀行によるデジタル・ユーロの研究（ECB, 2020）が含まれる。こうした事態の進展を背景にして、われわれの調査は次の質問に答えることを目的としている。DLT ベースの欧州経済における未来の支払手段はどのようなものだろうか？　DLT ベースのスマート・コントラクトの実行を促進し、それと統合するのに最も適したユーロ・ベースの支払システムはなんだろうか？そのような支払システムの運用はいつ開始されるだろうか？

　われわれは、デジタル・ユーロのための口座ベースのソリューションと

トークン・ベースのソリューションを比較することによって、これらの質問に答える。われわれは分析において、民間セクターと公共セクターの両方を、デジタル・ユーロの発行者として考慮する。特に、われわれは、スマート・コントラクトのような、DLT ベースの分権化されたビジネス・ロジックによって発動する通貨の交換を可能にするデジタル支払システムのデザインとして、どのようなものがありうるかを分析する。このような支払システムには、銀行口座のような既存のインフラストラクチャーに基づくソリューションもあれば、e マネー・トークン、合成中央銀行デジタル通貨（以下「sCBDC」という）、中央銀行デジタル通貨（以下「CBDC」という）のような斬新な DLT ベースの支払経路もある。われわれの分析では、どのような単一の支払手段も、DLT ベースの欧州経済のソリューションにはなりえないことが示される。われわれはむしろ、異なる時点で実行される複数の利用事例のために、広範囲にわたる支払システムが登場すると予想する。広範囲にわたる利用事例に対応できる単一の最適なソリューションが存在すると予想するのは現実的ではない。近い未来において、多くの利用事例に適用できる単一のソリューションが登場することもありそうにない。したがって、われわれは、デジタル・ユーロと DLT ベースの欧州経済における未来の支払手段に向けて、インフラストラクチャーのソリューションが段階的に累積していくようなロードマップを提示する。

　いくつかの経済的な、そして、技術的な潮流によって、既存の支払システムをアップグレードする必要が生じている。究極的な目的は、資産・物品・サービスのシームレスな交換と支払いのプログラム化を可能にするために、DLT ベースの分権化されたビジネス論理回路を支払システムと統合することである。たとえば、自動振替や直接引落しのようなかたちで、プログラム化された支払いは今日すでに存在する。しかし、こうした支払方法に複雑なロジックを組み込むことは負荷が重く、したがって、柔軟性は限定されている。スマート・コントラクトは柔軟性を提供し、複雑なビジネス・プロセスと支払手段の統合を促進する。プログラム化された通貨の移転を可能にする支払システムは、物のインターネット（IoT）、マシーン経済、そして、資産

のトークン化を含むインダストリー4.0の重要な構成要素である。

　物のインターネット（IoT）において、データと価値はマシーン対マシーンの相互作用によって移転する。こうした相互作用は、「物の経済」として知られるエコシステムをつくりだす。そこでは、マシーン、装置、センサー、そして、他の物的な資産が経済的な代理人となり、拘束力のある合意を形成し、支払いを実行する。物の経済は既存のビジネスモデルの効率性を高め、新たなビジネス機会を創出する。たとえば、マシーンの製造業者は資本集約的なマシーンを顧客に販売するかわりに、使用に応じて支払うかたちで顧客に提供することができる。別の利用事例として、充電料金を充電ステーションと交渉し、自動的に支払いを行う電気自動車が考えられる。物の経済は小規模なかたちでは今日でも存在する。産業の専門家は、接続される装置の数が今後数年間で大きく増加すると予想している（たとえば、Lueth, 2018）。

　DLT ベースのスマート・コントラクトの利用を生む別の潮流として、有形・無形の資産のトークン化をあげることができる。トークン化とは、DLT 上で資産や権利を代表するデジタル表象をつくりだすことを意味する。これにはいくつかの利点がある。第一に、トークン化は流動性を増し、資産の部分化を促進する。不動産や美術品のような非流動的な資産がトークンで代表され、流通市場で取引されるようになる。加えて、投資家はこうした資産の一部を保有し、それを取引することができるようになる。第二に、トークン化でこれまで取引できなかった資産が取引できるようになる。たとえば、学生は将来の収入をトークン化し、投資家に販売することによって、勉強のための資金を得ることができる。第三に、交換プロセスにおけるいくつかのステップが自動化され、仲介者が不要になるため、トークン化によって取引と決済のスピードが増し、費用が減少する結果、効率性が上昇する。スマート・コントラクトのような分権化されたビジネス論理回路によって、数学的に保証された決済と交換が可能となるという点が重要である。その結果、カウンターパーティー・リスクが大きく減少するため、執行スピードは上昇し、取引費用は低下するのである。

　DLT ベースのインダストリー4.0に統合可能なユーロのための、デジタル

支払ソリューション候補を分析し、比較するために、われわれはデジタル支払いのバリュー・チェーンを次の３つの柱に分解する分析枠組みを提案する。①契約執行システム、②デジタル支払インフラストラクチャー、そして、③通貨単位である。契約執行システムは、スマート・コントラクトによって発動するデジタル支払いのバリュー・チェーンの出発点である。デジタル支払インフラストラクチャーは支払経路を意味する。これらの支払経路は、DLT ベースであることもあれば、SEPA（Single Euro Payment Area：単一ユーロ決済圏）や TIPS（TARGET Instant Payment Settlement：Target 即時支払決済）のような伝統的な支払システムを基盤とすることもある。通貨単位とは計算単位のことである。それは法定通貨建てのこともあれば、非法定通貨建てのこともある。われわれは本章で、スマート・コントラクトのような DLT ベースの分権化されたビジネス論理回路によって発動する通貨の交換を可能とするために、どのようなデジタル支払システムがデザインされなければならないかを分析し、議論する。われわれは特に口座ベースのデジタル支払システムとトークン・ベースのデジタル支払システムを区別し、ユーロ建てで表示される支払いに焦点を絞る。最後に、さまざまな支払ソリューションが市場に登場すると予想される時期を示す。

　われわれの主要な発見は次のようである。口座ベースのインフラストラクチャーとトークン・ベースのインフラストラクチャーの双方とも、長所もあれば短所もある。短期的には、既存の口座ベースの銀行インフラストラクチャーに依存するシステムで、関係するほとんどの利用事例に十分に対応できる。トークン・ベースのソリューションは開発と実行により時間がかかるだろうが、より効率的であり、口座ベースのソリューションに適合しない利用事例に対応することができる。しかし、トークン・ベースの支払いが利用可能となっても、口座ベースの支払システムが消滅することはないだろう。われわれは、両システムは相互補完的であると考える。われわれは将来において、ユーロが（DLT を含む）複数のインフラストラクチャー上で流通し、さまざまな類型の利用事例で用いられる、ますます複雑化する世の中を展望している。ユーロ CBDC も、e マネー・トークンも、sCBDCs も、それだ

けでは、ますます相互接続が増し、自動化された世の中において生起する、多岐にわたるニーズに対応することはできないだろう。さまざまな支払ソリューションはそれぞれ別の利用事例に対応するという理由だけではなく、それぞれが異なる時点で登場するという理由からも、さまざまな支払ソリューションに並行的に取り組むことが重要である。既存の口座ベースのインフラストラクチャーに基づく民間セクターのソリューションはまもなく市場に登場するだろう。最初のトークン・ベースのソリューションも民間セクターによって発行され、それにはeマネー・トークンとsCBDCsが含まれるだろう。技術的な障害と規制上の障害が解消されるかどうかによるが、こうしたソリューションは2022／2023年には市場に登場しうる。われわれは、2026年までにECB（欧州中央銀行）の発行するCBDCが市場に大規模に投入されることはないと予想する。

　本章の残りの部分の構成は次のようである。第2節では、未来の支払インフラストラクチャーのデザイン・パラダイムを示す。第3節では、銀行口座のユーロから始まってeマネー・トークン、sCBDCs、ECBによって発行されるCBDCに至る複数の支払ソリューションの詳細を説明する。第4節では、さまざまな支払ソリューションの長所と短所を要約し、それぞれの登場時期を大まかに示す。第5節は結論である。補論では、デジタル・ユーロの具体的な利用事例を示す。

未来の支払インフラストラクチャーのデザイン・パラダイム

1 口座ベース対トークン・ベースのソリューション

支払いは、口座ベースまたはトークン・ベースのシステムで実行され、記録されうる[1]。ここで「口座ベース」とは、銀行口座を基盤とする従来からの銀行システムを指す[2]。銀行口座は複式簿記に基づいている。銀行預金は銀行の負債であり、それゆえに顧客の銀行に対する請求権である。銀行振込みにおいて、送り手は銀行に対して口座の残高を更新するよう指示する。口座ベースのシステムで取引を承認するにあたっては、口座保有者の同一性を確かめるために、パスワード・暗証番号・生体情報といったさまざまな種類の認証情報を用いて顧客認証手続が行われる。

これと対照的に、トークン・ベースの通貨形態は無記名の証券である。トークン・ベースの通貨を用いた取引の承認のためには、取引当事者の同一性を確認する必要はなく、そのかわり、トークンそのものの真正性の確認だけが必要となる。トークンには、受取人がその正当性を確認するために必要

---

1 口座ベースとトークン・ベース双方の特徴を示すハイブリッドなシステムも存在することに注意されたい。本章では、そのようなハイブリッドなシステムを考慮しない。われわれはまた、本章の目的のために、デジタルなトークン・ベースの通貨はDLTを通じて使用されると仮定する。この仮定は、東カリブ中央銀行のCBDC（Dキャッシュ）のような最近のCBDCの試作品と整合的である。

2 われわれは、「口座（アカウント）」という言葉が専門用語としても使われることを知っている。この場合、当該用語はいくつかのDLTネットワークのソフトウェアの基本設計概念、あるいはデジタルな「ウォレット」と同義語である。こうしたシステムにおいて、「アカウント・ベース」のソフトウェア・デザインは、分散台帳上でデジタル証券の所有権を記録するために使われる。本章において、そのような技術的な側面は考慮されていない。

なすべての情報が含まれている。トークン・ベースの通貨形態の最も典型的な例は現金である。現金の取引においては、銀行券そのものの真正性と有効性が支払いをなすにあたって必要な唯一の確認事項である。別の例として、ビットコインのような暗号資産がある。

　今日、通貨の取引は主に口座ベースのシステムを通じて行われる。つまり、銀行振込み、クレジットカード、携帯電話での支払いなどであり、それらは銀行口座とリンクしている。口座ベースの支払いへの人気は、取引のしやすさ・扱いやすさと、通貨の保管のしやすさが主な理由である。銀行のような規制された主体に通貨が預け入れられた場合、口座の提供者が取引の記録と口座の運営に責任を負うことになるので、預け入れられた通貨に盗難その他の損失が生ずる危険は相対的に低い。預金が失われれば口座提供者が責任を負い、顧客は補償を受けることになるだろう。加えて、口座ベースのシステムは通常、代替可能性（fungibility）と相互運用性（interoperability）がより高い。ここで代替可能性とは、資産が相互に取替え可能で、区別ができないことを意味する。相互運用性とは、資産のシームレスな交換を可能とするために、基盤となる技術がお互いにコミュニケート可能であることを指す。金融仲介者たちが共通の（技術的な）標準について合意しているため、口座ベースのシステムにおけるユーロには代替可能性と相互運用性がある。トークン・ベースのデジタル・ユーロは必ずしもそうではない。複数の機関が異なる技術基盤を使って異なるトークンを発行する結果、デジタル・ユーロは代替可能性と相互運用性を失うかもしれない。最後に、口座は既存の規制枠組みに深く組み込まれているため、口座ベースの通貨は規制面でも都合がいい。

　しかし、口座ベースのシステムはプライバシー、頑健性、効率性に関していくつかの欠点をもつ。これらの側面については、トークン・ベースのシステムのほうがうまく対応できるかもしれない。図表5－1に、口座ベースの通貨とトークン・ベースの通貨の長所と短所を要約する。仲介者を通じたトークン保有者の同一性の確認が必要とされないため、トークンはピア・トゥ・ピアで取引することができる。トークンが偽造されたり、複製された

図表5-1　口座ベースの通貨形態とトークン・ベースの通貨形態の比較

項目	口座ベースの通貨	トークン・ベースの通貨	
	銀行預金	現金	暗号資産
取引と保管の利便性	高	中	中、利便性は高まりつつある
盗難と紛失のリスク	低	高	中
（トークン化された資産を含む）DLTシステムとの相互運用性	中	低	同一のDLTに基づく場合、高
ピア・トゥ・ピア取引	不可能	対面でのみ可能	グローバルに可能
支払いの頑健性	低、オンライン取引のみ可能	高、オフライン取引が可能	中、ある程度のオフライン取引が可能
プライバシー	低	高	中、ほとんどの暗号資産は偽名で取引されるため
規制の程度	高	高	低、しかし規制は強化されつつある
支払いの効率性	国内では高、クロスボーダーでは低	低、対面で取引されるため	高額支払いでは高、低額支払いでは低

(注)　図表5-1では、利便性、効率性、プライバシーなどのさまざまな項目について、口座ベースとトークン・ベースの通貨形態を比較している。説明の便宜のため、最も典型的な口座ベースの通貨形態として銀行預金が、トークン・ベースの通貨形態の例として現金と暗号資産が用いられている。

(出所)　筆者

りしないようにすることが重要である。革命的なコンセプトとして、DLTは史上初めて、二重使用問題をデジタルに解決し、分権化されたデジタルなトークン・ベースの通貨形態を可能にする。加えて、DLTはトークン化を可能とする。つまり、あらゆる種類の物質的な資産、物品、そして権利は、取引可能なデジタル・トークンによって代表させることができる。トークン・ベースの通貨によるピア・トゥ・ピアの取引は、支払いの効率性を上昇

させる。なぜなら、もはや取引を進めるために仲介者に頼る必要がなく、2当事者が直接取引を進めることができるからだ。また、このピア・トゥ・ピアの特徴によって支払いの頑健性も増す。なぜなら、仲介者を利用できなくても、あるいは仲介者が悪意のある行動をとっても、支払いを実行することができるからだ。さらに、トークン・ベースのシステムで取引のプライバシーも高まる。口座ベースのシステムでは、口座の提供者が取引データにアクセスでき、支払いは特定された口座保有者間でしかできない。これとは対照的に、トークンは必ずしも保有者の同一性と関係づけられていない。

2 契約執行、デジタル支払インフラストラクチャー、そして通貨単位

　DLT ベースの欧州経済における支払いをめぐる議論に対して構造化された分析枠組みを提供するため、われわれはデジタル支払いのバリュー・チェーンを3つの柱に分解する。①契約執行、②デジタル支払インフラストラクチャー、そして、③通貨単位である（図表5－2参照）。契約執行システムは支払いのプログラム化、すなわち、ビジネス・プロセスに組み込まれ、そこで実行される DLT ベースのスマート・コントラクトに関係する。デジタル支払インフラストラクチャーは支払経路、すなわち、通貨の移転を促進するシステムである。最後に、通貨単位はデジタル支払インフラストラクチャー上で取引される計算単位である。支払いはユーロ、米ドル、その他の法定通貨、非法定通貨建てで行われうる。

(1)　契約執行システム

　契約執行システムは、デジタルな支払システムのバリュー・チェーンにおける第一の柱である。それには、ビジネス・プロセスを自動化し、あらかじめ定められた方法で支払いを発動する分権化されたビジネス論理回路が含まれる。プログラム化された支払いは、今日の銀行システムにおいても、自動

図表5-2　デジタル支払いのバリュー・チェーン

契約執行システム　　　デジタル支払インフラストラクチャー　　　　　　通貨単位

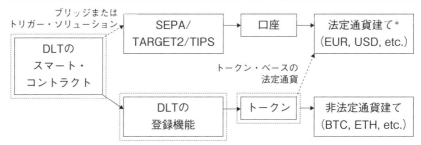

*広い意味であり、政府によって発行される法貨のステイタスをもつもの、その他の形態の法定通貨建ての通貨が含まれる。政府によって償還が保証されるものもあれば、そうでないものもある。
(注1)　図表5-2はデジタル支払いのバリュー・チェーンを表す。それは、契約執行システム、デジタル支払インフラストラクチャー、そして、通貨単位に分解される。契約執行システムは支払いのプログラム化、すなわち、ビジネス・プロセスに組み込まれ、そこで実行されるDLTベースのスマート・コントラクトに関係する。デジタル支払インフラストラクチャーは支払経路、すなわち、通貨の移転を促進するシステムである。最後に、通貨単位はデジタル支払インフラストラクチャー上で取引される計算単位である。支払いはユーロ、米ドル、その他の法定通貨、非法定通貨建てで行われうる。
(注2)　SEPA: Single Euro Payments Area; TARGET2: Trans-European Automated Real-time Gross Settlement Express Transfer System; TIPS: TARGET Instant Payment Settlement; DLT: Distributed Ledger Technology; BTC: Bitcoin; ETH: Ethereum.
(出所)　筆者

振替、直接引落しのような形態ですでに存在するが、現在、プログラム化の可能度合いやシステムの能力は非常に限定されている。DLTネットワークは、たとえば、スマート・コントラクトのようなかたちで、より高い柔軟性と能力を提供する[3]。

　スマート・コントラクトは、取引を実行し、コントロールし、記録するために用いられる。マネー・フローにプログラムを埋め込み、支払いとプロセスを自動化するために、スマート・コントラクトが使用される。あらかじめ定められた条件が満たされたとき、スマート・コントラクトを通じて支払いが自動的に実行される。例として、エスクロー・サービス、自動振替、金利支払い、ファクタリング、賃料受取口座、貸出、マシーン対マシーン支払

い、そして、トークン化された資産の交換、に含まれるビジネス・プロセス
をあげることができる。

「物の経済」において、マシーンは市場参加者になり、価格を交渉し、ひ
とりでに支払いを行う。たとえば、自動運転の電気自動車は次の充電ステー
ションまで来ると、充電ステーションとの間で価格を交渉し、充電が終わる
と支払いをすませるようになるかもしれない。交渉、充電、支払いの発動と
いうプロセスは、契約執行システムの一部である。支払った金額は分割さ
れ、スマート・コントラクトであらかじめ定められたかたちですべての利害
関係者に対し、直接、送られるかもしれない（たとえば、電気供給業者に
70％、充電ステーションの製造業者、充電ステーションの運営業者、自動車の製
造業者にそれぞれ10％ずつというように）。

(2) デジタル支払インフラストラクチャー

デジタル支払いのバリュー・チェーンにおける第二の柱であるデジタル支
払インフラストラクチャーは、支払いのプロセスを実行し、決済するため
に、どの支払経路を用いるかを決定する。デジタル支払インフラストラク
チャーにおいて、われわれは、銀行、中央銀行、その他の主体を指すシステ
ムの運営業者と、基盤となる技術を区別する。基盤となる技術は DLT かも
しれないし、そうでないかもしれない。支払インフラストラクチャーは通貨
単位、つまり、最終的な支払いに用いられる計算単位と区別されなければな
らない。ユーロで実行される支払いは現在、既存の伝統的な銀行システムと

3　われわれは、DLT 上に分権化されたビジネス論理回路を実装するための技術的なソ
　リューションの展望が開けつつあると認識している。ビジネス論理回路は、コアとなる
　DLT レイヤーのなかで直接実行されることもあれば、スマート・コントラクトのサン
　ドボックス・ソリューションとして実行されることもある。われわれはスマート・コン
　トラクトを広い意味で用いている。つまり、スマート・コントラクトとは、ビジネス論
　理回路を実行し、あらかじめ定められた方法でビジネス・プロセスを自動化するコン
　ピュータ・プログラムである。ここでは、法的な強制の可否についての疑問や、契約に
　望ましくない影響を与えるリスクをもたらすかもしれないし、もたらさないかもしれな
　い、いかなる特定の技術基盤にも言及していない。

銀行口座によって支えられている。暗号資産の世界では、ビットコインやイーサリアムのような DLT ネットワークが非法定通貨建ての支払いのデジタル支払インフラストラクチャーになっている。

　DLT ベースのスマート・コントラクトによって発動する支払プロセスを実行するために、伝統的な銀行口座を用いることができる。そのために、銀行口座はいわゆる「ブリッジ・ソリューション」に頼らなければならない。ブリッジ・ソリューションは、DLT ネットワーク（つまり、DLT ベースの契約執行システム）と伝統的な支払システム（つまり、銀行口座）を結びつける。したがって、支払いは DLT ベースのスマート・コントラクトによって発動するが、そのプロセスは伝統的な銀行口座を通じて実行される。こうしたことから、ブリッジ・ソリューションは「トリガー・ソリューション」とも呼ばれる。

　電気自動車の例において、デジタル支払インフラストラクチャーは、支払いの決済に用いられる支払経路を決定する。こうしたインフラストラクチャーは、SEPA のような伝統的なシステムかもしれないし、DLT ベースの支払経路かもしれない。しかし、DLT ベースの支払経路はまだユーロ建ての取引を許容していない。ここから、通貨単位というデジタル支払いのバリュー・チェーンの第三の柱が必要になる。

⑶　通貨単位

　通貨単位とは、支払いをなす際の計算単位を意味する。それはユーロや米ドルのような法定通貨建てでもいいし、ビットコインやイーサーのような非法定通貨建てでもいい。技術的には、複数の異なるデジタル支払インフラストラクチャーを通じて、ユーロのような通貨での支払いを処理しうる。

DLTベースのスマート・コントラクトのためのユーロ建て支払ソリューション

　本節では、デジタル支払いのバリュー・チェーンがどのように実行され、DLTベースの利用事例に適用されうるかを概観する。最初に口座ベースのインフラストラクチャーを考察し、次にトークン・ベースのソリューションをみる。考えられるすべてのソリューションを図表5－3に示す。利用事例は補論において考察される。

1 口座ベースのソリューション

(1) 銀行口座上のユーロ

〈定義〉

　「銀行口座」は、顧客が金融機関（通常は銀行）に開設した金融口座を指す。金融機関は顧客にかわって金融取引を記録し、口座を維持する。顧客は口座に通貨を預け入れることにより銀行に通貨を引き渡し、そのかわりに預け入れた金額と同額の銀行に対する請求権を取得する。銀行口座は、高度に発達した法律と規制の枠組みによって規律される伝統的な銀行システムの一部をなす。既存の銀行インフラストラクチャーを通じて支払いを実行する際には、決済のための清算機関、支払指図のためのメッセージング・ネットワークなど、いくつかのシステム、プロセス、そして参加者が関与する。

〈適用〉

　DLTベースの契約執行システムによって発動される支払いを実行するために、銀行口座はブリッジ・ソリューションの力を借りてDLTと接続され

図表5－3　デジタル・ユーロ実現に向けた4つのソリューション

デジタル・ユーロ	契約執行システム（第一の柱）	デジタル支払インフラストラクチャー（第二の柱）		通貨単位（第三の柱）
	技術	システム運営者	技術	
銀行口座上のユーロ	DLT	商業銀行	非DLT（口座ベース）	ユーロ（商業銀行通貨）
eマネー・トークン（EMT）	DLT	商業銀行またはeマネー提供業者	DLT（トークン・ベース）	ユーロ（eマネー）
合成CBDC	DLT	商業銀行またはeマネー提供業者	DLT（トークン・ベース）	ユーロ（トークン化された商業銀行通貨またはeマネーだが、中央銀行の準備預金で100%担保される）
CBDC	DLT	ECB	DLTまたは非DLT（口座ベースまたはトークン・ベース）	ユーロ（中央銀行通貨、法貨）

(注)　図表5－3では、デジタル支払いのバリュー・チェーンにおける3つの柱という、われわれの分析枠組みに従って、デジタル・ユーロのための民間・公共セクターのソリューションを概観する。
(出所)　筆者

　る必要がある。伝統的な銀行システムに基づくデジタル支払インフラストラクチャーをDLTベースの契約執行システムに接続することには、高度に発達した銀行インフラストラクチャーと既存の法律・規制・コンプライアンスの枠組みの法的な確実性に由来する利点がある。このソリューションは既存の支払ソリューションに最も近いので、なんらかの問題を起こす可能性が最も小さいだろう。しかし、こうしたソリューションのDLTの利用事例への適合性は他のソリューションよりも疑わしい。DLTを活用した物の経済においては、何億ものマシーンが銀行口座と接続し、複数の通貨と法域にわ

たって大量の少額支払いが実行されなければならないだろう。既存の銀行イ
ンフラストラクチャーがそれに対応することはできそうにない。しかも、特
に欧州外の地域では、よく発達したクロスボーダーの支払基盤が存在しない
ために（World Bank, 2018）、国際的な支払いは遅く、費用がかかる。伝統的
な銀行インフラストラクチャーを現代化することには利点があるものの、
トークン化された資産や権利とのシームレスな統合を実現することはむずか
しい。加えて、ブリッジ・ソリューションを活用する際には、いくつかの仲
介者が支払プロセスに関与し続けるだろう。こうした仲介がもたらす非効率
性は、トークン・ベースのソリューションで解決することができる。

〈規制〉

　既存の銀行インフラストラクチャーに基づく支払いは、既存の法律と規制
の枠組みによって規律される。銀行と金融機関は、リスクを軽減するために
デザインされた規制によって細部にわたって規制され、監督され、縛り付け
られている。金融機関が過度なリスクをとることを防ぐための政策と規制、
そして、預金保険スキームのように顧客を適切に保護するための政策と規制
が整備されている。銀行はよく発達した顧客対応インフラストラクチャーを
もち、そこにはアンチ・マネーロンダリング（以下「AML」という）と顧客
をよく知る（以下「KYC」という）ための統合されたコンプライアンス手続
と、新たな規制が継続的に発生する状況に適応したシステムがある。

〈技術〉

　ブリッジ・ソリューションによって発動され、伝統的な銀行システムを通
じて実行される支払いは、既存のインフラストラクチャー内部で容易に拡張
可能である。費用のかかる大規模な投資や、銀行業務の破壊的な変革は必要
でない。既存の銀行インフラストラクチャー内部での支払プロセスには、単
一国内およびよく発達した支払インフラストラクチャーをもつ（欧州のよう
な）地域内における相互運用性という利点がある。SWIFT も支払指図の交
換における一定程度の世界的な相互運用性を可能としている。しかし、この
ソリューションの技術的な欠点は、既存の銀行インフラストラクチャーが少
額支払いとデリバリー・バーサス・ペイメント（受渡しの同時履行）の決済

メカニズムを効果的にサポートしていないことにある。

　欧州の支払インフラストラクチャーは大きな現代化の努力を経ており、デジタル経済への対応に適した位置にある。TIPS という新たな市場インフラストラクチャーがユーロシステムによって2018年11月に開始されたが、それは SEPA 即時残高移動（SEPA Instant Credit Transfer）と呼ばれる欧州全域をカバーする即時支払スキームを基盤としている。それは 1 日24時間、欧州全域で、支払いの最終的かつ取消不能な決済を可能にしている。TIPS は中央銀行通貨によってユーロでの支払いを決済するものであり、すでに欧州で広く使われている既存の TARGET 2 システムを拡張したものである。SWIFT はすでに TIPS のためにメッセージ交換サービスを提供することに成功しており、TIPS のネットワーク・サービス提供業者の 1 つになっている。

〈時間軸〉

　DLT ベースの契約執行システム（あるいは、多くの DLT システム）を既存の銀行インフラストラクチャーに接続することは、既存の技術を用いて早期かつ効率的に実現することができるだろう。最初のブリッジ・ソリューションは2021年に試験モードに入った。そして、まもなく市場に登場すると予想される。

〈費用〉

　DLT とのインターフェースは、既存の IT システムと銀行インフラストラクチャーを用いて実現することができる。銀行インフラストラクチャーがそれによって影響を受けることはないだろう。インターフェースで多数の DLT システムに接続することも可能であり、それはコスト効率的に実現されうる。

〈制約条件とリスク〉

　支払いに伝統的な銀行インフラストラクチャーを使用することにはリスクがある。こうしたリスクには、カウンターパーティー・リスクが含まれる。なぜなら、商業銀行、金融機関、その他の業者が支払いを仲介し、中央銀行通貨ではなく商業銀行通貨で支払いを実行することになるからだ。国境を越

えた支払いにおいて、市場参加者は歴史的に SWIFT のメッセージ交換のためのグローバルなネットワークに頼ってきた。金融機関は SWIFT ネットワークを使い、安全かつ完全に標準化された環境において、支払指図を世界的に交換することができる。SWIFT の欠点は、それが現実に資金を移動させるわけではなく、清算や決済のサービスを提供しないということだ。取引する銀行は SWIFT の支払指図を自分自身で実行しなければならず、外国為替市場において支払いの決済を行わなければならない。このため、国境を越えた支払いは遅れ、費用が上昇してしまう。外国の金融機関とビジネス上の関係を確立していない小さな金融機関は SWIFT ネットワークを使えないかもしれない。さらに、SWIFT の取引データに対して第三者（政府機関など）がアクセスし、監視する程度についても、懸念が寄せられ、その是非について議論がある。たとえば、SWIFT は政府当局の法的拘束力のあるデータ・アクセスの要求に従わなければならず、さまざまな規制にも従わなければならない。その結果、制裁の対象となった国や企業がネットワークから排除されるという事象も発生している。

⑵　口座ベースの CBDC

〈定義〉

リテール CBDC はまったく新しい、デジタルな形態の中央銀行通貨であり、一般公衆にとって利用可能とされる[4]。中央銀行通貨は中央銀行に対する請求権としての性質をもち、そのためにリスクフリーである[5]。CBDC の設計にはさまざまなソリューションがあり、その配布モデルとして、直接方式、間接方式、ハイブリッド方式がある（Auer and Boehme, 2020）。直接方式の場合、中央銀行が CBDC を直接、最終利用者に配布する。ハイブリッ

4　本章では、ホールセール CBDC を考察しない。ホールセール CBDC とは、銀行のみがアクセスできる中央銀行通貨である。われわれは一般公衆にとって利用可能な支払ソリューションのみを考察する。
5　ここでインフレーション・リスクは除外する。インフレはすべての形態の通貨に影響を与えるためである。

ド方式の場合、CBDC は仲介者を通じて配布される。本章では、利子率ゼロで、ハイブリッド方式のリテール CBDC、言い換えると、中央銀行に対する請求権を付与し、利子を生まず、仲介者を通じて配布される CBDC に焦点を絞る。われわれは、中央銀行が CBDC を直接、最終利用者に配布する、直接方式の口座ベース CBDC を分析しない。なぜなら、この設計の選択肢は最近の CBDC プロジェクトや試作品において考慮されていないからである（Auer et al., 2020）。口座ベース CBDC の場合、CBDC の取引を承認するために CBDC 保有者が特定されなければならない（第 2 節■を参照）。

〈適用〉

主要な利用事例として、口座ベースの CBDC は一般的な支払手段となる（ECB, 2020）。実現するかどうかはともかく、CBDC をグローバルに利用することもできるし、国境を越えた支払いに利用することもできる。それは国境を越えた支払いの効率性を大いに高めることになるだろう。最近の進展状況によれば、口座ベースの CBDC は DLT 上で実行されそうにないので、少額支払いやトークン化に関連する利点は限界的なものにとどまるだろう。

〈規制〉

CBDC はあらゆる規制上の要求を満たすことになるだろう。しかし、法的な枠組みを調整する必要はあるだろう。たとえば、KYC や AML、テロリスト資金の遮断（以下「CFT」という）に関するコンプライアンス上の問題やデータ管理上の問題を解決する必要があるし、CBDC の法的な地位についても決定する必要がある。

〈技術〉

口座ベースの CBDC は、DLT ベースではなく、従来型の中央集権化されたインフラストラクチャーに基づいて実施される可能性が最も高い。ECB が（ほとんどの）支払インフラストラクチャーを運営するので、こうした CBDC には相互運用性がある。しかし、運営の中央集権化には、中央の一点に支障が生じるとシステム全体がダウンする IT セキュリティ上のリスクがある（Kiff et al., 2020）。

〈時間軸〉

CBDC には相互運用性があり、保有者をカウンターパーティー・リスクにさらすことはないだろう。こうした特徴は望ましいものだが、そうした CBDC を発行するには時間がかかるだろう。CBDC の運用が開始される前に、規制を調整しなければならず、CBDC のインフラストラクチャーを構築し、テストしなければならない。さらに、金融の安定性に関するリスクに対応しなければならない（次のパラグラフを参照）。われわれは2026年より前にユーロ圏で CBDC の運用が開始されることはありそうにないと予想する。

〈費用とリスク〉

CBDC が支払手段として（少なくとも部分的には）現金と銀行通貨に置き換わるようになれば、多くの支払いが CBDC で行われるようになるだろう。CBDC の利用比率が高まれば、次のような帰結が生じうる。第一に、最終利用者が商業銀行通貨に頼る度合いが減るので、銀行セクターからのディスインターミディエーションが生じうる。その結果、銀行の資金調達コストが上昇し、金融セクターに支障が生じる可能性がある（Bindseil, 2020）。第二に、デジタルな CBDC は現金に比べて持出しがより容易なので（Sandner et al., 2020）、商業銀行通貨の取付けの可能性がより高くなる。ディスインターミディエーションと銀行取付けの可能性の高まりの双方とも、金融の安定性に影響を及ぼすかもしれない。CBDC が金融セクターにもたらす実際の影響は、CBDC の設計と ECB によって実行される政策に強く依存する（Gross and Schiller, 2021）。ECB が CBDC の保有に上限を設けた場合（Panetta, 2018）、あるいは、利子率設定を階層化した場合（Bindseil, 2020）、金融セクターへのネガティブな影響は限界的なものにすぎないかもしれない。第三に、CBDC は既存の通貨システムの特徴を完全に払戻し準備がなされたシステムに変えるかもしれないが、現在のところ、その影響を評価することは困難である。第四に、CBDC が広く使われるようになると、ECB のバランスシートは大きくふくらむことになるだろう。それは中央銀行にとっての金融リスクを意味し、最終的には納税者のリスクとなる。

トークン・ベースのソリューション

　先に述べたように、われわれはトークン・ベースのソリューションをデジタルな無記名証券であると仮定する。支払いのバリュー・チェーンのすべてにわたってDLTを用いることは、次の利点をもたらす。第一に、DLTを用いることで、他の資産やDLTベースの通貨とのリアルタイムでの決済（つまり、デリバリー・バーサス・ペイメント）が可能となる。第二に、DLTは通貨に加えて、あらゆる種類の資産のトークン化をサポートする。第三に、取引の執行のために仲介者は必ずしも必要でなくなるので、信頼の対象が商業銀行、中央銀行、その他の金融機関といった組織から技術に移行する。そのため、カウンターパーティー・リスクは大幅に減るか、完全に取り除かれる。後者の側面は、DLTを支持する重要な理由の1つである。DLTをきっかけにして、より効率的なシステムがもたらされることになるからだ。第四に、システムの断絶が取り除かれて、ビジネス・プロセスがよりシームレスに進むようになり、自動化の比率は高まるだろう。以下では、デジタル・ユーロのためのトークン・ベースのソリューションを議論する。そのために、われわれはeマネー・トークン、sCBDCs、そして、トークン・ベースのCBDCを取り上げる。

(1)　eマネー・トークン（EMT）

〈定義〉

　ユーロ建てのeマネー・トークン（以下「EMTs」という）は、民間セクターが発行するトークン・ベースのデジタル・ユーロの形態である。EMTsは、欧州議会および暗号資産市場に関する評議会による規制のための欧州委員会提案および修正指令（EU）2019／1937（European Commission proposal for a regulation of the European Parliament and of the Council on Markets in Crypto-assets, and amending Directive（EU）2019／1937）（以下「MiCA」という）において定義されている。EMTのカテゴリーは、トークン化されたeマ

ネー、ユーロ・ステーブル・コインといった、さまざまな既存の DLT ベースのトークンの形態を包含するものとなるだろう。

　トークン化された e マネーは、指令2009/110/EC（e マネー指令。以下「EMD」という）で定義される DLT ベースの e マネーの形態である。それはユーロの額面金額で発行され、保有者は発行者に対して請求権をもつとともに、いつでも額面金額で e マネーの償還を受ける権利を付与される。トークン化された e マネーの発行者は認可を得なければならず、e マネーの規制を全面的に適用される。それには、資本、保全措置、行為規範に関する規制が含まれる。トークン化された e マネーは顧客から受け取った保全資金の裏付けがなければならず、保全資金は分別管理されるか、保険または保証が付されていなければならない。

　ユーロを参照するステーブル・コインは、民間発行でトークン・ベースのデジタル・ユーロの新たな形態である[6]。それらは現在、EMD の規制から外れる可能性があるため、その保有者は償還を受ける権利や発行者に対する請求権を与えられないかもしれない。加えて、それらは安全で流動性のある資産の裏付けがあるとは限らず、暗号資産のようなリスキーな資産で裏付けられているかもしれない。裏付けがまったくない可能性さえある。ステーブル・コインは MiCA の射程に入るため、その規制の要求を遵守しなければならなくなるだろう。MiCA が施行されたとき、その規制を遵守しないステーブル・コインは EU 内で実質的に禁止されることになるだろう。

〈適用〉

EMTs は広い範囲の利用事例で用いられる。それらは暗号資産の一種だから、グローバルに移転可能であり、支払手段として、マシーン経済や資産・権利のトークン化など DLT ベースの環境にシームレスに統合されうる。しかし、民間発行の EMTs が有効に適用されるためには、相互運用性を確

6　本章はユーロのための DLT ベースの支払ソリューションに焦点を絞っているため、われわれはもっぱら単一の法定通貨を参照するステーブル・コインに光を当てる。したがって、法定通貨・暗号資産・商品（指数）のバスケットを参照するステーブル・コインは除外する。それらは異なる規制のカテゴリーに入ることになるだろう。さらに、われわれはアルゴリズミックなステーブル・コインを考慮しない。

保するために、発行者が技術的な標準に合意することが不可欠である。

〈規制〉

現在のEUの規制において、ユーロを参照するDLTベースの証券にはいくつかの異なる規制枠組みが適用されうる。そうした規制には、銀行規制、eマネー発行者規制、投資ファンド規制が含まれる。発行者に対する請求権の存在、償還の保証、信用供与、資産運用機能など、いくつかの特徴が、適用される規制枠組みを決定する。いくつかの証券が既存の規制枠組みから外れる可能性もある。

MiCAは、交換の媒介手段となることを主な目的とし、単一の法定通貨を参照するすべての暗号資産に対して、法的な確実性を付与し、オーダーメードな規制をかけようとしている。eマネーとeマネー・トークンの間の規制裁定行為が起こることを回避するため、MiCAはeマネーと区別できないeマネー・トークンを2つの制度、すなわち、新しいMiCAとEMDによる規制のもとに置くことを提案している。このため、そのようなeマネー・トークンの発行者は、eマネー機関または信用機関として認可を受けなければならず、関係するガバナンスおよび償還のルールを遵守しなければならない。すべてのeマネー・トークンは額面金額で発行されなければならず、その保有者は発行者に対する請求権を与えられ、いつでも額面金額で償還を受ける権利を与えられなければならない。MiCAで示された規制要求を満たすことができないeマネー・トークンを公衆に対して発行することは認められず、EU内の暗号資産のトレーディング・プラットフォームで取引することも認められない。いわゆる重要なeマネー・トークンには、より厳格なルールと規制要求が課される。欧州はMiCAを通じ、民間発行のDLTベース形態の法定通貨の発行者および最終利用者に対し、法律面および規制面での確実性を提供する最初の法域の1つとなるチャンスをもっている。

〈技術〉

EMTsは適切なあらゆるDLT上で発行されうる。EMTsは暗号資産なので、スケーラビリティ問題を抱えている。

〈時間軸〉

MiCA は発効日から18カ月後に適用開始となるので、EMT のカテゴリーはまだ施行されていない。発効日は2022年末より前になりそうにない。しかし、トークン化された e マネーやステーブル・コインといった EMT の先行例は今日すでに存在している。トークン化された e マネーは、MiCA で特定されたいくつかの要求をすでに遵守しているので、新しい規制への移行はスムーズに行われるはずである。MiCA の要求を満たさないユーロのステーブル・コインは許容されないだろう。結果として、MiCA はいくつかの既存のステーブル・コインの運営に影響を与える可能性が高いだろう。

〈費用とリスク〉

MiCA と EMTs の導入により、金融リスクの軽減を目指した規制枠組みが導入されることになる。MiCA が発効すれば、とりわけステーブル・コインに関連するリスクが軽減されることになるだろう。現在までのところ、ステーブル・コインは、裏付け資産と特定の参照通貨の間の１対１ペッグの運営に依拠してきた。ペッグの運営のためには相当額の資産を必要とし、カウンターパーティー・リスクおよび流動性リスクを抱えることになる。ステーブル・コインの発行者の側の不作為、不十分な資源、あるいは裏付け資産の流動性がないために、ペッグ運営の義務を果たせないことがありうる。その結果、ステーブル・コインの使用者はペッグが破れるリスクに直面している。現在、ステーブル・コインに適用される統一的な規制枠組みが存在しないために、ステーブル・コインの発行者はステーブル・コインを償還する義務を負っているとは限らず、最終利用者は発行者の資産に対する請求権を与えられているとは限らない。MiCA はこうしたリスクを軽減し、すべてのステーブル・コインとトークン化された e マネーに対して法的な確実性と統一的な規制枠組みを提供することを目指している。しかし、MiCA によって規律されたとしても、EMTs が民間のデジタル・ユーロの形態であることに変わりはない。その結果、それらはカウンターパーティー・リスクを抱え、CBDC のようにリスクフリーではない。

⑵ 合成 CBDC（sCBDC）

〈定義〉

合成 CBDC（sCBDCs）は民間セクターの仲介者によって発行される負債であり、国内の計算単位建てで表示される。それらは中央銀行の準備預金で100％裏付けられ、いつでも中央銀行通貨によって償還可能である（Adrian and Mancini-Griffoli, 2019）。sCBDCs は、民間セクターと公共セクター双方の比較優位性を生かす、官民パートナーシップを基盤としている。民間セクター（つまり、銀行または他の資格をもつ仲介者）は、最終利用者のためのインテリジェント・ソリューションをイノベートし、構築する責任をもつ。責任範囲は、技術の選択、データ管理、規制の遵守から、顧客の教育・管理・選別と監視（KYC と AML/CFT を含む）にまでわたる。公共セクター（つまり、中央銀行）は、金融の安定性、規制、監督に注力する。言い換えると、中央銀行は、法律と規制の枠組みの範囲内でイノベーションをサポートする。

〈適用〉

sCBDCs の利用は、EMTs のそれと非常に似通っている。sCBDCs は中央銀行の準備預金で100％裏付けられているので、トークンは代替可能性をもつ。したがって、異なる仲介者によって発行された異なるトークンはお互いに区別できず、常に 1 対 1 でユーロにペッグされる。もっとも、代替可能性をもつことは、異なる sCBDCs が技術的な観点から区別できないことを意味するものではない。仲介者が共同の技術環境に合意しなければ、これらのトークンの間に相互運用性はなく、代替可能であってもシームレスに交換することはできないだろう。

〈規制〉

現時点において、sCBDCs に対する規制は存在しない。仲介者を通じて sCBDCs を発行し、その仲介者が発行から配布、支払システム、顧客窓口に至るまでのプロセス全体に責任をもつとすれば、現在の銀行システムと同様の規制・監督上の問題が生じることになる。それぞれの役割と関係するリス

クに応じて、sCBDCs の発行者と他のサービス提供者の適切な認可、基準、監督、負債の問題に対処するためには、ある程度の規制の調整が必要になるだろう。sCBDCs は中央銀行の準備預金で裏付けられるので、sCBDCs の発行者は中央銀行の準備預金口座にアクセスできなければならないが、それには現在のところ銀行の資格が必要とされる。もっとも、銀行でさえいままで100％の裏付けをもつ商業銀行通貨を発行するために、中央銀行の準備預金へのアクセスを利用することを認められていない。したがって、中央銀行が100％の裏付けをもつ sCBDC トークンの発行を認めるかどうかはよくわからない。すべての sCBDC エコシステムの参加者は、業務運営上の失敗、財務上の破綻、詐欺、サイバー攻撃のリスクを軽減するために、関係する規制要求と基準に従うことを求められるだろう。規制の枠組みは、イノベーションに親和的で、技術的に中立であり、頑健性・相互運用性・顧客保護の最低基準を確保するものである必要があるだろう。sCBDCs は中央銀行の準備預金で裏付けられるとしても、実質的には銀行が発行するステーブル・コインなので、EMT のカテゴリーに入り、MiCA が与える規制枠組みの適用対象となるかもしれない[7]。

〈技術〉

sCBDCs は適切な DLT 上で発行されうる。基盤となる DLT ネットワークにより、sCBDCs は EMTs と同様なスケーラビリティ問題を抱えるかもしれない。

〈時間軸〉

sCBDCs は、活発でイノベーティブな民間セクターが大きな役割を果たすので、直接方式あるいはハイブリッド方式の CBDC よりも早く実現することができるかもしれない。より正確にいうと、トークンの基準開発、顧客教育、AML や CFT の遵守などの役割は民間セクターによって担われるだろう。公共領域（たとえば、中国の CBDC）でも、民間（たとえば、以前はリブラとして知られていたディエム）領域でも、厳しい競争があることをふまえる

7　これは sCBDCs にどんな規制が適用されるかによるが、それはまだ決まっていない。

と、早期の実現が重要だろう。われわれは sCBDCs が2023年には運用可能になると予想する。

〈費用とリスク〉

sCBDCs の成功は、相互運用性を確保するために、民間セクターがトークンの共通基準に合意できるかどうかによる。最近のいくつかのプロジェクトから、欧州の金融機関の間での調整は容易ではないことがわかる。この基準策定プロセスは遅延し、sCBDCs 導入を不可能にすることさえあるかもしれない。さらに、ユーロ圏では銀行しか中央銀行通貨にアクセスできない。したがって、ECB が他の金融機関（たとえば、e マネーの提供者）も sCBDCs を発行可能とするつもりなら、こうした金融機関にも中央銀行口座へのアクセスを認め、専用のエスクロー口座を使ってトークンを中央銀行の準備預金で100％裏付けることを許さなければならないだろう。

(3)　トークン・ベースのリテール CBDC

〈定義〉

トークン・ベースの CBDC も、一般公衆にとって利用可能な中央銀行通貨のデジタルな形態である。それは新たな形態の中央銀行通貨、デジタルなトークンに表示された中央銀行の負債である（Bossu et al., 2020）。口座形態の通貨とは対照的に、取引を承認するためには、取引される対象、つまり、トークンそのものの真正性が確かめられなければならない。トークン・ベースの CBDC の場合、取引対象は CBDC そのものである。

〈適用〉

口座ベースの CBDC と同じように、トークン・ベースの CBDC は一般的な支払手段となり、国境を越える支払いにも潜在的には利用可能である。トークン・ベースの CBDC は潜在的に、マシーン経済やトークン化に関連する産業用途の利用事例で使用されうる。しかし、既存のほとんどの CBDC プロジェクトはプログラム可能性という特徴を考慮していない。それどころか、ほとんどが顧客に焦点を絞っており、マシーン経済やトークン

化のニーズや課題を、ほとんど、あるいは、まったく考慮していない。したがって、プログラム可能な支払いのメリットを十分に生かすためには、民間セクターのソリューションが溝を埋め、CBDCを補完するようになるかもしれない。

〈規制〉

口座ベースのCBDCと同じように、トークン・ベースのCBDCも規制上の要求を遵守しなければならないだろう。トークン・ベースのCBDCを完全に統合するためには、既存の規制枠組みや法的な概念の調整が必要になるだろう。それには、法貨としてのステイタスの決定や、私法上の問題の調査が含まれる

〈技術〉

トークン・ベースのCBDCがDLTを使って実現すると仮定するのは合理的である。この仮定は、最近のリテールCBDCの試作品と整合的である。CBDCが相互運用性をもつことになる可能性は高いが、取引量が増えた場合のスケーラビリティ問題やITセキュリティ上の問題は残る。

〈時間軸〉

トークン・ベースCBDCの導入には、中期間ないし長期間かかるかもしれない。口座ベースのCBDCと同様に、トークン・ベースのCBDCの運用も2026年より前に開始されそうにない。最終的に、口座ベースか、トークン・ベースのどちらかのCBDCが導入されることに注意したい。両形態が同時に存在することにはなりそうにない。

〈費用とリスク〉

口座ベースのCBDCと同様、主要なリスクは、金融セクターのディスインターミディエーション、デジタルな銀行取付けの可能性の高まり、中央銀行のバランスシートの肥大化に関連する。

第**4**節

ロードマップ

　本節では、第3節で紹介した支払ソリューションの長所と短所を要約し、DLTベースの欧州経済における未来の支払いに向けたロードマップを提示する。各ソリューションは相互に排他的ではなく、それぞれの強みを生かして、未来において共存する可能性が高い。市場に登場する時期はソリューションによってかなり異なる。図表5－4に体系的な概観を示す。

1　さまざまな支払ソリューションが市場に登場する時点

　図表5－4の(a)は2020年の状況である。スマート・コントラクトによって発動する支払いは、既存のDLTベースの支払インフラストラクチャーを通じて実行される。しかし、現在、こうしたインフラストラクチャーで利用可能な支払手段は、ビットコイン、イーサー、ステーブル・コインなどの暗号資産のみである[8]。現在、ユーロ内での、ユーロのステーブル・コインの時価総額はごくわずかであり、ステーブル・コインには法的あるいは規制面での確実性がない。MiCAは、ユーロのステーブル・コインが適切かつ統一的に規制された支払手段となる動きを加速するだろう。ビットコインやイーサーのような暗号資産は、高いボラティリティと低いスケーラビリティのために、ほとんどのDLTの利用事例において、支払手段として不適当である。その結果、規制が明確で、安定的な、ユーロ建ての、規制に準拠した支払ソ

---

[8]　いくつかのユーロ建てのトークン化されたeマネーのソリューションが利用可能であるか、あるいは、少なくとも開発の途上にある。しかし、それらは通常、クローズド・ループの環境でしか機能せず、複数銀行が参加できるようになっていない。

図表 5 - 4　2020年、2021年頃、そして、2022年のデジタル支払バリュー・チェーン

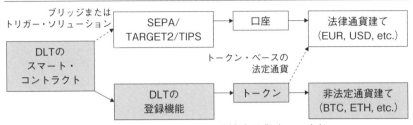

(a)　2020年：DLTベースの非法定通貨建ての支払い

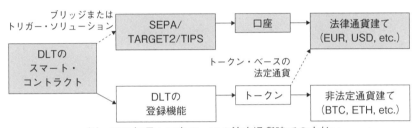

(b)　2021年頃：口座ベースの法定通貨建ての支払い

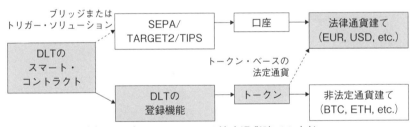

(c)　2022年：DLTベースの法定通貨建ての支払い

(注1)　図表5-4では、われわれの分析枠組みに従って、デジタル・ユーロのためのさ
　　　まざまな支払ソリューションを比較する。(a)は、2020年時点で、スマート・コント
　　　ラクトで発動する支払いが、ビットコインやイーサーのような、非法定通貨建ての
　　　通貨単位でしか決済できないことを示す。(b)は、2021年頃までにブリッジ・ソ
　　　リューションが登場し、既存の口座ベースの支払経路での決済が可能となることを
　　　示す。最後に(c)は、われわれが2022年までにDLTベースの法定通貨建ての支払い
　　　が広い範囲で可能になると予想していることを示す。そのためには、たとえば、
　　　eマネー・トークンや合成CBDCsが必要である。
(注2)　SEPA: Single Euro Payments Area; TARGET2: Trans-European Automated
　　　Real-time Gross Settlement Express Transfer System; TIPS: TARGET Instant
　　　Payment Settlement; DLT: Distributed Ledger Technology; BTC: Bitcoin; ETH:
　　　Ethereum.
(出所)　筆者

リューションへのニーズが存在する。

　図表5−4の(b)は、この目的を達成するためにブリッジ・ソリューションが果たす役割を示している。第3節■で述べたように、DLTベースの契約執行システムと既存の口座ベースの支払システムの間のブリッジ・ソリューションを構築することにより、広い範囲の利用事例に対応することができる。特に既存の口座ベースの支払システム内部における即時支払いに向けた最近の進展により、ブリッジ・ソリューションを使えば口座ベースの支払システムが適用可能となる利用事例の潜在的な数は増加している。加えて、口座ベースのCBDCが導入されれば、カウンターパーティー・リスクが取り除かれるという利点がもたらされるだろう。しかし、ブリッジ・ソリューションまたは口座ベースのCBDCはDLTを基盤としていないので、国境を越えた支払い、少額支払い、シームレスな決済（デリバリー・バーサス・ペイメント）、そして、1秒未満で実行される「真の」即時支払いについては、課題と限界がある。ブリッジ・ソリューションの主要な利点は、それが既存の支払インフラストラクチャーを基盤としているために、短期間で実現可能なことである。ブリッジ・ソリューションを通じたDLTベースの支払いは2021年に試験モードで実施されている。そして、まもなく市場に登場するだろう。

　図表5−4の(c)は、DLTベースでユーロ建ての支払いを実行できる支払システムが登場するシナリオを示している。前述した欠点に対処し、より多くの利用事例に適用できるようにするためには、ユーロが直接DLTに統合されなければならない。考えうるソリューションは3つある。① EMTs、② sCBDCs、③ トークン・ベースのリテールCBDCである。こうしたソリューションで前述した限界を減らし、取り除くことさえできるだろう。したがって、口座ベースのソリューションの限界なしに、マシーン経済、自動支払い、トークン化、そして、国境を越えた支払いの領域での利用事例が運用可能となるだろう。

2 代替可能性と相互運用性

トークン・ベース形態のデジタル・ユーロには2つの課題がある。トークンは代替可能かつ相互運用可能でなければならない。代替可能性（fungibility）とは、トークンをお互いに区別できず、どの機関が発行したトークンであっても交換可能であることを意味する。この問題は、EMTsやsCBDCsのように複数の発行体がいる場合に発生する。EMTsの場合、すべてのEMTsに同じ規制がかかるとしても、顧客資金を保有している銀行のカウンターパーティー・リスクがあるので、代替可能性は確保されないかもしれない。sCBDCsの場合、トークンを100％中央銀行の準備預金で裏付けることによって、代替可能性が達成される。トークン・ベースのCBDCでは、中央銀行が唯一の発行体なので、代替可能性の問題は生じない。相互運用性（interoperability）とは、契約執行システムがデジタル支払インフラストラクチャーとメッセージを交換できること、そして、異なるデジタル支払インフラストラクチャー同士がメッセージを交換できることを意味する。ブリッジ・ソリューションの限界を乗り越えるためには、支払いを発動するスマート・コントラクトはDLTを基盤としなければならず、そのDLTはユーロが基盤とするDLTとの間で相互運用性がなければならない。将来、スマート・コントラクトは異なるDLTを基盤とする可能性が高いので、効果的なブリッジ・ソリューション、または、異なるDLTで利用可能なユーロのどちらかが必要となる。

3 民間セクターおよび公共セクターにおけるデジタル・ユーロのソリューションが市場に登場する時期と利用事例

DLTベースのユーロ建て支払ソリューション、すなわち、EMTs、sCBDCs、CBDCのうち、どれがDLTベースのスマート・コントラクトの実行、そして、スマート・コントラクトとの統合を促進するのに最も適して

（注 1 ）　図表 5 - 5 に、デジタル・ユーロのさまざまな支払ソリューションの導入に向け
　　　　たロードマップを示す。デジタル・ユーロの異なるバージョンは逐次導入され、将
　　　　来において共存するだろう。EMTs や sCBDCs のような民間セクターのソリュー
　　　　ションは、CBDC より前に登場すると予想される。
（注 2 ）　CBDC: Central Bank Digital Currency; sCBDC: Synthetic Central Bank Digital
　　　　Currency.
（出所）　筆者

いるだろうか？　　図表 5 - 5 に、民間セクターおよび公共セクターにおける
デジタル・ユーロのソリューションの導入時期を示す。DLT ベースのスマー
ト・コントラクトを銀行口座のユーロに接続するブリッジ・ソリューション
は、2021年には試験モードで利用可能であり、まもなく市場に投入されるだ
ろう。このソリューションにより、多くの既存の利用事例に対応可能であ
る。少額支払い関連のような未来の利用事例を実現するには、「チェーン上
の」ユーロが必要になる。

　こうしたユーロの最初のバージョンは、EMT の形態で2022年に発行され
うる。その 1 年後に sCBDCs が市場に登場すると、われわれは予想する。
両者は民間の、複数の発行体をもつユーロのバージョンであり、現在策定さ
れつつある規制の対象とされるだろう。EMTs と sCBDCs は代替可能性と
相互運用性に関する課題を抱えているが、両者には 1 つの重要な長所があ
る。民間機関が EMT や sCBDC のような形態でデジタル・ユーロを発行す
ることが可能になれば、ビジネス・チャンスを生かし、民間セクターのイノ
ベーション能力を活用することが可能となるだろう。DLT ベースの経済の

ための支払ソリューションを開発するには、民間セクターの機関のほうがより適している。民間セクターにトークンの発行を委ねれば、両セクターの比較優位を生かした官民パートナーシップの形成が促される。最終利用者のためのインテリジェント・ソリューションをイノベートし、構築するのは、民間セクター（つまり、銀行または他の免許を得た仲介者）の責任である。それには技術の選択、データ管理、規制の遵守に加えて、顧客の教育・管理・選別と監視（KYCとAML/CFTを含む）が含まれる。公共セクター（つまり、中央銀行）は、規制、監督、そして、金融の安定化に集中する。

　ECBにより発行されるCBDCは、単一発行体による、デジタル・ユーロの公的なバージョンである。われわれはユーロのCBDCが2026年より前に登場することはないと予想する。しかし、中国のCBDCプロジェクトのように、利用者を限定した実験は2022年には開始されうる。CBDCは代替可能性と相互運用性の面で優れているが、DLTベースのスマート・コントラクトを促進するには適していないかもしれない。第一に、CBDCの導入にはかなりの時間がかかる。DLT経済のための支払ソリューションへの需要は高まりつつあり、まもなく最初のソリューションが必要とされるだろう。これは、われわれが、CBDCが市場に登場すると予想する時期の5年前である。第二に、中央銀行は、急速に変化する実体経済のニーズに奉仕する、トークン・ベースのデジタル・ユーロを開発するために必要な専門性や機動性をもっていない。第三に、そして、最も重要なことは、銀行が経済において仲介者および信用の提供者として重要な役割を果たしているために、中央銀行は銀行セクターのディスインターミディエーションを懸念しているということだ。したがって、CBDCの利用は制限される可能性が高い（ECB, 2020）。そのかわり、より適切なCBDCの利用事例は、デジタル現金としての利用かもしれない。言い換えると、CBDCはデジタル領域において、現金の特徴を模倣しようとするかもしれない。現金の特徴とは主に、リスクフリーで、民間セクターとは独立に機能する頑健な支払手段ということである。さらに、物質的な現金の利用が大きく減少することになれば、CBDCは、少なくともなんらかのかたちで匿名性を提供し、最終利用者がデジタル

な形態でプライベートな取引をできるようにすべきだろう。

4 相互運用性と効率性

　最後に、本章で示されたデジタル・ユーロの支払ソリューションの長所と
短所をめぐるわれわれの分析を締め括るために、それぞれの支払ソリュー
ションの相互運用性、効率性、そして統合に由来する便益の度合いがさまざ
まであることに注意しなければならない。図表5－6は、本章で示した4つ
のソリューションを、相互運用性と効率性という2つのパラメーターに応じ

図表5－6　相互運用性と効率性に基づく支払ソリューションのマッピング

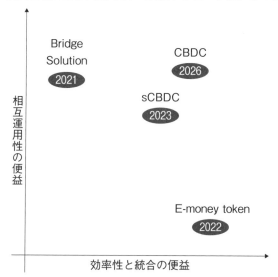

（注1）　図表5－6は、本章で示した4つの支払ソリューションを2次元のグラフに配置
　　　　している。第一の軸は、相互運用性の便益を示す。第二の軸は、効率性と統合の便
　　　　益を示している。ブリッジ・ソリューションは、高い相互運用性の便益を生むが、
　　　　その効率性と統合による便益は低い。eマネー・トークンのプロフィールはその逆
　　　　である。sCBDCsとCBDCは便益の点で他のソリューションを凌駕するが、その
　　　　登場はもっと後のステージになる。
（注2）　CBDC: Central Bank Digital Currency; sCBDC: Synthetic Central Bank Digital
　　　　Currency.
（出所）　筆者

て配置したものである。完全に相互運用可能なシステムにおいて、通貨は異なる支払ネットワークを架橋するゲートウェイを通過する必要はなく、ある種類のユーロから別の種類のユーロ（たとえば、他の銀行が発行したもの）への交換は必要とされない。短期的に相互運用性を実現するためには、ブリッジ・ソリューションが最も適している。図表5－6の第二の軸は効率性である。ユーロがデジタルになり、同じDLTネットワーク上で他の資産を代表するトークンと取引することが可能になれば、高い効率性を達成できると期待できる。たとえば、証券の決済においてeマネー・トークンが利用できれば、高い効率性の便益がもたらされるだろう。こうした決済は完全にコンピュータ・アルゴリズムに基づいて実施され、仲介者（つまり、清算機関）は必要とされないので、より効率的だろう。したがって、短期的にはeマネー・トークンがDLTベースの経済における最有力の支払手段である。

結　論

　本章の目的は、産業のニーズ、そして、DLT ベースの欧州経済における支払いの未来に関する議論に応答することだった。われわれは、DLT ベースのスマート・コントラクトの実行またはスマート・コントラクトとの統合を促進するのに最も適したユーロ・ベースの支払システムを分析し、こうした支払システムが運用可能となる時期を見積もった。

　われわれは、デジタル支払いのバリュー・チェーンを、契約執行システム、デジタル支払インフラストラクチャー、通貨単位という３つの柱に分解することによって、支払インフラストラクチャー分析のための枠組みを提示した。われわれは、これらの３つのコアな柱を区別することが重要であると主張する。なぜなら、こうしたコア概念はお互いに密接に関連しつつ、デジタル支払いのバリュー・チェーンにおいて明確に区別される部分を表現するからだ。たとえば、スマート・コントラクトは事業会社や金融機関によって実行されるが、同時にユーロが DLT システム上に存在することを要求するものではない。短期的なソリューションは、スマート・コントラクトによって発動する支払いが（契約執行システム）、現在の銀行システムを通じて（デジタル支払インフラストラクチャー）、ユーロ（通貨単位）で決済されるということかもしれない。国際的な支払い、マシーン経済、トークン化といった他の領域における支払いでは、異なるアプローチが要求されるだろう。そこでは、スマート・コントラクトが「チェーン上の」（通貨単位としての）ユーロでの支払いを発動する。両例において、スマート・コントラクトは必要不可欠であり、市場参加者によって要求されるものだが、デジタル支払インフラストラクチャーはニーズに応じて変わりうる。他の潜在的な利用事例は補論

において示されている。いくつかの利用事例ではデジタル支払インフラストラクチャーとして現在の銀行システムで十分であり、他の利用事例では「チェーン上の」ユーロが要求される。こうした例から、本章で提案したように契約執行システム、デジタル支払インフラストラクチャー、通貨単位という３つのコア概念を区別する便益は、DLTベースの欧州経済における支払いの未来を議論するにあたって、構造化された分析枠組みを提供することにあることがわかる。さらに、この３つの柱という分析枠組みは、欧州を越えて、デジタル支払いに関する議論に普遍的に適用することが可能である。

デジタル支払いのバリュー・チェーンの３つの柱という分析枠組みに導かれて、本章ではDLTベースの欧州経済におけるユーロ支払いのための、４つのデジタル・ユーロのソリューションを特定し、分析した。既存の銀行インフラストラクチャーを利用するソリューションは、DLTベースの契約執行システムを伝統的な銀行インフラストラクチャーに接続するブリッジ・ソリューションだけである。われわれが特定した残りのソリューション、すなわち、EMTs、sCBDCs、そして、CBDCは、ユーロをDLTベースのインフラストラクチャーに統合するという性質をもつ。効果的で、相互運用性があり、規制に準拠した、DLTベースのインフラストラクチャーと親和性をもつユーロ建ての支払ソリューションへのニーズは、明確に特定されたかたちで存在している。最後に、われわれはDLTベースの欧州経済における支払いの未来に関するロードマップを提示した。

現在の環境を前提にすると、われわれは、どの単一の支払ソリューションも、すべての生起しつつある利用事例に対応するために十分ではないと結論する。そのかわり、広い範囲にわたる支払ソリューションが生まれ、共存するだろう。公共セクター、つまりECBが、できるだけ早く、すべての利用事例に対応するソリューションを打ち出すことが望ましいかもしれない。最適なソリューションは、トークン・ベースのCBDCだろう。しかし、現在の議論を前提にすると、ユーロCBDCが短期間で実現し、市場参加者のすべての課題とニーズに対応することはありそうにない。したがって、当面、デジタル・ユーロを含むビジネスモデルや利用事例が広がるとともに、さま

ざまな支払システムやソリューションが求められるようになるだろう。DLTシステムを含む複数のインフラストラクチャーでユーロが利用され、特定の種類の利用事例に奉仕するという、ますます複雑化した世界になるだろう。われわれは、さまざまな目的をもった支払ソリューションが広い範囲にわたって異なる時点で出現すると予想する。民間セクターの提供者は現在、こうしたソリューションを開発している。

　しかし、民間セクターにおけるソリューションの勃興は欧州におけるデジタル支払インフラストラクチャーの分裂につながり、相互運用性に問題が生じる可能性がある。さまざまな支払ソリューションは特定の産業のニーズに応え、生起しつつあるビジネスモデルに奉仕する一方で、支払いの統合やユーロCBDCのような統一的なソリューションがなければ、ユーロの競争力は損なわれ、欧州のデジタル主権が侵されるかもしれない。支払いのネットワーク効果が強いことを考慮すると、DLTベースの欧州経済のニーズに奉仕することができる支配的な支払ソリューションを目指す競争は始まっている。ECBは、DLTベースの欧州経済の課題に対応するために、マンデートについて広い解釈を採用し、海外支払サービスの潜在的な提供者に対して別の選択肢を提供する必要があるかもしれない。欧州の政治家も、未来のDLTベースの欧州経済をデジタル支払いにおいて最先端の競争力をもつ地位に押し上げ、戦略的な自律性に向けた欧州の進化を後押しするために、支払システムのイノベーションをサポートし、リスクを軽減し、ビジネス・チャンスを生かせるような、適切な制度的枠組みを提供することに注力すべきである。

＊本章は、欧州におけるブロックチェーンに関する公的な報告書としても刊行されている。有益なコメントを寄せてくれた、ウルリッヒ・ビンドザイル、クレア・コンビー、ヤセク・フィギュラ、スーザン・フリードマン、ジョフレイ・グッデル、セドリック・ハンバート、ヴォイチェック・ジャニツキ、ペーター・ケルステンス、ロバート・コピッチ、マリア・ミナリコワ、ホルガー・ノイハウス、デビッド・パッツ、ルカス・レパ、インゴ・ルーベ、リー・シュナイダー、マンミート・シン、ブルーノ・スクヴォルク、イグナシオ・テロル、カルステン・トライバー、そして、ニック・ヴィテックにとても感謝している。

補 論 | デジタル・ユーロの利用事例

☑ 物のインターネット（IoT）

　物のインターネット（IoT）のおかげで、物質的な資産がリアルタイムのグローバルなデジタル市場の市場参加者になりつつある。ガートナーは2020年までに、200億個のIoT装置が接続されるようになると見積もっている（Hung, 2017）。こうしたIoT装置、マシーン、人々、そして、組織を代表する自律的なエージェントがお互いにリアルタイムでメッセージを交換し、コミュニケートし、交渉し、取引する。ビットコインとスマート・コントラクトによって、アイデンティティ、合意を記録する台帳、そして、支払手段が与えられるため、こうした自律的なエージェントは経済活動の主体になることができる（Minarsch et al., 2020）。

　たとえば、信号、充電ステーション、電気自動車を自律的なエージェントにすれば、新しい経済的な機会が開かれる。電気自動車を代表するエージェントが、空き駐車場を見つけて予約し、料金を交渉できるようになるかもしれない。リアルタイムの情報と、それを分析する知能が利用できるようになれば、輸送システムはより頑健かつ効率的になりうる。事故、天気、渋滞、その他の遅延を避けて自動車の運行経路を変更できれば、運転者や通行者の生産的な時間を解放することができるかもしれない。

　別の例として、ソフトウェアのエージェントによって交換される、信頼できるリアルタイムの情報を利用できるようになれば、エネルギー管理システムも便益を得ることができるだろう。センサーを配備したスマート・ホームの自律的なエネルギー管理システムが、エネルギーのさまざまな消費・生産データを利用し、ディープラーニングでエージェントを訓練することができるという証拠がある（Ye et al., 2020）。その結果、エージェントは試行錯誤のプロセスを通じた相互作用の繰返しによって学習し、次第に最も有効なエネルギー管理戦略を獲得する。訓練が完了すると、エージェントは家の所有者のエネルギー需要を最低の価格で満たすために、家の環境の変化に対応して数ミリ秒で行動することができる。

　分散型台帳に記録された取引は、すべての活動の永久に消えない記録となる。こうした情報は、機械学習やデジタルなアイデンティティと組み合わされると、サービス提供者と顧客を含むすべてのネットワーク参加者に対して追加的な誘因を提供するために利用されうる。また、こうした情報は、消去

不能かつ信頼のおける、望ましい行動と好結果の記録に基づく評判を確立するためにも利用されうる。提供されたサービスの証拠に結びつけられたレーティングも、すべてのネットワーク参加者がオープンかつ承認不要なベースでアクセスできる包括的な信頼の記録を構築するために、分散台帳に格納されうる。エコシステムを接続し、エージェントがお互いに安全に取引できるようにすれば、自動車の保有者から修理サービス業者、保険会社、規制当局、保安機関までのすべての利害関係者が安全かつ安定的にリアルタイムで情報を交換し、分析できるマーケットプレイスを形成することが可能となるだろう。新たなビジネスモデルは、ユーザーの輸送用資産やデータに閉じ込められていた富の活用を可能とし、「サービスとしての洞察」を提供することになるだろう。

☑ 自 動 化

　金融サービス業において、プロセスとコストの効率性を高めることを目指した自動化プロジェクトのほとんどは、金融商品と金融契約の条件付きという性質を対象とするものだった。条件付きという性質とは、プロセスに内在する次の決定や段階（依存条件）が、先行する段階（先行条件）の結果によって決まるという金融契約の構造を指している。たとえば、銀行の貯蓄用預金口座で支払われる毎月の利息は多くの場合、月々の残高とその残高に対して適用される利子率によって決まる。月々の残高が多ければ、通常、利息の支払いは多くなる。このような条件付きの状況は、銀行、保険、株式、負債、そして、デリバティブに関する契約中の、至るところで見受けられる。

　こうした条件の判定を、ソフトウェア・コードを使って自動化し、取引を実行することはむずかしいことではない。しかし、当事者の間で先行条件を設定することが、誤りのない自動化を成功させるために重要な鍵となる。たとえば、典型的な証券取引では、「デフォルト率が10％を超えたら」という先行条件があり、それには「追加的に５％の担保金を預ける必要がある」という依存条件が続くことになる。こうした状況で、追加担保はデジタル・ユーロで保全されてもいい。DLT ベースのシステムにより、先行条件と依存条件の双方を正確かつ透明性が高い状態で記録することができるだけではなく、その結果として必要となる行動を、スマート・コントラクトを使って自動化することができる。その結果、DLT ベースの支払いをスマート・コントラクトによって直接、発動することができる。DLT により、すべての当事者が照合や交渉を必要とせずに１つの真実を共有することができる。各取引におい

て記録を消去することはできず、過去の記録を検証することもできるので、どんな状況で自動執行が生じたかは記録され、監査と紛争解決は容易になる。

こうした利用事例にみられる論理は、取引の実行を超えて適用されうる。たとえば、中央銀行が金融政策を実行するうえで、銀行が現金準備比率（CRR）や規制上の流動性比率（SLR）を遵守することが重要だが、それらはDLTベースの支払手段を使って容易に自動化できる。依存条件が単なるトリガーまたはフラッグではなく、次の行動の実行を意味するようにすれば、この性質を中央銀行の監視機能の多くを自動化するために用いることもできる。

☑ トークン化

デジタル資産、そして、現実世界の資産のトークン化は、DLTベースの支払手段と手を取り合って漸進的に進んでゆく。注目すべき例として、非代替的な芸術作品・収集品（non-fungible tokens, NFTs）と共同所有をあげることができる。芸術家はNFTをつくると、その著作権をチェーン上に記録し、出所を保護・証明できるようにする。こうした芸術作品もトークン化によって分解し、芸術作品の一部が個人によって所有されるようにすることができる。たとえば、ある個人はピカソの『老いたギター弾き』の10分の1を取消不能なかたちで所有することもできるだろう。この考え方を延長すると、こうした所有権に配分効率を引き上げるようなプログラムを埋め込むこともできる。ハーバーガー税の原理を利用する一方で、所有者には、複製・ギャラリーでの展示・著作権料の受取りなどのかたちで、この芸術作品から生まれる将来の収入の10分の1を得る権利が与えられるようにするのである。これらの収入は、部分の所有者のウォレットにデジタル・ユーロで支払われるが、所有者は定期的に税金を支払わなければならず、それを怠ると所有権を失い、税率を再設定されるおそれがある。ハーバーガー税のルールに従い、他の誰かはどの時点においても、部分の収入を得る者よりも多くを支払うことができ、そうすると、その者は当該部分に対する所有権を取得し、将来の収益に対する権利を主張することができる。

デジタルなブロックチェーンに基づく共同所有は、すでに欧州中のいくつかのプロジェクトで盛んに行われている。こうしたプロジェクトは、現実世界の資産をトークン化し、その部分的な所有を可能にするものである。共同所有のあり方として、近隣住民が再生可能エネルギー源に集団的に投資することが考えられる。あるいは、まったく関係のない投資家たちが集まってビ

ルの部分に投資し、トークン化された所有権の持分に応じて賃料収入の一部を受け取ることもありうる。どちらのケースでも、取引は投資家を起点あるいは終点にして自動的に実行され、投資家はユーロのデジタル版を用いることになる。たとえば、ビルの賃料は、建設プロジェクトのスマート・コントラクトで所定の宛先に送金され、そこから管理費用を差し引いた金額が自動的にすべてのトークン所有者に分配される。すべてのトークン所有者は自動的に投資に対して定期的な収入を得、すべての大家はデジタルなユーロがどこに預けられ、どのように使われているかを詳細に知ることができる。

　理論的には、どんな現実世界の資産もトークン化することができる。そこには、通貨、証券、債券、株式、オプション、不動産、贅沢品（たとえば、自動車）、芸術作品、私文書、情報が含まれる。それぞれの価値はトークン、つまり、デジタルな資産で代表させることができる。

☑　国境を越えた支払い

　トークン・ベースの通貨形態により、国境を越えた支払いが変貌する可能性がある。現在のプロジェクトは主に国内での適用に焦点を絞っているが、多くの識者が、デジタル・ユーロのプロジェクトが国境を越えた支払いをより効率的かつ費用のかからないものにする可能性があるという見解を表明している。

　コルレス銀行が第三者から預金を預かり、こうした第三者に支払サービスを提供するという、現在の国境を越えた支払モデルにはいくつかの問題がある。第一に、コルレス銀行の数は近年、グローバルに減少しており、その結果、競争がなくなって顧客の払う費用が高くなっている。第二に、コルレス銀行がサービスを提供するには、先行してコルレス銀行口座への入金がなければならない。その結果、ルールを遵守するコストが高くなり、機会費用がかかる。さらに、このプロセスでは、多くの取引が行われている通貨ペアで効率的な支払ソリューションを適用する余地が限定され、国境を越えて支払いを行おうとする個人は高い手数料を支払わなければならない。グローバルな平均で、通貨交換や取引等の手数料は実に送金額の７％に相当する（World Bank, 2018）。最後に、システムそのものが不透明で遅い。国境を越えた支払いを完了するには、しばしば数日かかり、送金が実施されないこともよくある。送金人にとっても、受取人にとっても、コミュニケーションがほとんどない、あるいは、よくみえないプロセスとなっている。

　金融テクノロジー企業が、トークン・ベースの支払ソリューションによっ

てこうした限界を打破し、SWIFT とコルレス銀行に頼る必要のない支払いを可能とすることができないかと模索している。これらは、既存の支払インフラストラクチャーを改善し、各国の国内の支払システムを結びつけて、国境を越えた支払いを可能にしようとするものである。そこでは、DLT の活用も検討されている。さらに、相互運用性を確保することも検討されている。（中央銀行そのものにより、あるいは民間セクターの第三者に頼って）構築された支払基盤が開放的で拡張性が高ければ、ユーザーの効用をより高めることができるかもしれない。（デジタル・ユーロを含む）トークン・ベースの支払いのプロトコルが調整されれば、民間の利害関係者、そして、国境を越えた支払ネットワークは、いつでもリアルタイムで即時決済をできるようになるだろう。

　こうした変化が実務に与える影響は巨大なものになる可能性がある。たとえば、トークン・ベースの支払ソリューションが支払システムの改善と組み合わされれば、個人は故郷の国に安く、効率的に仕送りをできるようになるだろう。その資金は、食料、医療費、家賃など生活に必要不可欠な費用をカバーするために使われる。仕送りは、（しばしば、辺境の地で貧しく暮らす）送り先の家族のライフラインであるとともに、その家族が暮らす、より大きなコミュニティのライフラインでもある。コミュニティも送られた資金によって便益を得ている。トークン・ベースの支払ソリューションの活用に成功すれば、その資金に最も強く依存している個人が、資金を確実に受け取れるようにすることに役立つだろう。

◆　参考文献

Adrian, T. and Mancini-Griffoli, T. (2019). The Rise of Digital Money, International Monetary Fund Fintech Notes, NOTE/19/01.

Anghel, S., Immenkamp, B., Lazarou, E., Saulnier, J. L., and Wilson, A.B. (2020). On the Path to 'Strategic Autonomy': The EU in an Evolving Geopolitical Environment, European Parliamentary Research Service. (https://www.europarl.europa.eu/RegData/etudes/STUD/2020/652096/EPRS_STU(2020)652096_EN.pdf) (accessed: December 6th, 2020).

Auer, R. and Boehme, R. (2020). The Technology of Retail Central Bank Digital Currency, BIS Quarterly Review, March 2020.

Auer, R., Cornelli, G., and Frost, J. (2020). Rise of the Central Bank Digital Currencies: Drivers, Approaches and Technologies, BIS Working Papers, 880.

Bindseil, U. (2020). Tiered CBDC and the Financial System, ECB Working Paper Series, 2351.

Bossu, W., Itatani, M., Margulis, C., Rossi, A., Weenink, H., and Yoshinaga, A. (2020). Legal Aspects of Central Bank Digital Currency: Central Bank and Monetary Law Considerations, International Monetary Fund Working Paper, WP/20/254.

ECB. (2020). Report on a digital Euro. (https://www.ecb.europa.eu/pub/pdf/other/Report_on_a_digital_euro~4d7268b458.en.pdf) (accessed: November 27th, 2020).

European Commission. (2020). Digital Finance Package: Commission sets out new, ambitious approach to encourage responsible innovation to benefit consumers and businesses. Press release, IP/20/1684, September 24th.

Gross, J. and Schiller, J. (2021). A Model for Central Bank Digital Currencies: Implications for Bank Funding and Monetary Policy (Working Paper), SSRN, (https://papers.ssrn.com/sol3/papers.cfm?abstract_id=3721965)

Hosseini, S. A., Campbell, D., Favorito, M., and Ward, J. (2019). Peer-to-Peer Negotiation for Optimising Journeys of Electric Vehicles on a Tour of Europe, Proceedings of the 18th International Conference on Autonomous Agents and MultiAgent Systems, AAMAS 2019, 2360-2362.

Hung, M. (2017). Leading the IoT: Gartner Insights on How to Lead in a Connected World. (https://www.gartner.com/imagesrv/books/iot/iotEbook_digital.pdf) (accessed: November 9th, 2020).

Kiff, J., Alwazir, J., Davidovic, S., Farias, A., Khan, A., Khiaonarong, T., Malaika, M., Monroe, H., Sugimoto, N., Tourpe, H., and Zhou, P. (2020). A Survey of Research on Retail Central Bank Digital Currency, IMF Working Paper, 20/140.

Lueth, K. L. (2018, August 8). State of the IoT 2018: Number of IoT Devices Now at 7B — Market Accelerating. IOT Analytics. Retrieved September 29, 2021, from https://iot-analytics.com/state-of-the-iot-update-q1-q2-2018-number-of-iot-devices-now-7b/

Minarsch, D., Hosseini, S. A., Favorito M., and Ward, J. (2020). Autonomous Economic Agents as a Second Layer Technology for Blockchains: Framework Introduction and Use-Case Demonstration, Proceedings of Crypto Valley Conference on Blockchain Technology, CVCBT 2020, 27-35.

Panetta, F. (2018). 21st Century Cash: Central Banking, Technological Innovation and Digital Currency, in: E. Gnan and D. Masciandaro (eds.), Do We Need Central Bank Digital Currency? SUERF Conference Proceedings, 2018/2, 23-32.

Sandner, P., Gross, J., Schulden, P., and Grale, L. (2020). The Digital Programmable Euro, Libra and CBDC: Implications for European Banks. SSRN. (https://papers.ssrn.com/sol3/papers.cfm?abstract_id=3663142) (accessed: December 6th, 2020).

World Bank. (2018). An Analysis of Trends in Cost of Remittance Services—Remittance Prices Worldwide. (https://remittanceprices.worldbank.org/sites/default/files/rpw_report_sept_2018.pdf) (accessed: November 30th, 2020).

Ye, Y., Qiu, D., Ward, J. and Abram, M. (2020). Model-Free Real-Time Autonomous Energy Management for a Residential Multi-Carrier Energy System: A Deep Reinforcement Learning Approach, Proceedings of the Twenty-Ninth International Joint Conference on Artificial Intelligence, IJCAI 2020, 339–346.

第 6 章

日本の決済手段のデジタル化
―キャッシュレス決済とポイントシステム―

翁　百合

日本ではリテール決済において、現金がかなり活用されている。一方、日本人はポイントに対して強い親和性をもっている。ソフトバンク(Yahoo!) グループなどのプラットフォーマー企業は、加盟店で買い物をする際のポイント報酬率を上げることで、PayPay などのキャッシュレス手段を使用する顧客を迅速に獲得している。これが、近年、キャッシュレスでの消費の比率が高まっている理由の1つでもある。そしてポイントは、プラットフォーマー企業の加盟店や顧客の間で、あたかもそれらが企業通貨であるかのように使用されている。本章では、まず第1節でアンケート調査を用いて、日本の消費支出のキャッシュレス比率を推計した結果を紹介する。また、日本の年収、地域、年齢などによるキャッシュレス支払いの特徴も分析する。次に、第2節では、ポイントの特徴とマネーとの類似性について検討する。最後に第3節では、日本におけるキャッシュレス決済の今後の見通しについて述べる。

◆ 著者略歴

翁　百合（おきな・ゆり）

株式会社日本総合研究所理事長。2011年京都大学博士（経済学）。1984年から1992年まで日本銀行に勤務。慶應義塾大学特別招聘教授、早稲田大学大学院客員教授を歴任。現在、金融審議会委員（金融庁）、産業構造審議会委員（経済産業省）などを務める。著書に『金融危機とプルーデンス政策』（日本経済新聞出版、2010年）など。

第 **1** 節

日本のキャッシュレス決済の実態と展望

1 キャッシュレスを日本政府はなぜ進めているのか

　現在日本政府は、成長戦略としてキャッシュレス化を推進している。その理由は、3点に整理できると考えられる。第一に、消費者、生活の利便性向上と消費の活性化である。交通系のプリペイドカードは利用者の利便性を各段に引き上げているほか、海外からの観光客がさまざまなキャッシュレス決済手段を利用できれば、消費の拡大にも結びつく。第二に、中小企業の生産性向上である。たとえば、中小のレストランや小売店は、人手不足にもかかわらず、1日のレジの締めに人手と時間を多く要しているのが実態である。そして、もう1つ期待されているのが、個人の購入履歴データを活用したサービスの発展である。アマゾンやアリババなど海外のプラットフォーマーは、ECモールの買い物の決済などで集められた個人のビッグデータを分析し、カスタマイズされた利便性の高いサービスを顧客に提供し、高い時価総額を実現している。

2 政府が掲げている目標指標とキャッシュレスの実態分析

　政府は、2017年の未来投資会議で、2025年までに約2割のキャッシュレス比率を4割まで倍増しようという目標を掲げている。しかし、この約2割という数字の分子はクレジットカード、デビットカード、電子マネーのみであり、全体の家計消費支出額を分母として算出している。この2割という数字が唯一国際比較可能であるためこれを利用しているが、この数字でみる限

り、日本は先進国のなかでドイツに次いで下から2番目のキャッシュレス後進国である。しかし、決済比率を算出した経済産業省は、この数字にはそもそも課題が4点あると当初から指摘していた。すなわち、①分母に持ち家の帰属家賃を含んでいる、また、分子に②銀行口座間送金が含まれていない、③スマホアプリを利用したサービスが含まれていない、④コーポレートカードの利用が含まれている、の4点である。

　そこで筆者は、より正確な決済の実態把握のために、2018年8月に3,000人にアンケート調査（NIRA総合研究開発機構（委託先日経リサーチ）プロジェクト）を実施した。回答は性別、年齢、居住地などの構成比が住民基本台帳要覧の構成比と一致する回答数を得るまで回収し、全国消費実態調査の消費の全品目を38分類に網羅して、その消費の実態と実際の決済手段についてたずねた。同時に就業状態や世帯所得等の属性も調査した。調査の結果、上記4つの課題をクリアした、個人の消費支出のキャッシュレス比率は約50％であることがわかった（図表6-1）。同じ数字で国際比較はできないため確定的なことはいえないが、日本では授業料、電気代といった口座引落しサービスなどの銀行間送金サービスは早くから発展しており、必ずしもキャッシュレス後進国の1つとはいえない可能性もある。

図表6-1　決済手段別のキャッシュレス決済比率（％）

キャッシュレス決済比率	51.8
クレジットカード	31.4
口座引落し	10.5
プリペイド式電子マネー	5.0
インターネットバンキング	1.4
キャッシュカード振込み	0.9
デビットカード	0.8
フィンテック決済	0.7

（出所）　翁（2019a）

　このほかにもアンケート調査で興味深い傾向が明らかになった。まず、キャッシュレス比率が世帯年収別にどのように異なるかを調べたところ、生活に余裕のある人ほどキャッシュレス率が高いことがわかった（図表6-2）。また回帰分析を行ったところ、正規雇用で学歴の高い人ほどクレジットカード決済をよく利用していることが明らかになった（翁（2019a）参照）。日本のキャッシュレス化は、クレジットカードを利用しやすい社会経済的に安定した層を中心に進んでいることがわかる。

　次に、地域によってキャッシュレス比率が異なるかを調べたところ、キャッシュレス比率が高いのは首都圏などであり、低いのは、北陸、京阪神を除く近畿、四国であった。それでも北陸は過去3年でキャッシュレス化が進展している（図表6-3）。観光活性化をねらった電子マネー導入や交通系プリペイドカード普及などが奏功している可能性も高く、こうした取組みにより地方間のギャップが埋まることが期待される。

図表6-2　世帯年収階層別のキャッシュレス決済比率

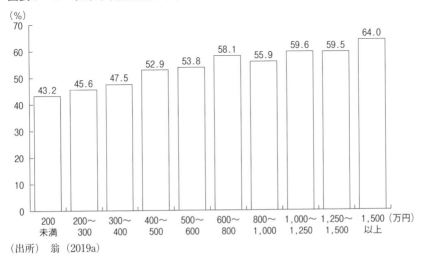

（出所）　翁（2019a）

図表 6 − 3　地方別のキャッシュレス決済利用率

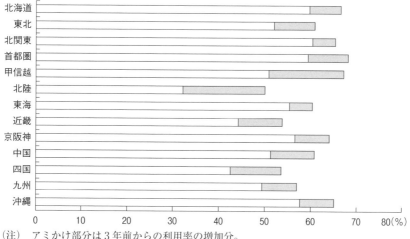

（注）　アミかけ部分は 3 年前からの利用率の増加分。
（出所）　翁（2019a）

4　根強い日本人の現金決済傾向をふまえたキャッシュレス推進策の必要性

　個別の財・サービスのなかで現金決済率が高い項目を示したのが、図表
6 − 4 である。現金決済の比率が高いのは冠婚葬祭、仕送り・小遣い・家族
への贈与といった個人間のお金の受渡しや、郵便、介護や医療といった公的
サービスであることがわかる。

　また興味深いのは、日常の支払手段として現金を望む人の割合が全体の約
36％と、消費者に根強い現金志向があり、低所得層ほどその志向が強いこと
である。さらに、なぜ現金使用を希望するのかを問うと、クレジットカード
決済により、自分の収入と比較すると使いすぎてしまうことやセキュリティ
に対する不安といった理由が上位を占める（図表 6 − 5）。こうした不安を解
消できれば、キャッシュレスの裾野が広がると考えられる。

　このような消費者の決済の実態や、決済に対する意識をみると、所得水
準、地域、雇用形態などでキャッシュレスの普及形態が異なることがよくわ

図表6-4　現金決済比率が高い消費項目

	消費項目	比率（%）
1	お布施、冠婚葬祭関連費用	93.1
2	郵便、運送料	91.7
3	仕送り・小遣い・家族への贈与	85.9
4	理髪料、パーマ・カット	78.8
5	タクシー代	73.4
6	医療、介護	71.5
7	その他サービス料（家事など）	66.1

（出所）　翁（2019a）

図表6-5　現金支払希望理由

理由	割合（%）
現金以外の方法は、お金を使っている感覚がせず、使いすぎてしまうから	57.2
現金以外の方法は、セキュリティが不安だから	34.7
現金以外で支払う必要がないから	27.8
現金以外の方法は、紛失・盗難が不安だから	13.9
現金以外の方法は、残高やパスワードが管理しにくいから	13.2
現金以外の方法は、支払いの手続が面倒だから	8.7
現金以外の方法は、使える場面が少ないから	5.8
現金以外の方法で支払いたいが、やり方がわからないから	2.2
スマートフォン、パソコンなどをもっていないから	0.8

（出所）　翁（2019a）

かる。また、キャッシュレスを広く国民全体に進めるためには、キャッシュレスが進んでも安心で、利便性が高いことが実感できることが必要であることも示唆される。政府は、現在把握しきれていない銀行や新しいフィンテックサービスなどを利用している消費者のキャッシュレスの実態も包括的に把握し、消費者ニーズに応え不安を解消するような民間ビジネスを育て、決済

の実態を定点観測していくことが必要である。

5 決済システムにおける民間企業の競争領域と協調領域をどう考えるか

　日本が、個人間小口送金と公的サービス（郵便、自治体、医療、介護など）のキャッシュレス化が進んでいないというアンケート結果が出たが、その背景にはさまざまな決済サービスが日本では乱立しており、利用者からみると相互運用性に欠けているという問題点もある。

　スウェーデンでは Swish という銀行間モバイル小口送金サービスが2012年に大手銀行間で開発され、提供されるようになった。この Swish がスウェーデンのキャッシュレス化を進めた面も大きいといわれている。スマートフォンで相手の携帯電話番号を入れれば無料・リアルタイムで小口送金ができ、現在では、スウェーデン国民の7割が活用する相互運用性の高いモバイル小口送金ネットワークとなっている。銀行界は Swish を e コマース決済サービスなどにも利用できるよう付加価値を高めている。Swish 普及の鍵となったのは、モバイルバンク ID が2011年に開発され、これと携帯電話番号を連携させて個人が特定できるようになったことが大きい。このように銀行が協力してモバイル小口送金サービスを提供している国は、ほかにもシンガポール、イギリス、オーストラリアなどがある。

　こうした動きは、サービスの付加価値向上に向けた民間事業者間の競争促進が重要である一方、個人認証や決済ネットワークなどのインフラ構築では事業者間の協力が必要であることも示唆している。日本でも、利用者にとって利便性が高く、低コスト、安心安全なモバイル小口送金サービスの普及が早急に望まれる。こうしたネットワークは、将来的にはデジタル通貨のインフラとなる可能性も秘めている。

6 キャッシュレス促進のためのポイント還元策

　日本では、2019年10月の消費税増税のインパクトを軽減するとともに、キャッシュレスを推進するために、政府によるポイント還元策が導入された。これは中小企業などにキャッシュレス決済を推進するために、消費者がキャッシュレス決済をした場合に、ポイントを還元し、消費者がその店で次に買い物をするときに安く購入できるトークンを提供するための原資を国が負担するというものである。ポイント還元は実質的な値引きを提供するものであり、これにより消費の落込みが多少軽減され、キャッシュレスも促進される結果となっている。

　特に日本のプラットフォーマーである楽天やソフトバンクグループなどでは、生活のあらゆる商品やサービスを購入するときの決済に、ポイントを活用できるデジタル経済圏をつくり始めており、ポイント自体が当該経済圏のなかで一般受容性を高め、企業通貨的なかたちで使われるようになってきている。ポイントのなかには、他のポイントと交換でき、現金化可能なものも多い。近年ではこれを投資に充当できる仕組みが広がり、いっそう貨幣に近いものになってきているが、金融庁もこうした動きを奨励している。もちろん、ポイントは期限付きであり、特定の店でなければ交換手段として使えないなどの貨幣としては中途半端な位置づけにあるが、経済活動のなかでポイント経済の存在感が高まっている。このように、日本では、キャッシュレスを推進するための政策としてポイントが活用され、そのポイント自体が疑似貨幣化する動きがみられ、貨幣の多様化が進んでいる点も注目すべきである。

ポイントの普及と特徴

ポイントは企業発行の疑似通貨か？

　それでは、ポイントはどこまで通貨に近くなっているのであろうか。洋菓子店など、小売店舗で紙ベースのスタンプでポイントが貯まれば、その紙を店舗に渡すことによって次の菓子購入時に値引きを受けることができるが、これはその紙自体が決済手段となっているとはいわない。しかし、「プラットフォーマー型企業発行ポイント」は、あたかも企業が私的通貨をつくりだすかのように発行され、加盟店で使われ、一般受容性を持ち始めている。ポイントカードや電子マネー、クレジットカード等に購買履歴とともにポイントがデジタル・データとして貯められ、ポイント発行が将来のキャッシュバック感覚で受け止められ、最終的に決済時に円換算されて実際の値引きが実現する。事実上、ポイントは、さまざまな加盟店の商品やサービスのデジタルな決済手段として機能しつつある。

　最近は、電子マネーの新規参入者が、多くのポイントを競争的に還元していることは指摘したとおりであるが、キャッシュレス化が進むにつれ、こうした手法は多用されることが予想され、デジタル決済手段としてのポイントのプレゼンスも大きくなるようにみえる。ただし、ポイントは、現金（銀行券）である法定通貨とは異なる特徴が多くあり、貨幣類似の機能は果たしているが、法定通貨と競合するものではないようにみえる。そこで、日本に特徴的なポイントの、貨幣としての特徴について検討を深め、今後の留意点などを考えてみたい。

決済手段としてのポイントの規模

ポイント発行額は、幅をもってみる必要があるが、野村総合研究所（2016）によれば約１兆円と推計されており、これを前提とし、その決済手段としての規模を検討してみよう。

家電量販店、航空、ガソリンといった個社が発行する「個社発行ポイント」を除けば、疑似貨幣的に使われている一般受容性の高い「プラットフォーマー型企業発行ポイント」は、ほぼ7,000億円ほどである。前述のNIRAのアンケート調査では、95％の人がポイントを利用し、５割がよく利用すると答えていることから、仮に発行されたポイントの７割程度が利用されると仮定すると、5,000億円程度のポイントが毎年さまざまな店の商品、サービスの決済に使われているとみることができる。ポイント残高は利用期限に依存するので明らかではないが、発行額より非常に大きくはならないと

図表６−６　決済手段別の規模の参考資料

マネーストック平均残高、および電子マネー残高
預金通貨（Ｍ１ベース決済性預金）　　　699兆円 現金通貨　　　　　　　　　　　　　　　102兆円 電子マネー　　　　　　　　　　　　　2,975億円
預金関連決済額ベース（2019年５月分）
全銀システム決済額年間１営業日平均（注１）13兆92億円　（１件当り　187万円） コアシステム決済額１営業日平均（注２）　３兆7,897億円　（１件当り　59万円） モアシステム決済額１営業日平均（注３）　　　　798億円　（１件当り　16万円）
預金以外の決済手段決済額ベース（2018年度）
電子マネー決済金額（年間）　　　　　５兆4,790億円　（１件当り　　936円） デビットカード決済金額（年間）　　　１兆4,131億円　（１件当り　5,368円） クレジットカード決済金額（2018年）　56兆7,115億円

（注１）　うち大口内国為替取引決済が９兆3,795億円。
（注２）　平日の８：30〜15：30に稼働している小口内国為替取引決済。
（注３）　夜間、早朝、土日などコアシステム稼働時間外に稼働している小口内国為替取引決済。
（出所）　日本銀行決済動向、および日本クレジット協会統計

考えられる。仮に5,000億円という規模と想定した場合、他の決済手段と比較した相対関係は図表6-6のとおりである。

　ポイントが一般受容性をもつ決済手段として使われる規模が年間5,000億円程度とすると、預金残高や預金を活用した決済額比では圧倒的に小さいが、電子マネーの残高2,975億円と比較すると相応に大きい規模である。実際に、リテールで使われる決済金額との比較でみると、電子マネーの年間決済額の10分の1程度、デビットカードの3分の1程度と比べても、相対的にはまだそれほど大きくないことがわかる。

3　ポイントの貨幣的な機能は中途半端

　それでは、次にポイントの決済手段および交換手段的な側面に着目して、定性的な検討を深めてみる。ポイントは商品やサービスの購入時、決済手段として用いられ、ポイント同士の交換が行われるケースも多く、特に、「プラットフォーマー型企業発行ポイント」は当該プラットフォーム内で一般受容性をもつようになり、貨幣的側面をもつようなポイントが出てきている。そうした「プラットフォーマー型企業発行ポイント」を念頭に、貨幣的な特徴を、その供給面から記述すると、以下のとおりである。

・発行体は中央銀行ではなく、企業（企業にとっての負債）
・多くの場合、電子的（デジタル）なものである
・多くの場合、トークン・ベースで、預金のような勘定（アカウント）ベースではない
・消費者が、発行企業の加盟店系列であるポイント経済圏内で広く利用できる

　これをBIS（国際決済銀行）アニュアルレポートやCarstens（2018）で言及されている貨幣の分類である「マネーフラワー」に当てはめると、どこに位置づけられるか。「マネーフラワー」は、BISのエコノミストが考え出した貨幣の分類で、さまざまなマネー（貨幣）を供給サイドの4つの分類（供給者（中央銀行か否か）、デジタルか否か、広く活用・受容されるものか否か、

トークンタイプかアカウントタイプか）で整理するものである。この整理によれば、ポイントは、企業が供給し、デジタルのものが多く、広く活用され、トークンタイプと分類される。図表6－7の、プライベートデジタルトークン（一般目的）の分類に位置づけられるものが多いといえるだろう。

　ただし、ポイントには消費者からみると、他の貨幣や預金などと異なる特徴がみられる。

・1単位当りの価値、交換条件がばらばらである（1ポイント＝1円といった交換条件が常に成立していない、自社での利用が有利、または交換先によって交換条件が異なる）。

・プラットフォーム内でしか決済には使えず、限られた企業間でしかポイント交換はできない。また個人間（PtoP）交換も原則できない。ただし、取引所的な機能を行うポイントはさまざまなポイントと交換ができる。

・期限のないものも存在するが、期限付きで、期限到来により失効するもの

図表6－7　マネーフラワー上におけるポイントの位置づけ

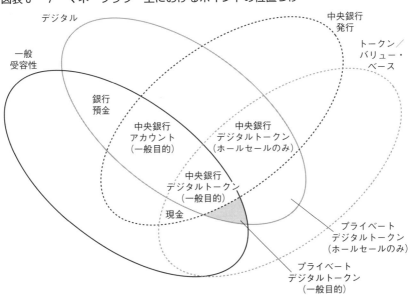

（出所）　Carstens（2018）の資料に加筆

図表6-8　ポイントの法的通貨等との比較

貨幣の3機能	ポイントの特性	預金通貨	現金（銀行券）
価値尺度	交換先によって交換条件が変化するため、変動幅あり	一定	一定
交換（決済）	特定の交換先企業との間でのみ交換可能	銀行口座間で可能	PtoP で可能
価値保存	多くが期限付きで貯められる、期限到来で失効	可能	可能

（出所）　筆者

　も多い。ただし、交換条件は不利になるが現金化できれば決済手段として
の失効を免れることが可能になる。
・商品やサービスを消費するとポイントは使われてしまい、還流せず、期限
　がくると失効するものが多いので、残高はそれほど増えない。仮に1～2
　年間がポイントの期限としても、残高が急速に累積することはなく、ス
　トックが発行額を大幅に上回ることがない。
・（商品購入、キャッシュレス手段使用による）決済によってポイントを「貯め
　る」ことが可能。ただし、利子が付くわけではない。
　これらをまとめると、価値保存、価値尺度、交換（決済）の3機能をもつ
貨幣（法定通貨である現金、およびこれに近い預金通貨）とは異なり、図表6-
8のように、決済手段としてのポイントは貨幣の3条件を満たしておらず、
貨幣のいずれの機能からみても中途半端な存在であることがあらためて確認
できる。

4　「プラットフォーマー型企業発行ポイント」が疑似
　　貨幣化する理由

　ポイントサービスは、企業が顧客を競合相手からその企業グループに囲い
込み（ロックイン）する動機から広がっていることから考えると、ポイント
交換は、スイッチングコストの低下を意味する。したがって、原理的にポイ

ントの経済効果を削ぐものであり、競合相手以外の企業としか交換は行われない。その意味で、ポイントを交換できるネットワークは、非対称的、一方向的になるのは必然であり、特に個社発行ポイントの多くがどの企業の商品・サービスにも使える共通通貨、法定通貨的なものとして広がることは考えにくい。むしろポイント交換先は、競合相手を除いたある程度閉ざされたネットワークとなっている。

　一方、PayPay ボーナス、LINE ポイント、またクレジットカードのポイントなど、「プラットフォーマー型企業発行ポイント」は、ライバル企業も含む加盟店、提携先と連携するかたちでポイント経済圏がつくられるため、ネットワークが広がれば、ポイントの一般受容性が増し、自社エコシステム内での決済手段として使用され、疑似貨幣的になる。また、まだ規模はそれほど大きくないが、自社製品・サービスをもたない交換専業の共通ポイントも一般受容性があり、貨幣的なものに近い。さらに、これらのポイントは現金化が可能、投資に使うことが可能なものなど、ますます預金などに近い貨幣として活用されるようになっている。

　このように現状は、個社発行ポイントはスイッチングコストを高めて顧客囲い込みのツールにしようという力が働く一方、「プラットフォーマー型企業発行ポイント」は一般受容性を高め利便性を高めようとするなかで、経済活動における存在感を高めている状況といえる。将来的にも、ポイント発行は増加し続けると考えられるが、特に今後「プラットフォーマー型企業発行ポイント」は貨幣としての性格をより強めると予想される。

　では、ポイント経済圏のなかで、多頻度でこれらが使われるようになった場合、どのようなことに留意すべきであろうか。もしポイントを発行するプラットフォーマー型企業が破綻すると、利用者保護の観点から問題になりうるし、大規模になれば金融システムの安定に影響を与える可能性もないわけではない。そうした破綻などの場合に備えて、これらのポイントが経済圏のなかで広く使われるようになれば、他の電子マネーなどと同様、なんらかの保全措置を検討する必要が出てくる可能性もある。いずれにせよ、ポイントの決済手段としての広がりについて今後の動向を注視していく必要がある。

　一方で、ポイントサービスについての消費者の考え方や利用方法を前述の NIRA（2018）のアンケート調査でみると、図表6 - 9のとおり、消費者にとってポイントは、目当ての商品やサービスの値引き購入実現のために貯め、交換することが好まれており、「おカネ」とは性格の異なる、消費者の「楽しみ」の側面ももっている貨幣ともいえる。これが、鳩貝（2019）のいう、「おカネ」そのものとは異なるデジタルトークンの魅力に近いものといえるだろう。NIRA の調査を属性別にみると、ポイントサービスが好きという人たちは、60代以上をのぞいてすべての世代で50％を超えている。またポイントサービスが好きという項目に関して男女差はないが、その意識についてみると、節約意識、有効利用、ポイントが貯まることが楽しい、ポイント交換が楽しい、いう点では女性が10％ほど高く、女性のポイントに対する関心の高さをうかがわせる結果となっている。なお、ポイントが貯まることが楽しいと考えているのは全世代平均で37.4％、特に所得がまだ低い20代が

図表6 - 9　ポイントについての意識（男女別）

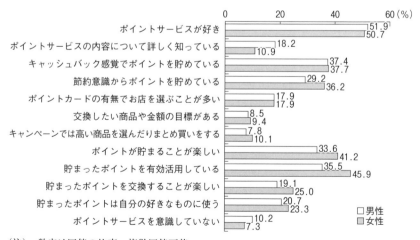

（注）　数字は回答の比率、複数回答可能。
（出所）　NIRA 総合研究開発機構（2018）

41.3%であるなど、若い世代を中心に、ポイントが貯まること自体に楽しみを見出している。また、使い道についてのアンケートをみると、支払い時の値引きに使用が82.7%と圧倒的だが、現金、金券類との交換が53.2%、景品などとの交換が27.7%とそれなりの規模となっており、さらに寄付などの社会貢献に6.5%の人たちが使用している。

このようにみると、消費者の受止めは、ポイントは貨幣というよりも、貨幣には似ているが、「ものを買うことによって貯められる」という逆転思考の楽しさや、お金ではなかなか思いつかない社会貢献も少額でできる、「おカネ」とは異なる魅力をもつトークンとなっている、ということもできる。

6 規制監督上の問題はあるのか

ポイントは疑似通貨的側面をもつが、それらは当該ポイントを発行する民間企業の収益を基盤として発行されており、それらに対する信頼は、通貨を発行する機関、中央銀行、政府、商業銀行の信用力と比較して考慮される必要がある。財務の健全性、安全性、プライバシーの保護を確保し、信頼されるためには、市場に任せておくだけでは不十分である可能性がある。

たとえば、もしポイントを発行するプラットフォーム企業が倒産すると、前述のとおり消費者保護の面で問題が発生しうる。当該ポイントの発行規模がきわめて大きくなっていけば、金融システムの安定性に影響を与える可能性もある。したがって、ポイントが経済のなかで広く使われるようになると、電子マネーと同様に倒産の可能性に備えるために、将来はなんらかのかたちの保全措置を検討する必要が出てくる可能性がある。いずれにせよ、支払手段としてのポイントの今後の動向をよく監視する必要がある。

このように、ポイントの増加には今後ある程度の監視が必要であるが、ポイントは利便性と「楽しさ」の点では、法定通貨の魅力を上回っているともいえる。「おカネ」にはない魅力をもつという意味で、ポイントは既存の貨幣の価値体系に依存しない、貨幣の多様性の展望を拓くものともいえるだろう。

キャッシュレス決済とデジタルポイントシステムの未来

　日本のキャッシュレス比率は、2018年段階ではアンケート調査を活用して分析したところ、個人消費の50％程度と推定された。その後、政府は2019年10月から9カ月間、ポイントを利用して、消費税引上げ時にキャッシュレス支払いを促進するとともに、消費を活性化させようとした。また、企業自身がポイントを積極的に顧客開拓に活用していることもあって、日本のキャッシュレス比率は徐々に上昇していると考えられる。現在、金融庁はポイントを規制する意図はないが、プラットフォーム企業が発行するポイントの市場規模については監視する必要があると考えられる。

　日本では、2020年以降の新型コロナウイルスの感染拡大もキャッシュレスへの志向を強めていると考えられる。2020年8月、三菱UFJ銀行、三井住友銀行、みずほ銀行、りそな銀行、埼玉りそな銀行グループにより、2022年末までに銀行間で便利、低コスト、相互運用可能な小口のデジタル送金手段が導入されることが発表されたことも日本のキャッシュレス化をさらに進める可能性がある。

　今後も、日本ではキャッシュレス比率が徐々に高まることが見込まれる。できるだけ多くの人々がキャッシュレス決済のメリットを享受できるようにするためには、デジタルデバイドの問題に対処する必要がある。また、相互運用性を確保しつつ、ユーザーにとって安心・安全で便利な民間キャッシュレス手段の普及が期待される。監督当局は、送金・決済のセキュリティと消費者保護に注意を払い、キャッシュレス関連ビジネスの発展と健全性を監視していく必要がある。

◆　参考文献

Carstens, A.（2018），*"Money in the digital age: what role for central banks?"* Bank for International Settlements, February, 6.（https://www.bis.org/speeches/sp180206.htm）

金融庁（2019）「利用者を中心とした新時代の金融サービス」金融行政方針2019年8月（https://www.fsa.go.jp/news/r1/190828_overview_the_policy_agenda.pdf）

鳩貝淳一郎（2019）「「不完全なおカネ」としてのデジタルトークン」CARF Working Paper CARF-J-110（CARF ワーキングペーパーCARF-J-110）。東京大学（https://www.carf.e.u-tokyo.ac.jp/admin/wp-content/uploads/2019/06/J110.pdf）

経済産業省（2018）「キャッシュレス・ビジョン」2018年4月（https://www.meti.go.jp/press/2018/04/20180411001/20180411001-1.pdf）

NIRA 総合研究開発機構（2018）キャッシュレス決済調査結果　2018年9月（https://www.nira.or.jp/pdf/cashless.pdf）

野村総合研究所（2016）「ポイント・マイルの年間発行額は2022年度に約1兆1000億円に到達」（https://www.nri.com/-/media/Corporate/jp/Files/PDF/news/newsrelease/cc/2016/161005_1.pdf?la=ja-JP&hash=CDC8109CBC3736837153374ABBEC8913E72816B4）

翁百合（2019a）「キャッシュレス社会にむけて何をすべきか」オピニオンペーパーNo.42 / 2019　NIRA 総合研究開発機構（https://www.nira.or.jp/pdf/opinion42.pdf）

翁百合（2019b）「ポイント経済化について」リサーチレポート、No.2019-010。日本総合研究所（https://www.jri.co.jp/MediaLibrary/file/report/researchreport/pdf/11322.pdf）

首相官邸（2017）未来投資戦略2017（https://www.kantei.go.jp/jp/singi/keizaisaisei/miraitoshikaigi/dai10/siryou3-2.pdf）

第7章

リテール銀行業の変貌と
デジタル・バンキングの未来

アンナ・オマリーニ

訳／ドイツ日本研究所、協力／花岡　博

　本章では、欧州大陸における銀行業の観察を通じて、FinTech、TechFin勃興に至るまでの銀行業の発展過程を分析する。第 1 節は、現状の簡単な素描である。第 2 節では、伝統的な銀行モデルとその展開を描き、リテール銀行業において生じた新たな関心を説明する。第 3 節では、銀行業のデジタル・トランスフォーメーションと、そのプロセスで規制が果たした役割をカバーし、第 4 節では、このデジタル・トランスフォーメーションの発展段階を描く。第 5 節では、銀行と FinTech の現在の立ち位置を説明し、新たな協働の形態に向けたチャンスの例を示す。最後に第 6節では、簡単な結論を示すとともに、当該産業が直面する次の課題を説明する。

◆ 著者略歴

アンナ・オマリーニ（Anna Omarini）

ボッコーニ大学（ミラノ）ファイナンス学部、金融市場・制度学科のテニュア付き研究員として研究・教育に従事。「銀行とフィンテック」および「デジタル・トランスフォーメーションのためのフィンテック」コースのディレクターを務める。SDA ボッコーニ経営大学院、銀行・保険に関する専門家グループの SDA 上級教授も務めている。1999年、ニューヨーク大学スターン・ビジネススクールのインターナショナル・ティーチャーズ・プログラムを修了。関連分野（銀行業務とデジタル・トランスフォーメーションのためのフィンテック、銀行の戦略とマネジメント、リテールバンキング、銀行のマーケティング、プライベートバンキング / ウェルスマネジメント、電子決済）に関する書籍や記事を執筆し、国際的な学術誌の編集委員や査読者を務めている。また、銀行の独立取締役、ABILab（Italian Banking Association Lab on Innovation in Banking）の取締役も務めている。

はじめに

　欧州の銀行産業は、新しいテクノロジー、新しいプレーヤー、そして、2018年に発効した欧州委員会の決済サービス指令（Payment Services Directive: PSD2）のような好意的な規制枠組みのために変化の波に洗われている。FinTech[1]は新しいサービス導入を可能とし、顧客との金融ニーズ充足に向けたかかわり方に変化をもたらした。TechFins[2]がこれに続いた。

　FinTech をめぐる状況は変化を続けている。金融サービス産業においては、さまざまな事業上の価値ある提案が行われている。ユーザー・エクスペリエンスの向上、銀行が商品・業務プロセス・コンタクトチャネルを革新する時間を短縮するためのタイム・トゥ・マーケット・フレームワークの構築、コスト効率の改善、規制の負担を軽減するために業務ごとにパートナー企業と組むことなどである。銀行はさまざまな事業分野においてバリュー・

1　金融テクノロジー（FinTech）は、急速に変化する金融サービス環境における、広範囲のイノベーションとプレーヤーを指す。それは、金融セクターにおける、デジタルな、テクノロジーが可能とするビジネスモデルのイノベーションを包含する。既存の産業構造を破壊し、産業の境界をあいまいにし、戦略的な金融商品間のシフトを促進し、既存の企業が商品・サービスを生み出し、送り届ける方法に革新をもたらし、起業家に新しい登竜門を提供し、金融サービスへのアクセスを民主化する一方で、プライバシー保護や規制・法執行上の重要な課題をもたらすようなイノベーションである（Omarini, 2019）。Chishti and Barberis（2016）と McKinsey（2020）も参照。

2　Zetzsche et al.（2018）によれば、TechFins は、テクノロジー、データ、そして、顧客へのアクセスから始める。その後、データと顧客へのアクセスを活用して金融の世界に参入し、既存の金融機関や FinTech スタートアップを出し抜こうとする。TechFins は、金融サービスの供給者にデータを売る。あるいは、顧客とのリレーションシップを活用して、自らの顧客が別の主体が提供する金融サービスにアクセスできるよう、導管としての役割を果たす。これにより、TechFins は後に、自ら金融サービスを提供するという別の戦略を構築することが可能になる。

チェーンの構造を変えつつあり、それに伴ってビジネスモデルを調整している。バリュー・チェーンを所与とした戦略はもはやありえない。銀行業はパイプライン、つまり、垂直型パラダイムから、オープン・バンキングに移行しつつある。そこでは、オープン・イノベーション、モジュラリティ、そして、エコシステム・ベースのビジネスモデルが、追求・活用すべき新しいパラダイムとなる。こうしたデジタル・テクノロジーの影響を受けて変化し続ける環境のもとで、銀行が直面する脅威とチャンスは多面的である。技術[3]はかつてないほど戦略的な決定事項となっている。それは銀行業の未来を決め、銀行のような金融仲介機関が市場において果たす役割がどれほど変化するかを決める。

---

3 European Central Bank（1999）も参照。

リテール銀行業の過去と現在

　どの国においても、銀行は長きにわたって顧客の金融ニーズに応えるにあたって重要な役割を果たしてきた（Office of Fair Trading, 2010）。しかし、そのビジネスモデルは国を通じて、あるいは時代を通じて、同じものではなかった。たとえば、1920年代終わりから1930年代初めにかけての全国的な銀行危機を受けて、米国と日本の政府は銀行の業務範囲に大きな制約をかけた。そのなかで最も重要なものは、投資銀行業務と商業銀行業務またはリテール銀行業との分離である。中央欧州で、そのような制約は適用されなかった。ユニバーサル銀行モデルにより、銀行は個人および法人の顧客に対して、預金、貸出、資産運用、支払サービスといった全体的な金融サービスを提供することが許された。もっとも、一般的に保険は例外とされた。

　とはいえ、1970年代初めまで、中央欧州の銀行業務はさまざまな要素によって制限されていた。金融安定化のために自由競争と金利を制限する国内の規制、国際的な資本移動の制限と一体となった固定為替相場制度、資本市場の未整備による債券・株式の発行・売買への制約などである。しかし、第２次世界大戦後の経済成長が力強かったために、企業の銀行貸出への強い依存、家計における高貯蓄率、そして、競争の制限も相まって、既存のプレーヤーは良好な事業環境のなかで繁栄を謳歌することができた。ビジネスモデルの観点から、この時代はよく「生産」（production）の時代と特徴づけられる（AT Kearney, 2021; Chumakova et al., 2012; KPMG, 2014; Omarini, 2015）。銀行は「生産」（producing）に注力した。金融仲介機関としての役割の観点からいえば、それは基本的に、顧客の当座預金口座の管理を通じて標準的な支払サービスを提供しながら、貯蓄を貸出に変換することを意味した。預金、

貸出、そして、支払サービスへの需要が強かったので、銀行は「セールス」（sales）のことを心配する必要がなかった。その結果、銀行の関心はもっぱら内向きであり、ビジネスの市場サイドに意を払うことがほとんどなかった。

1970年代初め以降、固定為替相場レジームが崩壊し、マクロ経済成長率が低下し、資本市場と金利の自由化が始まると、競争が激しくなり始めた。それへの対応として、銀行経営の関心は、サービスの提供方法の改善を通じた「品質」（product quality）にシフトした。銀行においては、顧客のニーズをとらえる必要性がますます意識されるようになった。同時に意識されたのは、広告の必要性とマーケティングの可能性だった。販売のコンセプトとセールス・カルチャーの確立がより強く強調されるようになり、商品のプロモーションに対してより高い戦略的なプライオリティが与えられるようになった。

1980年代以降、金融・非金融セクターとの競争の脅威が増大し続けたため、市場志向はますます重要になった。しかし、すべてのシステムが共通の傾向をもち、より強い市場志向への戦略的なシフトが進んだものの、リテール銀行業の発展の道とスピードは同様ではなかった。いくつかの国、とりわけイギリスのような規制緩和が進んだ国では、リテール銀行はすでに最終ステージに入りつつあった。マーケティングが組織全体を動かす、「市場主導」（market-led）の時代である。こうした世界では、銀行は積極的に顧客のニーズを予想し、それに応えようとする。そして、顧客サービスとその質がもっぱら戦略的な関心事となる。

伝統的なリテール銀行が支配する供給志向の金融システムから、新しい競争相手が容易に参入して超過利益を消滅させてしまう、競争度の高さを特徴とした市場志向のシステムへのシフトは、テクノロジーの進化、規制改革、そして、顧客行動の変化によってもたらされた。そして、2007、2008年の世界金融危機、欧州では2010年のユーロ危機によってさらに加速した。次節以降で例示するように、この潮流は、ビジネス環境、銀行持株会社の内部的な組織構造、そして、銀行サービスのデザインとデリバリーに影響を与えた。

大規模なリストラクチャリングのために、貯蓄・貸出・支払いに関する金融サービスの固定的な束というリテール銀行の伝統的な定義にさえ疑問が投げかけられている。

　上記のトレンドとともに既存プレーヤーの弱みにつけこみ、とりわけ支払いと消費者ローンの分野では、別の産業から競争相手が参入しているために、リテール銀行業における競争は多面的な様相を呈している。この新しい環境下では、株主と顧客の双方の利益を満たすことが決定的に重要である（DiVanna, 2004; Edward et al., 1999）。それは、コストカットを通じた生産性向上策と、サービス品質と顧客利便性の改善を通じた顧客ロイヤルティ向上策を組み合わせることを意味する。しかし、本当にむずかしいのは、こうしたアプローチを効率的に実現することである。伝統的なリテール銀行業にとって、真の市場志向の戦略の実行はむずかしかったし、それはいまでも変わらない（Omarini, 2015）。

　国によって構造や見通しが異なる、欧州のリテール銀行業についての、2007年の欧州委員会の見方を下記に要約する（ボックス1参照）。

ボックス1

危機前における、リテール銀行業に関する欧州連合の見解

　リテール銀行業は欧州経済にとって重要な産業である。EU 文書（European Commission, 2007）によれば、それは西欧州の銀行の活動の50％を占める。2004年で、EU のリテール銀行業はグロスで2,500億〜2,750億ユーロの所得を生み出し、それは EU の GDP の約2％に相当する。EU の銀行セクター全体で、300万人を超える被雇用者を生み出している。

　EU 域内で市場構造はかなり異なり、市場占有度や主要プレーヤーの顔ぶれについても同じことがいえる。いくつかのリテール銀行はある分野に特化した起源をもつ。たとえば、住宅ローン、オンライン銀行といったもので、そのために、それらの提供するリテール銀行業の商品・サービスは限定的である。しかし、すでに述べたように、欧州の特に大

規模な銀行の間では、生命保険、資産運用といった一定範囲の金融サービス市場において、金融コングロマリットとして業務を遂行しようとする傾向が強い。市場占有率にも目を向ける必要がある。ほとんどの加盟国で市場占有率は高くないといえるが、ベルギー、オランダ、フィンランド、スウェーデンなどのいくつかの国では市場占有率が非常に高い。ベネルクスと北欧諸国のリテール銀行業は、国境をまたいだ活動がかなり盛んであり、その結果、高度に市場統合が進んでいるという特徴がある。ドイツやスペインといった国では、地域に強く特化した貯蓄銀行または協同組織銀行が支配的である。もっぱら新規加盟国では、外国銀行の現地法人が市場で大きなプレゼンスをもっている。

2005年6月、欧州委員会はリテール銀行業に関する調査を実施した。EU文書（European Commission, 2006）で概要が示されているように、欧州のリテール銀行業は次のような特徴をもつ。

・国際的、国内的な規制が強い。

・銀行同士の協働の度合いが強い（例：支払インフラストラクチャー）。

・市場はかなり分裂しており、市場構造もかなり異なる。

・規制あるいは顧客行動のために新規参入には障壁がある。

・情報の非対称性、顧客の固着性と弱いバーゲニングパワーといった特徴から、需要サイド（個人、小企業）は分裂している。

欧州委員会はほぼ同時期、証拠に基づいて慎重に、EU経済に利益をもたらす2つの政策分野を特定した。

・投資ファンド

・リテール金融サービス

委員会は、分裂したリテール金融サービス市場を開放するために、さらなる行動が必要だと考えた。委員会は目標を掲げて意見を聴取するアプローチをとり、政策決定の各段階ですべての市場参加者を巻き込んだ。2005年12月、金融サービスについての未来の戦略が、2005年から2010年の金融サービス政策白書のなかで示された。本文書は、ベター・レギュレーションの原則をすべての政策決定に拡大することと、特にリテール

銀行セクターにおいて供給者間の競争を強化することを、優先課題として掲げた。ほかの注目すべき指摘として、リテール銀行業の顧客保護ルールが加盟国間でかなり異なっているために、新しい市場に参入するコストが上昇し、市場の分裂が維持されているという懸念をあげることができる。

（出所）　European Commission（2007）より

　デジタル・トランスフォーメーションがどのようにリテール銀行業を変えたかを詳細に議論する前に、銀行業の基本的な3つの側面について述べておく必要があるだろう。第一に、リテールの事業活動は3つの主要な軸に沿って組織されている。すなわち、提供される商品・サービス、顧客とのリレーション、そして、商品やサービスを顧客に届けるためのチャネルである。第二に、銀行がそのサービスを通じて提供する価値の重要な部分は無形のものである。第三に、コアな無形資産は信用である。サービス供給者のなかで、銀行はその専門的な能力から高レベルの信用を獲得している。銀行その他の金融サービス供給者が業務を遂行するための基礎は信用にあるといっても過言ではない。前述のトレンドや次に述べるデジタル・トランスフォーメーションが、信用を基礎とするという銀行業の性質を変えることはないだろう。

銀行業のデジタル・トランスフォーメーション

今日、銀行業の様相を変貌させている要因は次の4つである。

・テクノロジー

・規制

・新しい競争相手

・消費者の行動と態度

第一に、テクノロジーは銀行業において、これまで常にビジネスのファンダメンタルズにインパクトを与える力をもっていた。たとえば、情報とリスクの分析、ディストリビューション、業務遂行とその監視などに影響を与えてきた（Llewellyn,1999,2003）。しかし、過去のテクノロジーと現在のデジタル・テクノロジーを区別することが有益である。後者はサービスの効率性と実効性を改善する力をもつのみならず、銀行の商品とそのデリバリーの方法を変化させる力をもち、その影響力はますます強くなっている（European Central Bank, 1999）。デジタライゼーションは、収益性のさらなる改善につながるイノベーションにも寄与している。今日、テクノロジーに適応し、その可能性を引き出す企業の能力は、全般的に、当該企業がそうした利点を生かして、どれだけ商品・サービス、業務プロセスを改善し、新しいビジネスモデルを構築して、競争力を保全・増加させられるかにかかっている。産業全体への影響という観点からみれば、テクノロジーが規模の経済性を拡大することで変動費と固定費の比率を変化させるだけではなく、参入障壁を下げる役割を果たすこともわかる。このことは銀行市場の競争度を高め、銀行業のプレーヤーとして、より機敏（アジャイル）な企業を招き入れることになるかもしれない。

以上のことは、デジタル・テクノロジーの高度な可鍛性から可能になる。デジタル・テクノロジーは新たな潜在的な機能が活躍しうる領域を広げ（Yoo et al., 2010）、あらゆる産業にさまざまな度合いの破壊的なインパクトをもたらす。それは、デジタル・テクノロジーがイノベーション・システムのコンセプトを社会的なレベルに拡張するからである（Alijani and Wintjes, 2017; Wintjes, 2016）。金融イノベーションの社会的なレベルへの境界なき拡張という文脈においてこそ、大きな変化が生じているのであり、また、FinTech 現象が銀行産業における事業価値の向上に向けた提案と関連するビジネスモデルを展開・変容させ始めているのである。

　これは文献のなかで、オープン・イノベーションという用語で語られている現象でもある。オープン・イノベーションとは、外部のパートナーがイノベーティブなソリューションの開発に参画し、専門性・規模と範囲の利益・コストとリスクの共有といったメリットを活用することだと広く理解されている（Chesbrough, 2003; Chesbrough, 2006; Enkel et al., 2009; Chesbrough, 2011; Chesbrough et al., 2014）。言い換えると、銀行はオープン・イノベーションを通じ、外部と内部のリソースを結合して、新たな商品をつくりだすとともに（Chesbrough, 2011）、タイムリーかつ柔軟に市場の要求に対応し、サービスを個々の顧客の嗜好に適合させる能力を増すことができる（Schueffel and Vadana, 2015）。

　第二の要因は規制である。デジタル・テクノロジーは立法者によって大いに注目されてきた。立法者と規制当局はイノベーションの力と震度を認識するに及び、かつては規制されていなかったサービスに法的確実性を付与することにより、金融サービス業界に新しいテクノロジーを進んで利用するように促し始めた。金融危機後、法令遵守と金融の安定が規制上の関心事項であったが、第二の EU 決済サービス指令（Payment Services Directive : PSD2）は、オープン・バンキング・フレームワークを導入し、次にはオープン・ファイナンスに移行する可能性を展望することにより、テクノロジカルなイノベーションを促進し、銀行産業に構造変革をもたらすことに関心をシフトさせた（ボックス 2 参照）。

欧州の PSD2
──オープン・ファイナンス・フレームワークに向けた後押し

　この規制は2015年に採択され、2018年1月13日に施行された。EUにおける支払いの状況と銀行産業の変革を目指すものである。

　PSD2は、銀行産業と金融サービスが考案・生産・提供される方法、つまり、バリュー・チェーンの変革・形成に貢献する決定的に重要な要素である。この新しい指令には、異なる階層にわたるいくつかの目標が掲げられている。目標には、EUにおける支払サービスを共通基準のもとに置くことによって、それらを調和させ、透明性を向上させること、イノベーティブなサービスを導入する新しいプレーヤーが市場に参入するインセンティブを付与すること、セキュリティ基準を向上させること、そして、競争と選択の度合いを高めて顧客に便益をもたらすことが含まれる（EY, 2017）。

　消費者保護とセキュリティ基準の遵守に加えて、顧客の承認を条件として、当該顧客が銀行に保有する支払口座へのアクセスをサード・パーティーに対して認めることの義務づけが、規制の中心的な部分を占めている。これにより、欧州委員会が意図したように、顧客が中心的な地位を占めるようになるだろう。銀行は当座預金口座の情報を公開し、他のサード・パーティーのプレーヤーすべてと通信することを義務づけられるわけだから、顧客はさまざまな供給者が提供する広範なサービスのなかから自由に選択できるようになる。PSD2は、銀行に対し、顧客が認可を受けたサード・パーティーに自らの取引履歴へのアクセス権を与えることができるようにすることを求めている。PSD2のもとで、銀行は実質的に、認可を受けたサード・パーティーに対して「口座へのアクセス」を与え、顧客および支払口座情報を伝達できるようにすることを義務づけられている。これにより、新しいプレーヤーの活躍の場は支払い

の分野にとどまらず、口座情報を入手することが可能になる以上、ほかの分野にも広がることになる。

PSD2は、法に準拠したサービス供給者のうち、新しいサービスを次のように分類している。

⑴　支払指図サービス供給者（Payment Initiation Service Providers: PISPs）：取引を指図し、ユーザーとその銀行の間を仲介する。小売店のウェブサイトとオンライン・バンキング・プラットフォームの間を橋渡しするソフトウェアを提供するかもしれない。このサード・パーティーは顧客から権限を与えられている。たとえば、アプリケーション・プログラミング・インターフェース（API）のような専用のインターフェースを使って、顧客の銀行口座から第三者への直接的な支払いを指図する業者がこれに当たる。この場合、クレジットカード取引を迂回し、銀行へのダイレクトチャネルを活用することになる。

⑵　口座情報サービス供給者（Account Information Service Providers: AISPs）：情報公開の指示のもと、ユーザーのすべての口座にアクセスしてその情報を統合する。これにより、消費者は単一のプラットフォームで、さまざまな銀行口座をレビューすることができるようになる。

⑶　カード発行サービス供給者（Card Issuer Service Providers: CISPs）：支払要求に対する当座取引の新たな様式と、専用のカードを発行する能力を提供する。

競争政策コミッショナーのマルグレーテ・ベステアーによれば、PSD2は新しいプレーヤーの参入を促進し、新しいプレーヤーが安全かつ効率的な支払サービスを提供するようにするための規制枠組みである。これにより、オンラインでの購買がより容易になり、例として、異なる銀行口座における支払いの状況を追跡するとともに、銀行口座を管理する新しいサービスが市場に登場することが可能になる（European Commission, 2015a, 2015b）。

文献では、Cortet et al.（2016）が、PSD2は規制の領域から一歩を踏

み出していると主張している。指令はたしかに、銀行業ですでに始まっているデジタイゼーションのプロセスをさらに加速させる。とりわけ、この規制が銀行にとって「固定的」と考えられてきた収益源に厳しい影響を与える可能性があることに注目すべきである。

　もちろんPSD2は、テクノロジーの変化と顧客行動の変化に対する規制の側からの対応である。指令は、高レベルの公開性という処方箋を通じて、さらなるトランスフォーメーションをもたらすことを目指している。銀行に保有する口座（の公開）を基礎とし、消費者はサード・パーティーが提供するサービスを自由に選べるようになるわけだから、規制の目的が達成されることで銀行セクターの側におけるバリュー・チェーンの分裂はさらに加速するだろう。実質的に銀行は、消費者が関連サービスにアクセスするための唯一のチャネルではなくなるだろう。その結果、銀行が（かつては）優遇された場で販売することができた関連サービスと、かなり固定的な口座サービスとの関係が断ち切られるだろう。そうなるために必要なマインドセットの変化は、顧客のお金を支配するという考え方から、顧客のお金を管理するという考え方にシフトしたことに皆が気づくということである。

（出所）　筆者作成

　オープン・バンキングへの動きはすでにグローバルに広がりつつあるが、その現実的なインパクトは、銀行業だけではなく、オープン・ファイナンスやデータ・エコノミーのような分野における規制環境によるところが大きい。オーストラリアやシンガポールなど、さらに先の段階に進んでいる国もあるが、他の国は状況の観察を続けている。

　欧州委員会は、上記の動きの実行・強化に役立つ別の重要な規制を成立させた。GDPR（General Data Protection Regulation）である。この規制は2018年5月25日から施行されている。EUにおいて、GDPRとPSD2は、オープン・バンキングの基礎確立に向けた規制アプローチの車の両輪である。

　最後に、顧客認証と安全なコミュニケーションの強化を目指して、2019年

9月に公布されたRTS（Regulatory Technical Standards）に目を向ける必要がある。この基準は、PSD2の目的、すなわち、EU全域における顧客保護の強化・イノベーションの促進・支払サービスのセキュリティ改善という目的を達成する鍵となる。イギリスでも同様の状況が、競争・市場庁（Competition and Markets Authority: CMA）のオープン・バンキング政策によってもたらされた。この政策は、個人と小企業の顧客が単一のデジタルなアプリケーションを通じ、複数の供給業者を使って口座を管理できるようにするために、国内の大手9行に対し、標準化された安全なAPIを経由した銀行取引データへのアクセス付与を義務づけるものである。

　第三の要因は、競争相手に関係する。銀行が門戸を開く可能性のある広範囲なAPIとサービスは、規制が要求する最低限を超えている。オープン・バンキングはプレミアムAPIを可能とする。それが完全に進化すれば、多くの新しいセクターでデータ・シェアリングが実効的に行われることになるだろう。境界のない世界は、経営者と政策立案者にとって、チャンスであると同時に、課題にもなりつつある。テクノロジー系のスタートアップ企業が金融サービス業界に参入し、消費者や企業に対して直接、商品・サービスを提供する道を見出したのは、こうした状況下だった。

　FinTechはテクノロジーと規制を活用して、市場への参入を開始した。FinTechは、支払い、貸出、金融アドバイスという3つのリテール銀行サービスに的を絞り始めた。この3つの分野で、顧客の期待と顧客が実際に得るものとの間のギャップを埋めようと努力した。そのなかで、FinTechは次のような主要な特徴をもつビジネスモデルを展開することにより、顧客とのリレーションシップを確立・活用してきた。簡便性、透明性、顧客獲得の容易性、ディストリビューションの容易性、そして、商業的な魅力である。商業的な魅力とは、カスタマー・エンゲージメントを促進する、価値創造とリレーションシップの特徴である。伝統的な銀行と異なり、FinTechは、若く、熱心で、将来を見通す力をもち、有能であるといった特徴を共通してもっている。また、過去のテクノロジーにとらわれず、傾向として高度に専門的である。FinTechはかつてベンチャー・キャピタルからの資金供給が

増えることによって支えられてきたが、最近では投資家が投下資本の回収・利益の実現を求めているために、ベンチャー・キャピタルからの資金供給は減少している。

最後に第四の要素は、こうした変化に反応すると同時に変化を促している消費者の行動と態度である。オープン・ファイナンスは、消費者による金融データへのアクセスを、当座預金口座だけでなく、たとえば、住宅ローン、クレジット、学生ローン、自動車金融、保険、投資、年金、消費者ローンといった領域にまで拡大する。これによって究極的に、貯蓄関連サービス、同一性確認サービス、より正確な信用評価、その人に則したアドバイス、金融サポートサービスのかたちで、追加的な価値を提供することが可能になる。しかし、オープン・ファイナンスが成功するか否かは、顧客において準備と教育がなされているか、顧客がサード・パーティーに取引情報などの金融データを進んで与えるかにかかっている。

消費者が人間であることを忘れないほうがいい。それは、消費者が銀行に期待し、望むものは、金融用語では部分的にしか定義できないことを意味する。実際、消費者は生活が容易になることを望んでおり、彼・彼女らが目標に到達するまでの道がシンプルになるために同じことが求められる（Omarini, 2019）。現在、消費者の要求として示されている、最も普遍的な行動・態度に関連する一連の特徴は次のとおりである。

・利便性。時間は希少なので、スピードとタイムリーさが求められる（Oliver Wyman, 2018）。この結果、銀行業はますますリアルタイム、24時間・365日で遂行されるようになっている（Accenture, 2019）
・商品のシンプルさと使いやすさ（PwC, 2014）
・所得の伸びが低い結果、コストを節約できること（Oliver Wyman, 2018）
・パーソナライズされた提案
・経験と機能に関係する要素[4]

COVID-19は、伝統的な支店からデジタル・チャネルへシフトする顧客のインセンティブをさらに高めた。BCG（Boston Consulting Group）の直近のリテール銀行業調査（Brackert et al., 2021）によれば、16市場における平均

13％の回答者が感染症拡大の間、オンライン・バンキングを初めて使った（12％がモバイル）。いくつかの市場では、この割合が相当程度、より高かった。感染症危機の間、キャッシュレス支払いも大きく伸びた。20％以上の回答者が、インターネットバンキング、サード・パーティーのアプリケーションといったデジタルな支払ソリューションの使用頻度を高めたと回答した。そして、10％以上がクレジットカードやデビットカードの使用頻度を高めたと回答した。このデジタル・チャネルへのシフトは、永続的なもののようにみえる。デジタル技術に精通した顧客は、よりデジタル面で進化した既存の競争相手か、動きが速く、イノベーティブな挑戦者にシフトしていくだろう。これは伝統的な銀行にとって現実的なリスクである。

　以上の要素が銀行産業を根底から変えつつあり、競争は熾烈になり、利鞘は縮小している（KPMG, 2016）。銀行経営者はもはや、コスト、商品と業務プロセスの品質、スピードと効率性に関心をもつだけでは足りない。イノベーションと創造性の源を見つけることにも心を砕かなければならない。競争はますます複雑な形態をとり、誰もが顧客から選ばれることに腐心しなければならない結果（Omarini, 2013）、あらゆるビジネスが継続的にやっかいな課題に直面している。顧客がますます市場で何を手に入れることができるかを認識するようになり、いまだかつてないほど高い要求水準をもっている。こうした高い期待は、満足度を低くする。その結果、21世紀の経済におけるパラドックスが生まれる。顧客の選択肢は多くなったが、どれを選んでも満足度はかつてより低くなっている。トップ経営者もより多くの戦略的な選択肢をもつようになったが、どれを選んでも得られる価値はかつてより低い（Prahalad and Ramaswamy, 2004）。

　今日、金融商品・サービスは、相互に接続されたプラットフォームで提供

4　両者は、顧客がある商品を購入するにあたって評価する価値の範疇に属する。経験に関係する要素は、顧客が何かを買うときの経験に関係し、顧客の心理過程や購入後のロイヤリティに影響を及ぼす。経験はすべての人の心に内在し、物理的・感情的・認知的な活動に従事した結果として発生する。経験は人の心とイベントとの相互作用に由来するから、各人に固有のものである。一方、機能に関係する要素は、顧客のニーズを満たすものである（支払い、投資、リスク管理、時間管理など）。

されるようになっている。そこでは、統合的な消費者向け銀行業を提供するにあたり、コラボレーションが新たなルールになりつつある。この新しいアプローチは、規模の経済性を前提とするものではないし、それによって測られるものでもない。むしろ、就職、失業、結婚、離婚、子育て、退職といった顧客の人生のなかで起きる変化に対して、ソリューションを与える能力が重要である。その結果、顧客はより広範囲にわたる問題について手助けを求めており、そうした問題はしばしば感情の影響を受ける。こうした顧客とのリレーションをマネージするためには、思いやりを伝えるようなやり方で、状況に関係する情報を処理する新奇な方法が必然的に使われるようになる。そこには、ゴシップ、社会的な責任の自覚、顧客の教育といった要素さえ含まれている。

デジタル・プラットフォームを通じた顧客へのソリューションの提供は、ビジネスのエコシステムを変えつつある。ビジネスのエコシステムとは、相互にやりとりする主体のコミュニティである。こうした主体は組織でも、企業でも、個人でもよく、各主体はお互いに相手をサポートするために商品・サービスを生産し、あるいは、それらを消費することにより、相互に価値を生み出す。デジタル・プラットフォームは、異なる主体がやりとりすることに関連する取引コストを削減することができる。このようにして、エコシステムはより統合化され、機敏（アジャイル）なものになる[5]。

リテール銀行業[6]について言えば、デジタル・プラットフォームの登場により、伝統的なユニバーサル銀行モデルから、顧客を中心に置いた新しいユニバーサル銀行モデルへのシフトが起きると予想される。前者では、規模と範囲の経済が戦略的な思考を支配し、同一の法人格内において事業部門間の利益相反が容易に発生しうる。後者では、サービスや各ビジネスモデルのアンバンドリングとリバンドリングが目的に応じて選択される。顧客の使用事例の解決、品質とカスタマー・エクスペリエンスの改善といった目的であ

5　Iansiti and Levien（2004a, 2004b）も参照。
6　リテール銀行業について、より多くを知りたければ、Capgemini（2019, 2020）、Frazer and Vittas（1982）、Leichtfuss et al.（2010）、Omarini（2018）も参照。

る。銀行が市場で何を売ることができるか、あるいは、売りたいかではなく、ますます顧客ニーズに焦点が絞られることになる。これは、価値の流れに沿って組織をつくり、全般的な顧客満足の達成に向けて、価値を追加する一連の活動を展開することを意味する。この新しい銀行業のパラダイムは、オープン・バンキング、オープン・ファイナンスの枠組みと、デジタルな環境、そして、変化する銀行業界において分裂した金融サービスをリバンドルするという、ますます重要な役割を銀行が担うことによって支えられている。

銀行業の未来

 銀行業の未来はデジタルである

　上述のすべての要素は、テクノロジーが金融サービスのバリュー・チェーンを根底から変えていること、他の産業と違い、ディストリビューションと生産の両面に同時に影響を与えていることを明確にしている。古い銀行モデルは、「差異化されたディストリビューション」と「コモディティ化された商品」という柱に依拠して建築された。これと対照的に、現在、新しい銀行モデルの状況の基礎は、「コモディティ化されたディストリビューション」と「差異化された商品」である。商品はいまや、カスタマイゼーションとパーソナライゼーションを通じて、顧客ニーズに応え、顧客の欲望を満たすようにデザインされる。これは、消費者データへのアクセス可能性と、金融商品が顧客の日常生活に埋め込まれていることに起因する。こうしたことのすべては、銀行業務がもっぱらオンラインで営まれ、大勢の人々が求めるサービスを得るために同じプラットフォームに接続できることから、実現可能となっている。これは、プラットフォーム、システム、アプリケーションの相互接続がますます増加しているステージである。

　他方で、APIやクラウド・コンピューティングのようなテクノロジカルなイノベーションが銀行市場の競争度を引き上げている。テクノロジーの発展は、銀行産業における参入・退出の障壁の重要性を減じた。商品・サービスの構成部分への分解（アンバンドリング）と組み合わさったテクノロジーの到来である。これにより、新規参入者が産業内で競争力をもつことが可能になっている。実際、このアンバンドリングによって、新しいプレーヤーは

ある特定のサービスのプロセスのすべてを引き受けることなく、自分たちの革新的なソリューションを届けることが可能になり、あるプロセスに必要となる相応の固定費をかけずにビジネスに参入することが可能になっている。

この変化し続けるシナリオにおいて、競争力を維持するために、銀行は新しい戦略を立てる必要があるし、FinTech はビジネスモデルの収益性を高め、特定のビジネス分野（支払い、貸出、投資など）に関連するリスクや、サイバーリスクの名で包括されるリスクへの耐性を高める必要がある。たとえば、FinTech はフリーミアムからプレミアムに価格政策をシフトしなければならない。つまり、純粋に無料のモデルから脱して、顧客に、受け取った価値に見合う価格を払わせなければならない。もっとも、積極的に顧客を選別して、自らの将来の行動を顧客獲得から顧客維持に進める必要もある。

次項では、金融産業が経験している根の深い変化を3つのステージに分けて説明する。「アンバンドリング」ステージ、「分散」（fragmentation）ステージ、そして、「協力／パートナー」ステージである。

2 発展の3段階

最初のステージは、FinTech の市場の舞台への登場によって特徴づけられる。このとき、FinTech は「破壊者」とみられている。FinTech は広大なリテール銀行業の活動領域から、特定のビジネス・セット（支払いと貸出など）に焦点を絞って市場に参入する。アンバンドリングの波は、金融サービスのバリュー・チェーンを、商品・サービスのさまざまなモジュールに分解し、それらを組み合わせる無数の方法を発展させる。この現象について、産業は垂直的に統合されたビジネス（パイプライン・ビジネスモデル[7]）から、

---

7 これは、主要なビジネスのアイデアが、何かを生産し、それを搬出して顧客に売ることだった時代には、支配的なモデルだった。価値は上流でつくられ、下流で消費される。情報やデータ等の流れは直線的である。価値は直線的に配列された一連の活動から生み出される。これは古典的なバリュー・チェーンである。したがって、売上げを伸ばすことに焦点が絞られる。販売された商品・サービス、それに関連する収入と利益が分析の単位である（Omarini, 2019）。

金融サービスのディストリビューションの分散化（fragmented distribution of financial services）へのシフトを考え始めたといってもいいだろう。後者において、ビジネスモデルの枠組みはプラットフォームの構造をもつ。そこでは、生産者、消費者などさまざまな登場人物がつながり、プラットフォームが与えるリソースを使ってお互いにやりとりする。何人かの銀行業界の専門家は、伝統的なパイプライン・ビジネスは締め出されるだろうと主張しているが（Deutsche Bank, 2017）、経済の「プラットフォーム化」は続くものの、パイプラインの企業は相対的に複雑ではなく、所有者のコントロールがより機能することから、同時に伝統的なビジネスモデルも存続するとみる者もいる（Pan and van Woelderen, 2017）。

　第二のステージは、顧客が新規参入者に応答する方法に厳密に関係する状況によって特徴づけられる。顧客が目新しい選択肢、多面的な経験、単純化、商品の最善の組合せとパーソナライゼーションを求めれば求めるほど、市場はそれに応じて進化しなければならない。こうした状況では、FinTechは一方で、顧客を維持するためにリバンドリング活動に従事するよう相当なプレッシャーを受けている。他方で、既存のプレーヤーは顧客の経験と満足との間のギャップを埋める必要がある。このステージで、いくつかの銀行は、FinTech を、イノベーションを生む能力を引き上げるための頼りになるパートナーだと考え始めた。こうした銀行は、オープン・イノベーションのアプローチを、商品を考案してから市場に出すまでの時間を短縮する方策を生み出すために効果的だと考えている。パートナーシップと他のプレーヤーとの価値の共創により、銀行は、イノベーションを活用してより優れたカスタマー・エクスペリエンスを生み、コスト効率を上げて収益性を改善するという全体的な使命を達成することができる。

　オープン・バンキングの状況下で確固たる地位を求める銀行は、高品質の文書化、実験の場・開発者向けツール・API へのシームレスなアクセスの提供だけでは足りないだろう。自らの地位を強化し、商業的な努力を加速するために、オープン・バンキングのコミュニティを構築・育成・擁護することが最も重要である。とりわけ銀行は、自らの API を使用する開発者の数

を増やし、より直接的なインプットとフィードバックを獲得し、イノベーションの意思があるというメッセージを発信し、適切な商品・サービスの開発に向けて協働することができる立場にある。それは全般的に、APIを用いて新商品・サービスのアイデアを改善することに寄与し、エンド・ユーザーの側における認知と受容を促進するための利用事例を生み出すためにも有益である。

　最後に第三のステージでは、顧客を獲得・維持し、顧客とやりとりする方法としてのビジネスエコシステムが生成する。プラットフォーム・ビジネスでは、エコシステムのほうが顧客の要求により機敏（アジャイル）に応えることができるし、大勢の人々に同時にアプローチすることができる。銀行や金融セクター全般にとって、ビジネスやサービスにおいて規模と範囲の経済性を獲得することが重要である。このプロセスにおいては、デジタル・テクノロジーが重要な役割を果たす。実際、未来の銀行が現在のコスト構造で業務を続けて競争力を維持することはできない。デジタライズされた業務プロセス、よりいっそうの効率化、コストの最適化が不可欠である。この関係では、クラウド・コンピューティングが参入障壁を下げ、高品質のコンピューティング・リソースの活用を可能にすることにより、経済全般にわたって組織がイノベーションを加速することを可能としている。より具体的にいえば、それは、ネットワーク、サーバー、ストレージ、アプリケーションとサービスといったコンピューティング・リソースへの、より便利でオンデマンドなアクセスを可能とする。

3　バリュー・チェーンの現在と今後の展開

　経済的な競争の性質は変化しつつある。新しいプレーヤーは、顧客のための価値について従来と異なる見方をしており、その組織はいくつかの伝統的なサービス提供者より顧客に強くコミットしている。それは、新しいプレーヤーのコアなビジネスが、サービスへのアクセスの容易さと、より親切なシステムを通じて顧客に価値を提供することにあり、所与の商品・サービスの

バリュー・チェーン全体をコントロールすることにはないからである。

　この顧客のための価値へのシフトは、マインドセットの切替え、重要な戦略の見直し、そして、デジタルなエコシステム内でのビジネス・ソリューションの管理を必要とする。そこでは、ネットワークに高い価値があるとみなされる。ネットワークでは、新しく、より広いビジネス・ポートフォリオの基礎として、顧客の知識へのより全体的なアプローチが必要とされる。

　したがって、現在の銀行産業は、独立サービス供給者によるエコシステムの発生期だといえる。そこには、伝統的な供給主体の寡占状態と、FinTechs、TechFins、小売業者が混在している。現時点では、欧州のPSD2（第3節を参照）や、他の市場における同様の潮流が、この新しい現実を可能にするために重要なツールとなっている。

　こうした展開を理解するにあたって、観察される2つの事実を考慮するべきである。第一に、新たな金融サービス供給者は、伝統的な供給者と同じように、より広い市場で金融アドバイスを提供するロボ・アドバイザリー・サービスのような新しい方法とツールを使って、金融仲介のコアな目的を達成したいと考えている。これと並行して、新しい投資と貸出の機会を提供する一方で、金融包摂の度合いを高めるクラウドファンディングのプラットフォームがある。

　第二は、たいていの場合、FinTech の業務プロセスのなかのどこかに、銀行組織がまだ存在しているということである。サード・パーティーのアプリケーション開発者がスマートフォンのセンサー、プロセッサー、インターフェースに依存しているように、FinTech の開発者もプロセスのどこかで、顧客の預金口座や関連する口座データへのアクセス、決済システムや信用機関へのアクセス、コンプライアンスの確保といった面で、銀行を必要としている。

　その結果、大きく2つの新しい潮流とそれに関連するリスクが生じている。

・銀行その他の金融サービス供給者がサード・パーティーの供給者に依存する度合いは、ますます高まりつつある。両者の相互接続が増加しつつある

ことから、それに関連するリスクに対する懸念も高まっている。特に「大きすぎて潰せない」というより、「接続しすぎていて潰せない」というシステミックリスクが生じるかもしれない。

・銀行業はますます顧客の日常生活に浸透しつつある。改善し続けるユーザー・エクスペリエンスに支えられて、銀行業のそのようなかたちでの浸透度合いが高まれば、その存在は顧客にとってますますみえにくくなる。こうした変化は一夜にして起こるものではないが、いくつかの異なる領域で、その萌芽がみえ始めている。たとえば、ある商品・サービスを購入しやすくするために、銀行が商店を通じて顧客に短期のローンを提供することがあるかもしれない。顧客は、そのローンは銀行ではなく小売業者から提供されたと思い、銀行のほうも、顧客が適切なローンを得られたのなら、取引のなかでみえない存在であってさしつかえはないと思うかもしれない。最悪のシナリオは、ローンが顧客にとって適切でなかった、あるいは、顧客が返済をまかなう資金を提供できなかった等であろう。このリスクのため、金融サービスがさまざまな価値の提案に埋め込まれている場合には、より高いレベルの透明性が求められるようになるかもしれない。

こうした状況が差し迫っているなかで、焦点は、リソースのコントロールと支配から、ユニークな協働モデルを通じたリソースへのアクセスと利用の重要性に移行しつつある。Prahalad and Ramaswamy（2004）によれば、「共創プロセスにより、単体企業の欲求のみが重要だという仮定も疑問にさらされる。……エクスペリエンスのネットワークにおいて、各参加者は価値の創造において協働し、価値の収奪において競争する。この結果、戦略策定プロセスも継続的な緊張を強いられるようになる。ネットワークのさまざまな組織単位や個人がその戦略を集団的に実行しなければならない場合には特にそうなる。重要な論点は次のとおりである。価値の共同での創造を目指した効果的な協働と、経済的な価値の共同での収奪を目指した活発な競争との対立のなかで、どの程度の透明性が求められるのか？　協働と競争の間でバランスをとることが、デリケートかつ決定的に重要な問題である」（P.197）。

もし共創が産業の基礎なのであれば、顧客についてより広い見方をする必

要がある。これは、顧客がより競争的な市場において、自由に移動し、真に最善の取引を選ぶことができるエコシステムを構築するというアイデアにつながっていくだろう。こうした市場で、顧客は必要な情報を吟味したうえでの決定をなすことができ、それが供給者間での市場独占の弊害をオフセットするようになるだろう。この新しい市場の配置は、新しい競争のパラダイムを意味する。そこには、さまざまな産業によって構成されるビジネスのエコシステムがあり、諸産業はますます統合の度合いを高める可能性がある。

変化する様相──銀行と FinTech は市場で どのような立ち位置を占めるか？

FinTech に対抗する 4 つの戦略

　本節では、既存の銀行が FinTech によってもたらされた脅威にどのように対処しようとしているのかを分析する。イノベーション・ポートフォリオを拡張するために、異なる 4 つの戦略が最も広く用いられている（Borah and Tellis, 2014 と Wilson, 2017 による）。

① 「現状維持」戦略
② 「製作」または「構築」戦略
③ 「提携」戦略
④ 「M&A」戦略

　第一の「現状維持」戦略とは、既存の銀行は通常どおりのビジネスを続けるが、潜在的な脅威を最小化するために若干の再生努力を行うというものである。再生とは、特に商品デザインとライフサイクルを変える方法を表すために考案されたコンセプトである。それは、既存の商品のデザイン（スタイリング）、性能、費用その他の特徴をアップデートすることにより、当該商品に新たな寿命を与えるために使われる技術である。

　第二に、「製作」戦略は、既存の銀行が新たな参入者によるビジネスモデルのイノベーションに対し、新商品・サービスの開発その他の自前の解決策によって対応することを意味する。これは、伝統的なプレーヤーが、イノベーティブなソリューションを独自に開発するために必要なリソース、能力、コンピテンシーをもっている場合に可能になる。

　第三に、既存の銀行はデジタライゼーションの脅威に対応するため、金融

テクノロジー企業と協力する決断を下すことができる。とりわけ「提携」戦略を採用することによって、既存銀行は協働の道を選んだことになる。「提携」という用語には、既存銀行と新規参入者が企業として分離したままで協力し合う、あらゆる形態が含まれる。「提携」戦略は、市場中心のビジネスモデル・イノベーションに向けた破壊あるいは脅威の度合いが低いと考えられる一方、テクノロジー中心のビジネスモデル・イノベーションに向けた破壊あるいは脅威の度合いが高いと考えられる場合に好まれる（Anand and Mantrala, 2019)。たしかに、FinTech が既存銀行にもたらす市場中心の次元の脅威の度合いが低いとすれば、銀行はコアな顧客基盤を失う高いリスクにさらされていないことになる。これは通常、既存銀行が顧客との間で強いリレーションシップを築き、顧客が高い程度の信頼と忠誠心を銀行に寄せている場合である。しかし、テクノロジー中心の脅威の度合いが高いということは、既存銀行が新規参入者の新たなテクノロジーを自力で模倣あるいは再現するために必要な能力やスキルを持ち合わせていないことを意味する。銀行は現在のターゲット顧客を失う深刻かつ緊急の危険にさらされていないのだから、FinTech その他の企業と提携関係を結ぶことは不必要だと主張することも可能である。現在の顧客の大多数が、伝統的な銀行の商品やサービスを捨てて、新しい FinTech 企業のソリューションを採用することはないだろうと想定することは許される。しかし、銀行がテクノロジー主導の供給者を好む潜在的な顧客を失うことはありうる。その結果、両プレーヤーとも相手が欲しいものをもっているわけだから、なんらかのかたちの提携関係がお互いにとって有益になる。つまり、銀行は FinTech の新しいテクノロジーが欲しいし、FinTech は銀行の巨大な顧客基盤、法令遵守のコンピテンシー、ブランド力へのアクセスが欲しい。

マッキンゼー・アンド・カンパニーによって出版されたレポートは（Engert et al., 2019)、銀行業がデジタライゼーションと解析の高度化に向けて進むにつれ、提携がますます必要になりつつあることを指摘している。ある企業と提携する前に、既存銀行は戦略的な目的を明確に定義し、パートナーシップの投資対効果を検討する必要がある。実際、「提携」戦略を成功させ

るためには、銀行はパートナーシップの仕組み、各パートナーの拠出を評価する方法、そして、最終形態の明確かつ整合的な見通しを詳しく説明できなければならない。さらに、相手方のガバナンスの仕組み、移行と業務に関するサポート、リストラクチャリングと投資回収についても契約条件として規定する必要があるだろう（Ruddenklau, 2020）。

　第四の、そして最後の戦略は「M&A」戦略である。銀行は競争相手を買収するときに「M&A」戦略を採用する。これは、FinTech企業が銀行組織に完全に吸収され、最終的に買収企業だけが存続することを意味する。銀行は通常、二重の脅威にさらされた場合に買うことを決意する（Anand and Mantrala, 2019）。これは、2つの次元、つまり、市場中心のビジネスモデル・イノベーション（以下「BMI」という）とテクノロジー中心のBMIに向けた破壊の度合いが双方とも高いと考えられる場合である。このシナリオ下では、既存銀行は原価・営業費・利益のうち1つ以上の側面において新規参入者のBMIからの深刻な脅威にさらされ、テクノロジーの観点からは、新規参入者のイノベーションに自前で対抗あるいはそれを再現することができない。銀行が買収するためには、財務的・人的なリソースの準備が前提条件になることを忘れてはいけない。ここから、銀行はなぜ「製作」や「提携」を選択せず、FinTechを買収するために巨大なリソースを動員しなければならないのかという疑問が提起される。その答えは次のようである。既存銀行にとって、主にテクノロジーや関係するコンピテンシーの面で挑戦者に対抗することはむずかしいため、「製作」戦略は現実的ではない。また、挑戦者は提携や協力に乗り気ではないため、「提携」戦略も採用することができない。

　図表7-1で、ユーザーの金融サービスに対するニーズが伝統的にどのように満たされてきたか、金融的な課題に関係する主要なギャップ、こうした問題を解決するために提案されているFinTechの新しいソリューションを要約した見取り図を示す。その目的は、顧客のさまざまなニーズに応えている既存銀行の潜在的な各事業部門が、FinTechの登場によって影響されているかどうか、潜在的な脅威の度合いとともに協働の機会があるかどうかを

図表7-1 協働の機会を探るための FinTech フレームワーク

ユーザーのニーズ	伝統的モデル	FinTech の挑戦／影響	FinTech のソリューション	ギャップ
支払う	現金／ATM 小切手 デビット／クレジット カード	非常に高い	仮想通貨 DLT ベースの決済 P2Pペイメント B2B取引 モバイル・ペイメント モバイル PoS	スピード コスト
貯める	銀行預金 投資信託 債券 株式	高い	仮想通貨 ブロックチェーン債券 モバイル・マーケット・ファンド	透明性
借りる	銀行貸出 債券 住宅ローン	非常に高い	プラットフォーム貸出 クラウドファンディング ブロックチェーン債券	アクセス
リスクを管理する	保険 ストラクチャード・プロダクト ブローカレッジ 引受け	高い	スマート・コントラクト 暗号資産交換所	セキュリティ
助言を得る	ファイナンシャル・プランナー インベストメント・アドバイザー	中程度	ロボ・アドバイザー 自動化された資産管理	

データの集積と活用は、示された事業分野にまたがる活動である

（出所）International Monetary Fund and World Bank（2019）より

226

評価することにある。

　図表7－1は、FinTechが、金融サービスの提供、そして、金融サービス・活動・サポートへのユーザーのニーズと需要に対する伝統的なすべてのソリューションにおいて、グローバルな影響を与えつつあることを示している。図表7－1はまた、銀行のすべての事業分野（支払い、貸出、借入れ）だけではなく、保険・資産運用・アドバイザリーといった追加的な分野において、テクノロジーが埋めようとしている、主なギャップを示している。「助言を得る」ニーズに対してテクノロジーの進化が与える影響が比較的低いことは注目に値する。これは、当該セクターにおける脅威が現在のところ、それほど強度ではないことを意味している。ウェルス・マネージャーは伝統的に、広い専門性に基づいて、投資アドバイスから一般的なファイナンシャル・プランニングに至るまでの、全体的な見地に立った金融サービスを提供してきた。ウェルス・マネージャーが顧客維持率を高め、業務コストを引き下げるために、顧客と接する各段階において解析的なソリューションを使用する度合いが高まっていることは事実だとしても（PwC, 2016）、テクノロジーで武装した人によるアドバイスから、人がサポートするテクノロジー主導のアドバイスへの移行は、比較的、遅いペースでしか進んでいない。そうしたパラダイム・シフトは、FinTechが必要なすべての能力とスキルを獲得し、アドバイザリー産業で成功するために必要なレベルの顧客からの信頼を獲得した場合にのみ完成しうる。これと対照的に、「支払う」と「借りる」の分野における脅威の度合いは非常に高い。これは上記のPwC（2016）にある次の予言と整合的である。

　「支払いと消費者金融は、2020年までに最も破壊的な影響を受けるセクターになる可能性が高い。支払産業は過去数年間、新たなテクノロジー主導の支払プロセス、より簡便な支払いを促進する新たなデジタル・アプリケーション、代替的な業務処理ネットワークの勃興、そして、口座間で資金を移動するために電子的な機器がますます多く使用されるようになってきたことから、高いレベルの破壊的な影響を受けてきた」（P.6）

　最後に、銀行とFinTechの双方にとって、競争よりも協調のほうがより

実り多い戦略のようにみえる。実のところ、一方で、銀行は FinTech に対し、FinTech に欠けているものを提供することができる。データ、ブランド、ディストリビューション、技術と規制対応の専門性（Belinky et al., 2015）、大きな顧客基盤、安定的なインフラストラクチャー、新たなプロジェクトを支える大きな資金力などである。他方、FinTech は既存銀行に対して、枠にとらわれない思考、技術的な専門性、変化に素早く対応する機敏さ（アジリティ）を提供することができる。FinTech の弱みは既存銀行の強みであり、その逆も真である。そして、両者の未来は協働関係を追求することによって拓かれる（Meere et al., 2016）。異なるスキルと市場に提供された新たなソリューションを組み合わせることにより、新しいデータ集積とデータ管理が多く登場し、それは、さまざまな協働のフレームワークが生み出す、最も興味深く、洞察に満ちた副産物になるかもしれない。

2 銀行と FinTech のリレーションシップ——コインの裏側

　本節では、FinTech の挑戦に対する銀行の対応が多くの要素によって、たとえば、ごく一部をあげると、文化的な側面、リソースの有無、ガバナンス的な側面によって、影響されることを示してきた。銀行の経営者は意思決定において、メリットとデメリットを勘案し、コストを上回る便益を生む戦略を選ばなければならない。この決定は、厳密に経済的な意味でのコスト・便益だけではなく、人々の考え方の変化に関係する要素、機敏（アジャイル）な働き方など新しい協働の方法を勘案したものでなければならない。

　前項によれば、既存銀行と FinTech にとって、協働戦略とパートナーシップがどちらにとっても有利なソリューションのようだが、現実はかけ離れている。「世界リテール銀行業レポート2019」（Capgemini, 2019）と続く「世界 FinTech レポート2020」（Capgemini, 2020）は、現在の多くの銀行と FinTech の関係がどうなっているかを説明している。前者によれば、独立の意思決定権限をもつ専門のイノベーション・チームをもつ銀行は19％にと

どまり、FinTech と一緒に仕事をすることが容易だと考えている銀行は27％にすぎない。指導とスタートアップ企業の成熟度を評価するために外部の専門家を雇っている銀行は21％にすぎず、自らのシステムが FinTech と協働できるほど機敏（アジャイル）だと答えた銀行は21％しかなかった。

　後者のレポートは、10の FinTech 企業のうち7社が、時代遅れの銀行インフラストラクチャーについて、パートナー銀行の文化や組織を否定的にとらえていることを示し、銀行の複雑な意思決定プロセスが、FinTech には自然な速いペースのワークスタイルを邪魔していると指摘している。さらに、70％超の FinTech 企業が、既存銀行の業務プロセスが障壁となっていると答えている。過半数の FinTech 企業の役員が、まだ最適なパートナーを見つけたとは思っていないと答えている。最後に、FinTech は、銀行、銀行の活動、銀行の商品とその拡張可能性を理解するのに苦労している。それは協働作業においてミスマッチを生み、最終的にプロジェクトを失敗させる原因になりかねない。

3　銀行はゲームの変化にどのように対応しているのか？

　本項では、いくつかの銀行がデジタルの破壊的な影響（デジタル・ディスラプション）にどのように対処しようとしているかを簡単に紹介する。全般的な状況から、すべてに適用できる1つのアプローチはないということがわかる。

　銀行におけるデジタル・ディスラプションへの対応には、さまざまなバリエーションがある。しかし、グローバルには、よりイノベーティブな既存銀行と金融機関はデジタライゼーションを積極的に活用すべく、素早く動いているということがいえる。その多くは取引を移行させるために多額の投資をしてきた。ウェブとモバイルのテクノロジーを大幅にアップグレードし、イノベーションと試験のセンターを、社内に（例：JP モルガン）、あるいは、他の事業から分離したイノベーション部門というかたちで（例：シティ・フィンテック）、創設している。

新しい商品を開発することにした銀行もある。エンド・トゥ・エンドのデジタル・バンキングや、デジタル・インベストメント・サービス、エレクトロニック・トレーディング、オンライン・キャッシュ・マネジメントといったかたちの新たな FinTech 商品を開発する場合もあれば、消費者に提供する商品を改善するために FinTech 企業と協力している銀行もある。後者の例として、JP モルガンによる OnDeck、Roostify、Symphony との協業をあげることができる。OnDeck は、１日で貸出を実行できる、中小企業のための貸出プラットフォームであり、Roostify は、オンラインの貸出プロセスをより速く、より低コストで、関係者すべてにとって、より透明なものにすることのできる、住宅ローン業務のプロバイダー、Symphony は、セールス・トレーディング・事務その他の活動のソリューション・プロバイダーである。先進的な取組みを行っている銀行は、ほかにもたくさんある。そのなかには、デジタル・トランスフォーメーションの先端を行く、バンコ・サンタンデール、バンク・オブ・アメリカ、バークレイズ、バンコ・ビルバヤ・ビスカヤ、BNP パリバ、シティ、HSBC、ロイヤル・バンク・オブ・スコットランド、ソシエテ・ジェネラル、ウニ・クレディト、ウェルズ・ファーゴのような銀行が含まれる。

　本節１で説明した対応と戦略に目を向けると、大手または地域銀行による「提携」戦略が異論なく受け入れられている状況ではないことがわかる。一方で、地域銀行は大手のマネー・センター・バンクほど M&A を実行するために必要とされるリソースをもたず、買収した先のビジネスに自らのビジネスを適合させるためのデジタルなリソースをもっていないこともあると主張する専門家がいる。こうした理由から、地域銀行は戦略的なパートナーシップから契約上の提携に至るまでの幅広いパートナーシップの機会にアクセスできる必要がある（Ruddenklau, 2020）。他方で、カナダ、フランス、ドイツ、イギリスの最大手行をカバーし、個別に集めたデータを使って、上場しているユニバーサル・バンクのほうが、より小さな、非上場の、特定の事業分野に特化した銀行よりも、少なくとも１つの FinTech 企業と提携関係を構築する可能性が高いことを発見した研究者もいる（Hornuf et al., 2018）。

この研究者たちは同じ論文で、10年間（2007〜2017年）にわたる戦略的な提携に関する詳細情報から、２つの主要な提携の形態を見出している。財務的な関与と、商品関係の協働である。前者は、FinTech企業への少数持分の出資という形態が代表的であり、後者は、契約ベースのパートナーシップによって、銀行が自らの商品ポートフォリオの拡大を可能とすることを意味する。著者たちによれば、明確に特定された469の提携のうち、39％が少数持分への投資を伴う財務的な関与であり、54％が商品関係の協働、残り７％がその他のタイプの協力関係だった。大手の銀行のほうがFinTech企業を買うための財務的な余裕が大きいので、大手の銀行と小規模なFinTech企業の場合には、財務的な関与のほうが商品関係の協働形態よりも行われやすいことを示す他の証拠もある。しかし、市場ベースの経済（カナダとイギリス）においても、銀行ベースの国（フランスとドイツ）においても、商品関係の協働が最も多くみられる提携の形態である。それは組織的な拘束力が比較的に弱い提携形態であり、FinTechの商品開発プロセスをコントロールすることは、ほとんど、あるいは、まったくできない（Hornuf et al., 2018）。

　全体的な観察から特定の銀行グループ、すなわち、JPモルガン・チェース、シティ、バンコ・サンタンデールの研究に目を移すと、こうした組織がどのようにFinTechがもたらした脅威に対応しているかを理解することができる[8]。以下の分析は、2015年から2020年中頃までの６年間を対象としたものである。

　JPモルガン・チェースは、パートナーとの協働およびFinTech企業の買収を組み合わせて、社内での商品・サービスの開発を完成させる混合アプローチを採用した。シティは、戦略的な投資とイノベーションを担う子会社であるシティ・ベンチャーズにおいて、もっぱらFinTech企業への投資を行うことにより、より「製作」と「提携」に傾斜している。これと対照的に、スペインの多国籍金融サービス会社であるバンコ・サンタンデールは、主に「製作」主導の戦略を採用した。同社による買収とパートナーシップの

---

[8]　本文で紹介するいくつかの情報は、私の監督のもとで執筆されたフランチェスカ・カトゥラーノのMsC命題（2020）からとられている。

大多数は、自らのサービスを改善すること、あるいは、新しいイノベーティブなソリューションを自前で開発するために必要とされるスキルやコンピテンシーを獲得する目的で実施された。

　採用された選択肢は異なるものの、3行の戦略に共通するパターンを指摘することが可能である。第一に、「PwC バンキング2020サーベイ」で報告されていることと整合的に、3行の経営陣は投資において、「新しいテクノロジーを実行に移すこと」を最優先事項の1つとしている。このことは、3行すべてにおいてテクノロジーにかかる費用が安定的に増加しているという事実によっても裏付けることができる。第二に、3行の戦略はすべて、脅威のタイプを参照しつつ、変化する顧客ニーズ、即時性への期待、そして、テクノロジーの進展を商品・サービスに織り込む必要性に効果的に応えようとしている。主としてイノベーティブなテクノロジーへのアクセスを得ることを目指した、数多くのパートナーシップや買収が存在する。さらに、3つの既存銀行はすべて、デジタル・ディスラプションこそ、セクターが直面している最も重要な課題の1つであり、したがって、パーソナライズ、カスタマイズされた商品を通じて、できる限り機敏（アジャイル）かつシンプルにサービスを提供するだけではなく、顧客の新しい消費パターンを理解し、かつてないスピードで変化する顧客ニーズを予想しなければならないということに気づいている。最後に、3行のテクノロジカルなイノベーションへの開かれた態度、そして、人々と銀行の組織・リソースを結びつけるためにテクノロジーを利用していることから、3行がすべてプラットフォームのビジネスモデルを採用していることは明らかである。

　銀行の対応を促す重要な要素に目を向けると、3行の事例から、イノベーションのプロセスを加速する必要性が、金融機関をしてFinTechのソリューションを積極的に活用するに至らしめる主要な要素であることがわかる。しかし、FinTech の経営者が3つの金融機関の1つとの提携または買収が公表されたときに表明したコメントから、ネットワークを広げ、新しい潜在的な顧客を獲得することが、FinTech が既存銀行との関係を構築する主要な理由であることは明らかである。この点に関係して、3行がすべて2015年頃

に社内での開発プロジェクトを開始していたことは注目に値する。2016年以降、3行は提携プロジェクトを追加し、その後、M&A戦略に移行したのである。

　最後の論点として、本研究では、支払ビジネスがFinTech革命の影響を最も強く受ける分野であることが確認された。ここから、支払ビジネスは、既存銀行とFinTechのリレーションシップがより競争力をもつ分野であるということになる。実際、多くの「製作」「提携」、そして、「M&A」戦略がこの分野で行われている。

概　　観

　商品・サービスがデジタル・テクノロジーに埋め込まれる傾向が強くなっており、ビジネス・プロセスとそれを支える IT インフラストラクチャーを切り分けることがますますむずかしくなっている。この傾向は継続する可能性が高い。それは、銀行が業務の面でも戦略の面でもテクノロジーにますます依存する状態になることを意味する。

　リテール銀行業のモジュール化、柔軟化、状況依存化は進行し続けるだろう。リテールの顧客はいまや、e コマース、ソーシャル・メディア、そして、リテール支払いが統合できるようになることを期待している。その結果、サービスは非金融的な提案や活動に埋め込まれ、あるいは、それらと結合する傾向が強まることから、金融サービスは顧客にとって、ますますみえにくいものとなるだろう。

　競争ゲームは常に新たな形態へと変化し続けている。商品・サービスの新しいイノベーティブなコンセプトはカスタマー・エンゲージメントを促進する。モバイル機器が広がれば、顧客をプラットフォームに乗せることが可能になり、そこでの顧客の活動がデータを生み出す。データの集積と分析は、広告、金融アドバイス、クレジット・スコアリング、価格設定、クレーム管理、顧客維持といったビジネスのあらゆる分野に広がっている。顧客を所与のプラットフォームに囲い込み、プラットフォーム上のサービスの間ではシームレスな移行を許すことにより、さらに多くのデータが生み出される。人工知能と機械学習に支えられ、広範囲にわたるデータの流れを分析することにより、企業は目的により適合した商品・サービスを継続的に提供することが可能になる。顧客をよりよく知ることで、生み出される追加的な価値に

際限はなく、プラットフォーム企業と関係するビジネスエコシステム内のプレーヤーの創意工夫によって制約されるのみである（Omarini, 2018）。

　ゲームをプレーし続けるために、銀行はバリュー・チェーンの考え方、管理の仕方を見直す必要がある。データ共有の形態は、サービスがどのように考案、生産され、届けられ、消費されるかに影響を与える、競争上の優位性の基礎になりつつある。したがって、データ集積のみを目的とした他企業とのパートナーシップは増加すると予想される。

　銀行業がデジタル・プラットフォーム上に移行するにつれ、異なる産業間の相互接続が増し、それが新たな競争上の脅威になっていくだろう。銀行サービスの提供者は、ますます自らをプラットフォーム上およびエコシステム内で発生する取引の「助け役（イネーブラー）」の役割を果たす者としてみるようになるだろう。リテール銀行はイネーブラーとして、「コンテンツ」のゲートキーパーから、「顧客」のゲートキーパーに移行する。しかし、この新しい役割においても、信用がコアな事業資産であることに変わりはないだろう。

　銀行とFinTech企業の境目があいまいになるにつれ、伝統的な銀行と金融サービスの定義は時代遅れになる。銀行は自らの存在とそのビジネスを再定義する必要がある。最終的に、銀行は顧客により近い位置に移動する必要があるだろう。目標は、個性のないサービス供給者と思われることではなく、個々の顧客のパーソナルな銀行として認知されることである。こうした新しい戦略的ポジショニングを構築するにあたって、新しいスキルとコミュニケーション・アプローチが必要とされるだけではなく、リテール銀行のマインドセットを根本的に変える必要もある。

　上記の傾向は、欧州の文脈において2つの重要な問いを提起する。第一に、各国のリテール銀行システムは完全に統合するのだろうか。第二に、リテール銀行業は、主に欧州域外に所在するグローバルなプラットフォーム企業によって支配されるようになるのだろうか。両方の問いに対して、単純に「イエス」と答える者もいるだろうが、未来を予言することは相変わらずできない。第一の問いについていえば、テクノロジーとプラットフォームの構

造に起因する、統合に向けた強力な力が働いていることはたしかである。しかし、規制枠組み、産業構造、消費者の嗜好、消費パターンといった国の制度によって生み出される経路依存性を過小評価すべきではない。同様に、非欧州のプラットフォーム企業が支配的であることは否定できないが、その地位は常に挑戦を受けているし、セキュリティ・プライバシー・独占禁止の側面から、EU の立法・司法権によって制約されている。

　国という文脈の重要性は、最近の「PwC バンキング・サーベイ」で報告されたアンケートへの回答からも明らかである。同調査では、銀行産業における非伝統的なプレーヤーによってもたらされると予想される脅威とチャンスについて質問されている（図表7－2参照）。銀行業と金融システムが発展途上にある、エマージング市場とアジア太平洋地域では、新しいプレーヤーは確立した構造に挑戦するというより、先進国でみられる伝統的な構造を模倣するという時間の浪費を回避し、新しいシステムを創造することによって、先行者を追い抜くチャンスがある。したがって、そこでは、非常に大きな割合の回答者が、非伝統的なプレーヤーの登場はチャンスであるとみている。これと対照的な米国と欧州の回答をみると、米国の銀行のほうが欧州の銀行より、米国で育った BigTech やスタートアップ企業をおそれていることがわかる。欧州の銀行は、前述した国の制度や規制枠組みの防御的な性質

図表7－2　非伝統的プレーヤー ―脅威か、チャンスか？

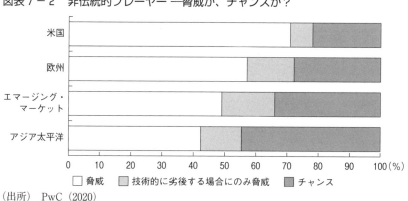

（出所）　PwC（2020）

に加えて、社会的・政治的な条件のために、他の地域の銀行より安心を感じているのかもしれない。

◆ 参考文献

Accenture (2019). The dawn of banking in the post-digital era. (https://www.accenture.com/_acnmedia/PDF-99/Accenture-Banking-Technology-Vision-2019.pdf)

Alijani, S., and Wintjes, R. (2017). Interplay between technological and social innovation (Simpact Working Paper Vol. 2017 No.3), SIMPACT Project.

Anand, D., and Mantrala, M. (2019). Responding to disruptive business model innovations: The case of traditional banks facing fintech entrants. Journal of Banking and Financial Technology, 3(1) 19-31.

AT Kearney (2021). European Retail Banking Radar 2021: Challenges and opportunities in a tumultuous year. (https://www.kearney.com/financial-services/european-retail-banking-radar)

Belinky, M., Rennick, E., and Veitch, A. (2015). The Fintech 2.0 paper: Rebooting financial services. Oliver Wyman.

Borah, A., and Tellis, G. J. (2014). Make, buy, or ally? Choice of and payoff to alternate strategies for innovations. Marketing Science, 33(1), 113-133.

Brackert, T., Chen, C., Colado, J., Poddar, B., Dupas, M., Maguire, A., Sachse. H., Stewart, S., Uribe, J., and Wegner, M. (2021, Janurary 26). Global retail banking 2021. The front-to-back digital retail bank. Boston Consulting Group. (https://web-assets.bcg.com/89/ee/054f41d848869dd5e4bb86a82e3e/bcg-global-retail-banking-2021-the-front-to-back-digital-retail-bank-jan-2021.pdf)

Capgemini (2019). World Retail Banking Report 2019. (https://www.capgemini.com/news/world-retail-banking-report-2019/)

Capgemini (2020). World FinTech Report 2020. (https://www.capgemini.com/news/world-fintech-report-2020/)

Chesbrough, H. W. (2003). Open innovation: The new imperative for creating and benefiting from technology. Harvard Business School Press.

Chesbrough, H. W. (2006). Open business models: How to thrive in the new innovation landscape. Harvard Business School Press.

Chesbrough, H. W. (2011). Open services innovation: Rethinking your business to grow and compete in a new era. John Wiley & Sons.

Chesbrough, H. W., Vanhaverbeke, W., and West, J. (2014). New frontiers in open innovation. Oxford University Press.

Chishti, S., and Barberis, J. (2016). The book of Fintech. Wiley.

Chumakova, D., Dietz, M., Giorgadse, T., Gius, D., Härle, P., and Lüders, E. (2012, July). Day of reckoning for European Retail Banking. McKinsey & Company. (https://www.mckinsey.com/~/media/mckinsey/dotcom/client_service/ financial % 20services/latest % 20thinking/reports/day_of_reckoning_for_ european_retail_banking_july_2012.pdf)

Cortet, M., Rijks, T., and Nijland, S. (2016). PSD2: The digital transformation accelerator for banks. Journal of Payments Strategy & Systems, 10(1), 13-27.

Deutsche Bank (2017). Platform replaces pipeline. Retrieved November 20, 2020. (https://www.db.com/newsroom_news/2017/ghp/platform-replaces-pipeline-en-11520.htm)

DiVanna, J.A. (2004). The future of retail banking. Palgrave Macmillan.

Edward, G., Barry, H., and Jonathan, W. (1999). The new retail banking revolution. Service Industries Journal, 19(2), 83-100.

Engert, O., Flötotto, M., O'Connell, S., Seth, I., and Williams, Z. (2019). Realizing M&A value creation in US banking and fintech: Nine steps for success. McKinsey & Company.

Enkel, E., Gassmann, O., and Chesbrough, H. W. (2009). Open R&D and open innovation: exploring the phenomenon. R&D Management, 39(4), 311-316.

European Central Bank (1999). The effects of technology on the EU banking systems. (https://www.ecb.europa.eu/pub/pdf/other/techbnken.pdf)

European Commission (2006, July 17). Interim report II: Current accounts and related services.

European Commission (2007, January 31). Report on the retail banking sector inquiry. (https://ec.europa.eu/competition/sectors/financial_services/inquiries/ sec_2007_106.pdf)

European Commission (2015a, March 26). Competition: commissioner Vestager announces proposal for e-commerce sector inquiry. (https://ec.europa.eu/ commission/presscorner/detail/en/IP_15_4701)

European Commission (2015b, October 8). European Parliament adopts European Commission proposal to create safer and more innovative European payments. (https://ec.europa.eu/commission/presscorner/detail/en/IP_15_5792)

European Financial Marketing Association, and Microsoft (2010). Transforming retail banking to reflect the new economic environment: The changing face of retail banking in the 21st century. European Financial Marketing Association.

EY (2017). Fintech adoption index 2017. (http://www.ey.com/Publication/ vwLUAssets/ey-fintech-adoption-index-2017/$FILE/ey-fintech-adoption-index-2017.pdf)

Frazer, P., and Vittas, D. (1982). The retail banking revolution: an international perspective. Lafferty Publications.

Hornuf, L., Klus, M. F., Lohwasser, T. S., and Schwienbacher, A. (2018). How do banks interact with fintechs? Forms of alliances and their impact on bank value (CESifo Working Paper No. 7170). CESifo Network.

Iansiti, M., and Levien, R. (2004a). Strategy as ecology. Harvard Business Review, 82(3), 68-78.

Iansiti, M., and Levien, R. (2004b). The keystone advantage: What the new dynamics of business ecosystems mean for strategy, innovation, and sustainability. Harvard Business School Press.

International Monetary Fund and World Bank (2019, June 27). Fintech: The experience so far (IMF Policy Paper No.19/024). International Monetary Fund. (https://www.imf.org/en/Publications/Policy-Papers/Issues/2019/06/27/Fintech-The-Experience-So-Far-47056)

KPMG (2014, March). Business transformation and the corporate agenda. (https://advisory.kpmg.us/articles/2017/business-transformation-and-the-corporate-agenda.html)

KPMG (2016, October). The profitability of EU banks: Hard work or a lost cause? (https://assets.kpmg.com/content/dam/kpmg/xx/pdf/2016/10/the-profitability-of-eu-banks.pdf)

Leichtfuss, R., Messenböck, R., Chin, V., Rogozinski, M., Thogmartin, S., and Xavier, A. (2010, January). Retail banking: winning strategies and business model revisited, Boston Consulting Group.

Llewellyn, D. T. (1999). The new Economics of Banking. SUERF.

Llewellyn, D. T. (2003). Technology and the New Economics of Banking. In M. Balling, F. Lierman, & A. Mullineux (Eds.), Technology and Finance. Challenges for financial markets, business strategies and policymakers (pp. 51–67). Routledge.

McKinsey (2020). Detour: an altered path to profit for European Fintech. Retrieved on December 2nd, 2020. (https://www.mckinsey.com/industries/financial-services/our-insights/detour-an-altered-path-to-profit-for-european-fintechs)

Meere, D., Rufat, J., Fernández, L., Gammarati, D., Morales, P., Carbonell, J., King, D., Camacho, A., Sanz, A., Torres, G., Montana, J., Russell, C., Anderson, S., and Villalante, O. (2016). FinTech & banking: Collaboration for disruption. Axis Corporate & EFMA.

Office of Fair Trading (2010, November). Review of barriers to entry, expansion and exit in retail banking.

Oliver Wyman (2018). The Customer Value Gap: Re-Calculating Route. The State of the Financial Services Industry 2018. (https://www.oliverwyman.com/content/dam/oliver-wyman/v2/publications/2018/January/state-of-the-financial-industry-2018-web.pdf)

Omarini, A. (2015). Retail banking: Business transformation and competitive strategies for the future. Palgrave MacMillan.

Omarini, A. (2017). The digital transformation in banking and the role of Fin-Techs in the new financial intermediation scenario. International Journal of Finance, Economics and Trade, 1(1), 1-6.

Omarini, A. (2018). The retail bank of tomorrow: A platform for interactions and financial services. Conceptual and managerial challenges. Research in Economics and Management, 3(2), 110-133.

Omarini, A. (2019). Banks and banking: Digital transformation and the hype of Fintech. Business impacts, new frameworks and managerial implications. McGrawHill.

Pan, L., and van Woelderen, S. (2017, July 6). Platforms: Bigger, faster, stronger. ING Wholesale Banking.

Prahalad, C.K., and Ramaswamy, V. (2004). The future of competition: Co-creating unique value with customers. Harvard Business School Press.

PwC (2014). Bank structural reform study: Supplementary report 1: Is there an implicit subsidy for EU banks? (https://www.pwc.com/gx/en/banking-capital-markets/pdf/pwc-supplementary-report-1.pdf)

PwC (2016). Blurred lines: How FinTech is shaping financial services. Global FinTech Report, March 2016. (https://www.pwc.com/il/en/home/assets/pwc_fintech_global_report.pdf)

PwC (2020). Retail Banking 2020: Evolution or Revolution? (https://www.pwc.com/gx/en/banking-capital-markets/banking-2020/assets/pwc-retail-banking-2020-evolution-or-revolution.pdf)

Ruddenklau, A. (2020, May 8). Can fintech lead innovation post COVID-19? KPMG. (https://home.kpmg/xx/en/blogs/home/posts/2020/05/can-fintech-lead-innovation-post-covid-19.html)

Schueffel, P., and Vadana, I. (2015). Open innovation in the financial services sector – A global literature review. Journal of Innovation Management, 3(1), 25-48.

Wilson Jr, J. D. (2017). Creating strategic value through financial technology. John Wiley and Sons.

Wintjes, R. (2016). Systems and Modes of ICT Innovation. European Commission. (http://is.jrc.ec.europa.eu/pages/ISG/EURIPIDIS/EURIPIDIS.index.html)

Yoo, Y., Henfridsson, O., and Lyytinen, K. (2010). Research commentary: The new organizing logic of digital innovation: An agenda for information systems research. Information Systems Research, 21(4), 724-735.

Zetzsche, D. A., Buckley, R. P., Arner, D. W., and Barberis, J. N. (2018). From FinTech to TechFin: the regulatory challenges of data-driven finance. New York University Journal of Law & Business, 14(2), 393-446.

第 8 章

独自の進化を遂げる日本の HFT

木内　登英

　2000年以降に米国で活発となった HFT（High Frequency Trading）は、2010年頃から日本でも広がりをみせ始めた。HFT が日本の金融市場に与える功罪について評価は分かれており、十分に検証されていない部分が多く残されたままだ。FinTech を金融（Fin）と技術（Technology）の融合と広義でとらえた場合には、アルゴリズム取引や HFT も FinTech の一分野であると考えることができる。そこで本章では、HFT の特徴と現状を分析し、HFT に対する規制をはじめとする今後の課題を考察する。第 1 節では、HFT の現状を概観する。第 2 節では、HFT をアルゴリズム取引の一種と位置づけて、その特徴を説明する。第 3 節では、世界と日本における HFT の変遷を振り返る。第 4 節では、HFT が金融市場に与える影響についての実証研究を紹介する。第 5 節では、日米欧で HFT に対してどのような規制が導入されてきたかを説明する。最後に第 6 節では、日本の証券会社と HFT 業者との活動に関して、最新の動向を紹介する。

◆ 著者略歴

木内　登英（きうち・たかひで）

野村総合研究所エグゼクティブ・エコノミスト。1987年に野村総合研究所に入社後、エコノミストとして世界経済、金融政策、財政政策など幅広い経済テーマについての知見を提供してきた。1990年からは野村総合研究所ドイツ（フランクフルト）、1996年からは野村総合研究所アメリカ（ニューヨーク）に移り、欧米経済の分析を担当。2004年に野村證券に移籍し、経済調査部長、2007年にはチーフエコノミストに就任し、グローバル・リサーチ・チーム長として日本経済の予測を行う。2012年から2017年まで日本銀行政策委員会審議委員を務めた。著書に『異次元緩和の真実』（日本経済新聞出版、2017年）などがある。

第1節

日本での HFT の功罪を考える（導入）

1　HFT は FinTech か？

　2000年以降に米国で活発となった HFT（High Frequency Trading：高速取引、高頻度取引）は、2010年頃から日本でも広がりをみせ始めた。それから10年近くが経過した現在においてもなお、HFT が日本の金融市場に与える功罪について評価は分かれており、十分に検証されていない部分が多く残されたままだ。HFT の活動実態、金融市場への影響、不公正取引の有無などに関して、不透明性がきわめて強く、それが HFT に対する安易な評価を許していない。

　AI 技術を用いたアルゴリズム取引、そしてその一類型である HFT は、FinTech の重要な一分野といえるのだろうか。FinTech を、金融（Fin）と技術（Technology）の融合と広義でとらえた場合には、アルゴリズム取引や HFT が FinTech の一分野であることは疑いがない。

　しかし、FinTech を、「多くのユーザーに高い利便性をもたらす金融分野でのイノベーション」とより狭義にとらえた場合には、HFT がはたして FinTech の重要な一分野といえるかどうかは、意見が分かれるところだろう。

　逆に、「HFT は一部の市場参加者だけの金儲けの手段」「HFT にかかわる技術進歩は、多くの人がより利益を得られるようになるプラスサム・ゲームではなく、ゼロ・サムゲームだ」「HFT は市場操縦的な取引で他の投資家、特に個人投資家の利益を損ねている」とのマイナスの印象を多くの人にもたれていることも否定できない。

コロンビア大学のスティグリッツ教授は、HFT業者は他社よりも高速な取引を行うことで利益を得るが、そのために過剰な投資がなされている、として、これは社会的には無駄なコストであると断じている。

さらに、短期間で市場の価格が大きく変動する、いわゆる「フラッシュ・クラッシュ」が生じるたびに、HFTの関与が疑われ、金融市場を不安定化させる存在、との批判もしばしばなされてきた。

2 HFTの社会的意義を軽視すべきではない

しかし一方で、HFTが市場の流動性を高める、市場の効率性を高める、など市場機能を向上させる効果をもつことを示す実証分析が、日本を含めて世界各国には、多く存在している。それは、HFTが金融市場を不安定化させることを示す実証分析よりも、少なくとも数のうえでは格段に多いのである。

このようにHFTには、市場機能を向上させることを通じて社会全体に便益をもたらすという、社会的意義があることは間違いがないのではないか。この点は、決して過小に評価されるべきではないだろう。

3 各国でHFTへの規制強化の動き

通常時にHFTに市場機能を向上させる機能があることはたしかであるとしても、有事の際にはどうだろうか。すなわち、市場がなんらかの理由で混乱する場合に、HFTがその混乱を増幅してしまう可能性については、現状ではなお十分に検証されていない。

さらに、HFT業者が相場操縦のような不公正取引に、意図してあるいは意図せずに関与している可能性も否定はできない。またHFT業者による取引が、他の投資家、特に個人投資家の利益獲得の機会を奪っている可能性もある。こうした問題点についても、現状ではなお十分に実証されていない。

そこで、こうした不確実なリスクに対応するために、規制強化や制度整備

が各国で進められてきたのである。日本においても、2018年4月にHFT業者に登録制が導入された。

　こうした規制の強化が、市場機能を向上させるなど公益に資するHFTの活動を過度に抑制することなく、上記のような潜在的な問題を生じさせるリスクを軽減させるものとなることを期待したい。

　HFTへの規制については、高度な技術が求められるという点で、規制当局にとってもまさに新たな挑戦領域である。日本でHFT業者による不公正取引に関する摘発がいまのところ少ない背景には、規制当局側の技術水準の問題も指摘されている。今後は、民間組織からの協力を得るかたちで、規制当局の技術向上も図られるべきだろう。

 ## 4　HFTが日本の証券業のビジネスモデルに深くかかわる可能性も

　本章の最後では、日本の証券会社とHFT業者との活動に関して、最新の動向を紹介する。そのなかでは、日本のネット証券（オンライン証券）が、個人投資家からの株式注文をHFT業者に回すことと引き換えに、HFT業者からリベート（報酬）を得る仕組みをみる。米国で一般的なこの慣行を、日本のネット証券も導入し始めているのである。こうして、HFT業者と証券会社との相互依存関係が強まってきている。

　長引く低金利環境のもと、きわめて脆弱な収入基盤に直面している日本のネット証券は、こうしたかたちでHFT業者からのリベートに収益を依存する体質を、将来的には米国以上に強めていく可能性も考えられるところだ。

　その際には、こうした慣行が個人投資家の利益を大きく損なうかたちで行われることがないよう、引き続き厳しい監視が必要となるだろう。

アルゴリズム取引と HFT とは何か

1 アルゴリズム取引とは何か

　HFT とはアルゴリズム取引の一類型である。それでは、アルゴリズム取引とはいったい何であるのか？　本節ではこの点を議論したい。

　「あらかじめ定めておいた手順に従って、コンピュータのシステムが自動的に証券売買のタイミングや数量を判断して注文を繰り返す取引」のことを、アルゴリズム取引という。

　アルゴリズム取引自体は、かなり以前から世界的に行われており、そのなかには、定型的な取引の手続を自動化しただけの、高度でないものも少なくない。高頻度・高速取引を行わないアルゴリズム取引も多いのである。ただし最近では、機械学習など AI 技術を用いた高度なアルゴリズム取引が増えてきている。

　アルゴリズム取引の最大の目的は、安定的な収益の獲得であり、そのためにリスクをコントロールしつつリターンを追求し、またコスト削減を目指す。

　アルゴリズム取引を行うのは、機関投資家、プロップ・ファーム（自己資金のみで投資する投資会社）、証券会社の自己売買部門、証券会社のブローキング部門、個人投資家である。このうち、証券会社のブローキング部門以外では、アルゴリズム取引を利用する最大の目的は、利益の追求だ。証券会社のブローキング部門については、顧客からの注文について最良の取引条件のもとで執行する義務である最良執行義務の実現、が最大の目的となる。

　アルゴリズム取引は、その目的や手順に応じて、①執行アルゴリズム取引、②ベンチマーク執行アルゴリズム取引、③マーケット・メイキング・アルゴリズム取引、④裁定アルゴリズム取引、⑤ディレクショナル・アルゴリズム取引、⑥市場操作型アルゴリズム取引、の６つに大きく分けられる。

① 執行アルゴリズム取引

　執行アルゴリズム取引は、投資家が市場に売買注文を出す際に、コスト削減などをねらって、注文の分割、注文タイミングの調整、最適な市場の選択、などを自動で行うものだ。なかには、自らの取引の執行を他の投資家から隠すことで、マーケット・インパクト・コスト（自らの売買行動によって生じる取引価格の変動）の発生を抑えるものや、市場のルールを遵守する仕組みを取り込んだもの、などもある。

　マーケット・インパクト・コストを削減するためには、注文を多数回に分けて、時間をかけて発注をすることが有効だ。他方で、時間をかけるほど、市場価格が変動するリスクは増大してしまう（タイミング・コストの増加）。そこで、２つのコストの合計が最小となる最適な時間を見つけて取引を決めるのも、執行アルゴリズム取引の重要な役割の１つとなっている。

② ベンチマーク執行アルゴリズム取引

　ベンチマーク執行アルゴリズム取引は、自己の注文の執行結果を、なんらかのベンチマークに近づけるものである。大きな数量の注文を執行する際に利用される。たとえば、マーケット・インパクト・コストの発生を抑えるために数回に分けて注文を出す場合に、各注文の平均価格を市場の終値というベンチマークに近づけることを目指すようなアルゴリズム取引である。

③ マーケット・メイキング・アルゴリズム取引

　マーケット・メイキング・アルゴリズム取引は、通常のマーケットメーカーのように、売り買い双方に指値注文を出す。市場価格（仲値）よりも自身に有利な価格で売りと買いに同時に注文を出し、売買の相手を待って、市場価格と提示価格との差で収益をねらう。売りと買いの同数の注文が同時に

約定すれば、両者のスプレッド分だけ利益を得ることができる。

　この取引は、市場に流動性を提供する、という点で市場の安定に貢献する。マーケット・メイキング・アルゴリズム取引を行う投資家は、市場の動きや板の動きにあわせて、スプレッドの幅や注文の数量を随時調整することが求められ、新規の注文、変更、取消しを繰り返すことになる。

④　裁定アルゴリズム取引

　裁定アルゴリズム取引は、同じ証券など同一の価値をもつ商品の価格が、同一時点で異なる場合に、高い価格で売り、また低い価格で買い、価格差が収斂した後に反対売買を行うことで利益をあげるものだ。価格変動リスク（マーケット・リスク）を抑えつつ、利益をあげることができる。その過程で市場のゆがみが緩和・解消されることから、市場の効率化に貢献する取引であるともいえる。

　裁定取引から利益を得るまでには、裁定機会の発見、裁定取引、価格のゆがみの解消・縮小、反対売買の4つのプロセスを経ることになる。裁定取引は価格のゆがみを解消する方向に作用することから、最初に裁定取引を行う投資家がより多くの利益を得られる。そこで、第一の裁定機会の発見、第二の裁定取引のプロセスでは、スピードが求められるのである。

⑤　ディレクショナル・アルゴリズム取引

　ディレクショナル（directional）・アルゴリズム取引は、価格、出来高などの市場データ、ニュースなどのイベント情報から先行きの市場価格の変化を予測し、それに基づく売買を通じて売買価格差収益をねらうものだ。相場の一方向に賭ける戦略である。この取引は、概してハイリスク・ハイリターンである。

⑥　市場操作型アルゴリズム取引

　市場操作型アルゴリズム取引は、自らが提供する流動性や売買の意思などの情報について、他の取引参加者に誤認させることをねらって発注し、相場を自身に有利な方向に動かすことをねらうものだ。その結果、大きな収益の獲得が可能となる。大量の流動性を呼び込むことで、取引コストを抑えることや、大量の注文と取消しを繰り返すことで、他の参加者の執行を遅らせ

る、あるいは執行できなくするといった取引もある。

3 アルゴリズムの構築に機械学習を利用

　以上のようなアルゴリズム取引を行うためのアルゴリズムを構築する手法については、理論的アプローチと経験的アプローチの2種類がある。

　理論的アプローチとは、設計者が値動きや市況のメカニズムについて一定の仮説を設定し、それに基づいてモデルをつくりあげていくものだ。一方、経験的アプローチとは、機械学習などのAI技術の手法を用いて、コンピュータに過去のデータからなんらかのパターンを見つけさせ、そのパターンに一致するモデルを探索させる、といったアプローチである。

　理論的アプローチの場合、設計者がアルゴリズムのメカニズムを理解しているため、仮説の検証や問題点の修正などを容易に行うことができる。しかし、設計者個人の経験に基づき、設計者が認識し理解できる理論的因果関係の数には限界がある。そこで、経験的アプローチでより膨大かつ多様なケースのデータに基づいてモデルを構築したほうが、取引でよりよいパフォーマンスをあげることも期待できる。

　そのため、理論的アプローチと経験的アプローチを組み合わせたアルゴリズムの構築がしばしばなされている。

4 AIとAIとの争いに

　以上で説明したアルゴリズム取引の類型のうち、証券会社のブローキング部門が行う執行アルゴリズム取引とHFT業者が行うマーケット・メイキング・アルゴリズム取引との間では、ともにAI技術を競い合うケースが発生しやすい。

　証券会社では、顧客から受けた大口の注文を分割し、また注文タイミングを調整し、さらに最適な市場を選択して注文を出すなどの一連のプロセスを、執行アルゴリズムが自動で判断する。その際に、他の投資家には大口の

注文が察知されないようにして、市場の価格が動くことを回避しつつ、顧客からの注文を執行しようとするのである。

　他方、売り買い双方の新規注文、変更、取消しを高速で行い利益をあげるHFT業者が行うマーケット・メイキング・アルゴリズム取引では、こうした大口注文の存在をいち早く察知することで、先回りして利益をあげることを目指す。

　ここに、大口注文の存在を隠そうとするAIと、それを見抜こうとするAIとの間での激しい争いが生じるのである。

5　HFTとは何か

　HFTはアルゴリズム取引の一種で、高速かつ高頻度で売買を行うアルゴリズム取引のことをいう。

　HFTでは短時間で多くの回数の取引が可能であるため、1回の取引で得られる収益が比較的小さくても、全体では大きな規模の利益を得ることができる。また高速の取引は、瞬間的に生じた収益機会を逃さずに得ることを可能とする。

　HFTでは、保有したポジションを短期間のうちに解消することが一般的だ。巨額のポジションを長期間保有すれば、大きなマーケット・リスクにさらされるからである。

　Ferber, M. (2012) は、HFTを、以下の6つの条件のうち少なくとも4つの条件を満たすもの、と定義している。

・コロケーション・サービス（取引参加者が売買執行を行うサーバーなどを、取引所の売買システムの近くに設置することを許可するサービス）を利用している

・日々の取引代金が、保有資産規模の50％以上

・注文執行比率が売買注文全体の25％未満

・注文取消比率が売買注文全体の20％以上

・保有資産のうちの半分以上がその日のうちに売却される

・50％以上の取引・注文についてリベートを受領している

6　HFT で使われるアルゴリズム取引

　すでにみた 6 種類のアルゴリズム取引のうち、HFT が利用される傾向が強いのが、マーケット・メイキング・アルゴリズム取引、裁定アルゴリズム取引、ディレクショナル・アルゴリズム取引の 3 つである。

　そのなかでも最も数が多いのが、マーケット・メイキング・アルゴリズム取引である。そこでは、市場価格や流動性の変化に応じて、新規の発注、変更、取消しを随時実施することが求められることから、高頻度、高速の取引が有効となるのだ。

　裁定アルゴリズム取引では、価格のゆがみ、つまり裁定機会を発見した後、最も早く裁定取引を行うアルゴリズムが、最も大きな利益を得ることができる。この点から、やはり HFT の利用が有効となる。

　2014年に発行されたマイケル・ルイス氏の著書『フラッシュ・ボーイズ』のなかで紹介されたのは、このタイプのアルゴリズム取引、HFT だ。米国では、個別銘柄の取引がニューヨーク中心である一方、株式指数先物の取引の中心はシカゴにある。そこで、両市場間の裁定取引で他者に打ち勝つために、両都市間を直線的に結ぶ光ケーブルが敷設されたのである。

　他方、ディレクショナル・アルゴリズム取引のうち、短い時間で利益の獲得を目指す場合にも、やはり HFT の利用が有効となる。

7　米国で HFT による裁定取引が活発化した背景

　米国で HFT による裁定取引が活発化するきっかけとなったのは、当局による規制改革であった。ニューヨーク証券取引所（NYSE）とナスダックが株式取引をほぼ独占していたことを問題視した SEC（米証券取引委員会）は、取引所間の競争を活発化するために規制改革策を進めたのである。

　これによって1990年代以降、多くの取引所、ATS（代替取引システム）、取

引所以外のマーケットメーカーによって注文執行がなされるという、市場の分断化（market fragmentation）が形成されていったのである。

　同じ銘柄が取引される場所、つまり市場の数が増えれば増えるほど、市場ごとの売買気配値の違いが多く生じて、ここに裁定取引の機会が生まれる。そこで投資家は、気配情報の変化に迅速に対応できる高速の取引システムを導入していった。他方、市場（取引所）の側でもそうした投資家のニーズに応えるために、自らの注文執行システムの応答速度を上げていったのである。

　一方日本では、株式売買代金の9割は東京証券取引所に集中していることから、HFTによる裁定取引はそれほど活発ではない。そのため、日本でのHFTは、裁定アルゴリズム取引ではなく、マーケット・メイキング・アルゴリズム取引が中心となっている。

8　高速取引は光速に近づく？

　比較的少数の新興企業が、光速に匹敵する速度で株式取引を処理できるという、ネットワークスイッチを製造している。ウォール・ストリート・ジャーナル紙が2016年に報じたところでは、豪シドニーに本拠を置くメタマコや、米シカゴに本拠を置くエクセロア（xCelor）社が製造するネットワークスイッチでは、取引所から電子トレーダーに送るデータなど、メッセージを一方から他方に送るのに約4ナノ秒（1ナノ秒＝10億分の1秒）しかかからないという。

　このように、HFTの一部のプロセスでは、その取引速度はまさに光速に近づいてきているのである。このことは、HFTの速度を競う争いが終わりに近づいていることを意味するのだろうか？

　取引速度が光速に使づくなか、その取引速度を他者よりもわずかでも上げるために必要な投資額は、加速的に増加する傾向にある。取引速度を上げるための限界コストが高まる場合、限界期待収入と限界コストが一致する時点で、HFT業者は追加投資を停止してしまうはずだ。

後にみるように、米国では2009年頃をピークに、株式取引に占めるHFTの割合が低下したことをふまえて、こうした臨界点が近づいてきたことを示唆している、との指摘も聞かれる。

　しかしそれでも、米国においては、他社よりもわずかにでも取引速度を上げ、光速に一歩でも近づくという争いはなおも続いている。まだ臨界点には達していないのである。

世界と日本のHFTの変遷を振り返る

 ## HFTはまず米国で盛んに

　HFTが最初に盛んに行われるようになったのは米国である。2000年代中盤には、すでに多くのHFT業者が市場に参加していた。2000年代の後半にかけては株式取引に占めるHFTの比率は急速に高まり、米調査会社Tabb GroupのBogard氏の推計によると、2009年には61.0%にまで達した。

　しかし、HFTの比率はこの2009年頃をピークに低下していく。その背景には、HFTでの過当競争と収益性の低下があっただろう。HFTによる収益獲得はゼロ・サムゲーム的要素が強いことから、HFTの業者数が増加すると、1社当りの収益は減少する傾向にある。Tabb Groupの推計によると、米国株市場におけるHFT業界の2018年の総収入は18億ドルと、2010年の57億ドルからは7割も減少している。

　また、2010年5月の株価急落、いわゆるフラッシュ・クラッシュも、HFTへの参入が弱まる一因となった可能性があるだろう。2012年にはEladian Partners、2014年にはInfinium Capital ManagementといったHFT業者が、廃業に追い込まれていった。

　2014年にはHFTの比率は売買代金ベースで48.5%（Bogard氏による推計）まで低下し、その後は比較的安定しているとみられる。この比率が50%に近いことは、すべての株式取引で片側がHFT業者、もう片側がHFT以外の投資家、というイメージである。比率が50%を超えるとHFT業者同士の食い合いから一部のHFT業者が淘汰されるため、おおむね50%程度が持続的な水準の上限と考える見方もある。その場合、比率が60%を超えていた2009

年は行き過ぎており、持続可能でなかったといえるだろう。

欧州でのHFTの活動は、数年程度の遅れで米国の流れを追ったかたちであった。株式取引に占めるHFTの比率（売買代金ベース）は、2009年で29％、2010年と2011年には38％に達した（World Federation of Exchanges n.d.）。しかしその後は低下傾向をたどり、2014年時点で24％と推計されている（European Securities and Markets Authority, 2014）。

2 HFT業者は市場が飽和した米国市場などから日本へ

日本のHFTは、2010年前後に取引シェアでピークを迎えた欧米に比べて、遅れて広がった。広がるきっかけとなったのは、東京証券取引所が2010年に株式売買システムのアローヘッド（arrowhead）を稼働させたことだ。これは、世界最高水準の高速性・信頼性・拡張性を兼ね備えた売買システムで、それによって、高速な売買取引が可能となったのである。いわば、本格的なHFTの幕開けである（図表8－1）。

2010年は、米国でHFTの比率がちょうどピークを迎えた頃だ。まさにそのタイミングで、日本では逆にHFTが本格的に広がり始めたのである。市場が飽和状態に達し、収益性が低下してしまった米国市場から日本市場へとHFT業者が取引を移していったことが、日本でのHFT拡大を後押しした可能性も考えられるところだ。

2012年時点での日本の株式取引に占めるHFTの比率は26％（売買代金シェア）と推計されている。これは、同時期の欧州での水準とおおむね等しい。

しかしその後、2015年にはアローヘッドがリニューアルされ、売買スピード、処理件数が格段に高まったことをふまえると、HFTの比率は現状ではさらに高まっていると推察される。現在の水準は、米国には及ばないものの、欧州を上回っているのではないか。

ちなみに、日本以外のアジア市場では、オーストラリアでの株式取引に占めるHFTの比率は、2015年5～7月期に27％と推定されている（Australian Securities and Investments Commission, 2015）。他方で、香港やシンガポール

図表 8 − 1　株式市場での HFT 比率の国際比較

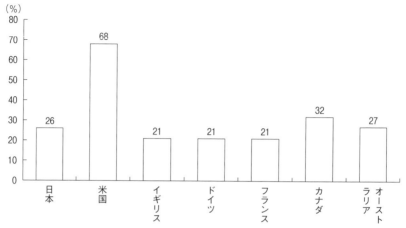

（注1）　比率は売買代金ベース。
（注2）　計測期間は、日本は2012年9月、2013年1〜5月、米国が2008年1月〜2010年2月、カナダは2011年8〜11月、オーストラリアは2012年5〜7月、その他は2013年5月。
（出所）　「「情報技術革新がもたらす証券市場への影響に関する研究会」中間報告書について」日本証券経済研究所、福田徹

においては、その比率はかなり低めとされる（Wheatey, 2011）。

3　市場の集中度が高い日本での HFT 業者の活動

　欧米市場と比べると、日本の株式市場は集中度が高い。言い方を変えると、市場の分断化（fragmentation）の度合いが低い。株式取引における東京証券取引所の比率が圧倒的に高いためだ。

　『フラッシュ・ボーイズ』の世界のように、米国では取引が多くの市場に分散していることが、HFT 業者が裁定取引によって収益をあげることができる環境を提供している。また、市場の数が多いことが、HFT 業者がマーケットメイク取引を行う機会を増やすことにもなる。この点から、市場の分断化が激しい国ほど、HFT の収益獲得機会は増え、HFT にとっての魅力は高まる。

この点に照らすと、東京証券取引所に株式取引が集中している日本は、海外のHFT業者にとっては必ずしも魅力のある市場ではないはずだ。それにもかかわらず、次項でみるように海外勢のHFT業者が日本で活発に活動しているのは、海外市場が飽和状態に達したことで、収益獲得の活路を彼らが日本に見出しているためではないか。

4　海外勢HFT業者に席巻される日本市場

後に詳しくみるが、日本では2018年4月に、HFT業者に対して登録制が導入された。2020年10月15日時点で登録されたHFT業者（正式名称は高速取引行為者）は55社であり、そのうち1社を除けばすべての本社は日本以外の海外の国にある（図表8－2）。日本のHFTは、まさに海外勢に席巻されているのである。これは、市場が飽和した米国市場等から、収益機会を求めてHFT業者がこぞって日本に流れ込んできたことを意味しているのではないか。

図表8－2　日本の登録HFT業者の本店所在国別数

香港	14
米国	13
シンガポール	12
オーストラリア	7
イギリス	2
イスラエル	2
オランダ	2
ドイツ	1
アイルランド	1
日本	1

（注）　2020年10月15日時点。
（出所）　金融庁

そのため、日本でHFTから得られた収益は、多くが海外に流れている可能性があるだろう。その分、国内でのその他の投資家、特に個人投資家が取引で不利益を被り、彼らが得られるはずだった収益が海外に流れている、という構図になっている可能性もあるのではないか。

　いまのところ、日本ではそうした状況に対して批判の声はあまり聞かれない。これは、市場関係者や投資家の間では、HFTが市場に流動性を供給するなどのプラスの役割がより意識されているためかもしれない。他方、一般の国民にとっては、HFT業者という存在自体があまり知られていないためかもしれない。

　ただし、今後は、国民の厳しい目が海外勢のHFT業者に向けられる可能性も残されていよう。「ハゲタカファンド」と呼ばれる海外の投資ファンドが日本企業を安く買い叩き、日本国民がそれを強く警戒した、かつての経験を思い起こさせる。

HFT が金融市場に与える影響の評価

1 HFT は市場機能を高める効果をもつ

　アルゴリズム取引、とりわけ HFT 型のアルゴリズム取引が金融市場に与える影響については、プラス面、マイナス面の双方からいままでさまざまな議論がなされてきた。

　HFT のプラス面として多く指摘されるのは、流動性供給機能である。HFT 業者の大部分は、マーケット・メイキング・アルゴリズム取引を実施している。そのもとでは、売りと買いの両方に取引注文を出すことから、HFT が市場に流動性を提供するという重要な役割を担っていることは疑いないのではないか。またこの点から、市場の安定に貢献しているといえるだろう。

　もう 1 つの HFT 業者の代表的なアルゴリズム取引である裁定アルゴリズム取引では、HFT 業者は裁定機会を見出した際に迅速に発注を行い、価格の乖離を解消するものだ。価格差という市場のゆがみを迅速に解消するという点で、HFT は市場の効率性を高めている面があるだろう。

　これら双方の点から、HFT 型のアルゴリズム取引が市場機能を高める効果があることは否定できないと思われる。

2 市場機能を高める効果に関する海外での実証研究

　HFT が市場に流動性を供給し、市場の流動性を高める効果については、海外で多くの実証分析結果が存在している。そのうち代表的なものの概要を

図表 8 - 3　HFT の流動性提供に関する実証研究

●米国株式市場に関する実証分析；Zhang and Riordan（2011）
　➡流動性の高い銘柄の取引から流動性を奪い、流動性の低い銘柄の取引に
　　流動性を提供する傾向がある
●イギリス株式市場に関する実証分析；Brogaard et al.（2014b）
　➡システム更新に伴い HFT 比率が高まっても、機関投資家の取引コスト
　　（市場変動修正コスト）は増加しない
●カナダ株式市場に関する実証分析；Brogaard et al.（2014a）
　➡取引手数料の値上げ後に HFT の減少と気配スプレッドの縮小を観測

（出所）　各種資料より筆者作成

図表 8 - 4　HFT の効率性向上に関する実証研究

●米国株式市場に関する実証分析；Zhang and Riordan（2011）
　➡HFT は効率的な価格水準からの乖離を是正する
●イギリス株式市場に関する実証分析；Benos and Sagade（2016）
　➡HFT は能動的に効率的な株価水準への移行を促す一方、乖離をもたらす
　　ような注文を指値で待ち受ける傾向がある

（出所）　各種資料より筆者作成

示したのが図表 8 - 3 である。

　米国やカナダでの実証研究では、HFT が市場の流動性を高める効果があ
ることが示されている。またイギリスの実証分析でも、HFT の増加が、市
場の流動性の低下を通じて市場参加者の取引コストを高めているという証拠
はみられなかった、とされている。

　さらに HFT が市場の効率性を高める効果についても、海外で多くの実証
分析結果がある。そのうち代表的なものの概要を示したのが図表 8 - 4 であ
る。

　米国やイギリスでの実証分析では、HFT によってもたらされた注文によ
る約定が、効率的な価格水準が決定されるように促した、という効果が確認
されている。

日本での研究結果

HFT が市場に与える影響に関する学術的な研究分野においては、欧米にはかなりの蓄積がある。株式市場に与える影響については、市場の価格発見機能の向上、効率性の向上、流動性の向上に貢献しているとのプラスの評価が多い。

他方、HFT で後発組の日本では、2010年に売買システムのアローヘッドが稼働した後、つまり HFT が本格化したことで生じた市場の変化に関する実証分析が多いことが特徴である。

そのなかで、比較的オーソドックスな分析が、東京証券取引所（保坂）によって行われている。ここでは、HFT 業者による取引を、Ferber, M.（2012）の定義（第2節参照）にならって注文執行比率25％未満、注文取消比率20％以上、としたうえで、HFT 業者と非 HFT 業者の注文を区別して、HFT 業者の特性を明らかにしている。

それによれば、①立会取引外の注文は少なく、また、②成り行き注文がき

図表 8 − 5　日本の HFT の市場の流動性に与える影響に関する実証研究

●宇野・柴田［2012］
　➡アローヘッド稼働後取引の高頻度化が進むことにより流動性供給が活発化した
●新井［2012］
　➡アローヘッド導入が価格変動の大きい銘柄に対する流動性供給を活発化させ、取引コストの低下をもたらした
●保坂［2014］
　➡ HFT による約定注文では同取引によって流動性を供給するものが多い。HFT による指値注文は最良気配値よりも最良気配値外で注文板を厚くしている。HFT は価格変動を抑制する注文が多く、株価の変動を緩やかにしている
●太田［2013］
　➡アローヘッド導入後にスプレッドが著しく低下した

（出所）　各種資料より筆者作成

わめて少ない、③最良気配外指値注文が多いため、即時に約定されず長く板に注文が残る傾向がある、ことなどが明らかになったという。これらは、HFT業者の注文は、市場に対して流動性を提供し、市場の安定に貢献していることを示唆している。

図表8-5は、日本のHFTが市場の流動性に与える影響に関する、代表的な実証研究の結果の概要を示したものだ。

4 市場を不安定化させる可能性も

このように、内外の実証研究では、HFTが市場の流動性を高める、市場の効率性を高めるという効果を示すものが多い。

他方で、HFT型のアルゴリズム取引は金融市場を不安定化させるという問題点も、しばしば指摘されてきたところだ。株式、債券、為替市場で短期間のうちに価格が大幅に変動するいわゆる「フラッシュ・クラッシュ」が生じると、真っ先にHFTの関与が疑われるのである。

なんらかの理由で市場が不安定になった場合、アルゴリズムがその設計者が想定していない動きをし、その結果、市場の不安定性を増幅してしまう可能性が考えられる。また、アルゴリズムが不具合などを理由に暴走を始めると、市場を混乱させる可能性も指摘されている。

さらに、HFT業者は高速および高頻度で新規発注、変更、取消しを実施するため、他の投資家が市場の状況を正確に理解できず、価格形成が一部のHFT業者に支配され、その結果、価格形成にゆがみが生じる可能性もある。

このように、HFTが市場に与える悪影響を示す実証研究は、すでにみたような好影響に関する実証研究結果と比べると少ない印象である。しかしそれゆえに、HFTが市場に与える好影響のほうが悪影響よりも大きい、と結論づけることはできない。データの制約や技術的な制約によって、両者の間で実証研究の難易度に差がある可能性なども考えられるためだ。

5 市場の混乱を増幅させるかについても両論

第1節でも指摘したが、通常時、いわば平時には、HFT に市場機能を向上させる機能があることはたしかであるとしても、いわゆる有事の際の HFT の評価については不透明性が残る。すなわち市場がなんらかの理由で混乱する場合に、HFT がその混乱を増幅してしまう可能性については、なお十分に検証されていないのが現状なのではないか。

フラッシュ・クラッシュと HFT との関係について、キリレンコ・MIT教授は、HFT の自動プログラム売買が、価格変動を加速したフラッシュ・クラッシュ発生時に最良気配の注文を即時に引き揚げ、それが価格変動を増幅したとした。市場がストレス状態にある際には、HFT の注文フローの偏りが拡大してさらなる価格変動を生じさせるとして、HFT が市場の混乱を増幅している、と結論づけたのである。

他方で、ヘンダーショット・UC バークレー教授は、ボラティリティの変動に応じて HFT のアルゴリズム取引の取引量が有意に変動している証拠はない、アルゴリズム取引はボラティリティを高めているのではなく抑制している、としており、見解は大きく分かれている。

6 取引の公平性の問題と不公正取引

他方で、HFT は投資家の間で不公平性を生じさせている、との指摘もある。HFT は一般の投資家ではむずかしい、ごく短時間の取引機会の獲得を実現している。これが不公平だとの指摘である。

一般投資家は、板情報をみて取引の意思決定をしても、その注文が市場に到着した時点で、すでに HFT の高速取引によって板の状況は変化していることがしばしばある。

また、HFT 取引には相場操縦などの不公正取引が含まれている点も、しばしば指摘されてきた問題だ。HFT では大量の新規注文、変更、取消しが頻繁に行われる。そのなかに、売買する意思がないのに大きな注文を出し、

約定しそうになると取り消す「見せ玉」などの、禁止されている相場操縦行為も含まれているとの指摘もされる。実際に日本でも、相場操縦の意図をもって取引が行われ、HFT 業者が摘発された事例が少数ではあるが存在する。

予防的な措置としての HFT 規制

1 米国での HFT 規制と制度対応

　HFT の取引戦略は、それが収益の源泉であるがゆえに、他者は簡単には知りえない、いわばブラックボックスとなっている。他方で、HFT が市場を混乱させる可能性や、一部で相場操縦のような不公正取引に関与している可能性などの問題を多くの人が意識するなか、それらを明確に確認あるいは証明できないとしても、それに対して予防的な措置を講じようとする取組みが、世界的に広まってきた。それが、自主規制機関によるさまざまなルールの導入や当局による規制の導入である。

　欧州では、HFT を規制する目的から HFT をまず明確に定義しているのに対して、米国では HFT は明確に定義されていない。CFTC（米商品先物取引委員会）と SEC（米証券取引委員会）が2010年に示した定義も、大まかなものにすぎない。そのため、HFT を直接的に取り締まる規制は、米国では導入されていない。他方で、HFT 的な一部の取引に対して、段階的に規制が適用されてきているのが特徴である。

　たとえば、米国ではネイキッド・アクセスが禁じられている。これは、証券会社の発注システムを介さない取引所への接続のことであり、かつ、証券会社が、顧客の注文情報などをチェックするためのシステムも組み込んでいないものだ（組み込んでいるものは、スポンサード・アクセスと呼ばれる）。ネイキッド・アクセスの禁止は、証券会社における HFT 顧客獲得のための過当競争を抑える措置といえる。

　また米国では、スタブ・クォートも禁じられている。スタブ・クォートと

は、価格提示の義務があるマーケットメーカーが、取引を成立させたくない場合に、意図して市場実勢から極端に乖離した指値で注文を入れることである。

2 欧州でのHFT規制

EU（欧州連合）では、金融・資本市場に係る包括的な新規制であるMiFID2（第2次金融商品市場指令；Markets in Financial Instruments Directive 2）のなかで、HFTは明確に定義されている。

この法律のもと、HFT業者に限らずすべてのアルゴリズム取引業者は、規制当局に取引内容を報告することが義務づけられている。また、取引所については、注文ごとにそれがアルゴリズム取引業者によるものかどうかを把握することも義務づけられている。

マーケットメイク戦略を行うアルゴリズム取引業者は、事前に登録を義務づけられ、さらに市場に流動性を供給することを一定の基準で満たすことが求められる。

3 日本でのHFT規制

日本では、金融商品取引法が改正され、HFT規制を含む政令、内閣府令が、2018年4月に施行された。HFT業者（高速取引行為者）には、登録と取引戦略を事前に届け出ることが求められるようになった。設備や体制に不備があれば、登録を拒否されることもある。すでにみたように、2020年10月15日時点で登録されたHFT業者は55社である。

日本では、HFT業者は定義されているが、欧州ほどには明確ではない。その定義は、「注文等の伝達に通常より時間を短縮する方法がとられ、他の注文と競合することを防ぐ仕組みが講じられたもの」である。

また、HFT業者には、取引記録の作成や保存が義務づけられており、監督当局は報告の要求や検査を行い、HFT業者に業務改善命令を出すことが

できる。

　日本での規制導入は、HFT 業者を悪者として排斥するような意図をもってなされているわけではない。その実態が明確でないことから、規制当局や取引所がその実態を適切に把握して、HFT 業者に対する監督機能を高めるための環境整備を進める、というねらいがあるだろう。HFT 業者の多くは非上場で情報開示が少ないため、当局には実態把握がむずかしいのである。

　登録制導入によって、日本での HFT の活動が抑制されるとの懸念も当初はなされていたが、現状ではそれを裏付ける明確な証拠はない。

　登録制導入に関しては、当局が HFT の実態把握のために必要という判断が背景にあり、またそれには相応の根拠がある。仮に登録制でなければ、東京証券取引者など民間事業者が自主的に監視する必要があるが、これはかなりのコスト負担となり、実施がむずかしい面もあるだろう。登録制を導入したことで、国の責任のもと、国費を用いて、仮に不公正なものがあれば摘発していく、という姿勢を明確に示したことになる。

4　HFT に係る不公正取引の摘発は日本では少ない

　しかし日本では、HFT に係る不公正取引の摘発件数はかなり少ないのが現状である。その理由として以下の 3 点が考えられる。

　第一は、日本は米国のように市場が分断化していない。その結果、市場のゆがみが比較的小さく、HFT がそもそも欧米よりも活発ではない。また、HFT 業者のみが取得できる情報に限りがあることも、不公正取引を抑制しているのではないか。第二は、日本の規制手段が限定的であるため、HFT による不公正取引を発見しても、その摘発がむずかしいという側面もあるだろう。第三は、当局がもつ技術が十分でないことから、当局が HFT の不公正取引を追跡できていない可能性がある。

　このうち、従来最も有力であったのは、第三の理由なのではないか。実際のところ、当局が HFT による不公正取引を見つけるのは、技術的にむずかしかったようだ。取引がきわめて短時間で行われているためだ。

しかし、HFT業者を登録制にしたことによって、当局による不公正取引の把握と検証は、より実効性が高まってきている。また、民間の取組みでも、AIの技術を用いて大量の市場データを学習させることにより監視機能を充実させ、怪しい動きを見つけることができるようになってきている。

　そうした情報を民間が広く当局に提供するなど、両者が協力関係を強化していくことが、不公正取引を抑制することに貢献するだろう。

　金融庁は、「欧米とは異なり、市場の分断等を不当に利用した取引は限定的だ。それでも、わが国でも、アルゴリズム取引を用い、また、アルゴリズムに働きかけるような相場操縦事案の勧告事例はある」とする。そして、約定させる意思のない売買注文で相場操縦を行ったとして課徴金納付命令を出した事例などを具体的に紹介している。

日本の HFT と証券ビジネスの最新事情

1 日本の証券会社は米国での慣行を遅れて導入

　最後に、日本の HFT 業者の活動の最近動向に関して、2 つのケースに注目してみたい。いずれも HFT 業者が投資家の株式注文情報を入手することで、なんらかのベネフィットを得ている、と考えられるものだ。

　これらは、HFT がはたして他の投資家に利益をもたらしているのか、それとも不利益を与えているのかという、長らく続いてきた議論をあらためて呼び起こすきっかけともなっている。

　そして、その背景にある仕組みは、いずれも米国から輸入されたものだ。HFT の後発組である日本は、こうした点でも米国モデルの後を追っているのである。

　第一のケースは、米国の証券ビジネスで一般的な SOR（smart-order routing：スマート・オーダー・ルーティング）がかかわっている。証券会社は、開示されている気配・取引情報に基づいて、価格、コスト、スピード、執行可能性といった条件を勘案しつつ、顧客にとって最良の条件で受けた売買注文を執行する義務を負っている。これは、「最良執行義務」と呼ばれる。

　SOR とは、証券会社がこの最良執行義務を果たすために、アルゴリズムが最良の値段をつけている市場を瞬時に選んで発注する自動システムのことである。

SOR と板情報

　日本経済新聞が2019年11月に報じたところよると（「日本版フラッシュ・ボーイズ(上)(下)」）、日本の金融グループ傘下のネット証券は、個人投資家を中心に顧客から株式の売買注文を受けると、このSORのもとで東京証券取引所と金融グループ傘下のPTS（私設取引システム）との間で最適な市場を選択し、どちらかに顧客からの注文を出している（図表8－6）。日本では、1998年に株取引の取引所集中義務が撤廃されて、このPTSが解禁されたのである。

　このネット証券は、顧客から受けた注文をまずPTSに送り、それから東京証券取引所が最適な市場と判断されれば、そこに注文を送る。最終的に東京証券取引所に注文が流れる場合でも、一定時間は、顧客からの注文がPTSの板情報にさらされる。その時間は0.1〜0.3秒程度だ。一瞬のようだが、HFT業者にとっては非常に長い時間である。

図表8－6　HFT業者が個人投資家の注文を先回りか？

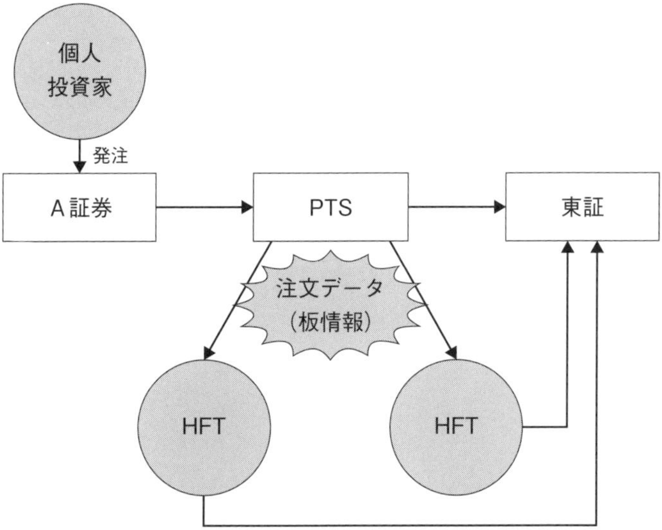

（出所）　日本経済新聞より筆者作成

HFT業者はこの顧客注文の情報を入手し、それに先回りするかたちで東京証券取引所に高速で注文を出すことができたという。その場合、先回りしたHFT業者が利益を手にし、先回りされた個人投資家がより不利な価格での取引を強いられる可能性が生じたのである。この仕組みは、2019年10月に新たに導入されたものだという。

3　「日本版フラッシュ・ボーイズ」の出現か？

　これは、HFT業者が他の投資家の注文を板情報から得て、瞬時に新規注文、注文変更、注文取消しを行うことで有利な取引をするという、マイケル・ルイスが2014年に出版した『フラッシュ・ボーイズ』の世界とよく似ている。その取引は、超高速な後出しジャンケンのようなものである。今回のケースは、「日本版フラッシュ・ボーイズ」ともいわれている。

　このPTSが一時的に顧客注文を板情報でさらすのは、それを通じて反対注文を呼び込み、取引を活発化させて約定比率を上げることをねらっている、とも説明されている。しかし、一部からの批判を受けてか、この金融グループは2019年11月にはSORの執行方法を見直して、外部から顧客注文の板情報がみられないようにしたという。

　しかしその後も、SORのもとで顧客注文がPTSに回された後、約定できずに残された注文が東京証券取引所に流れていくことを見越して、HFT業者が先回りして取引できる余地は残されている、とも指摘される。

4　日本でもPFOFを導入する動き

　もう1つは、米国の証券会社では一般的なPFOFという慣行が、日本でも広まりつつあることだ。PFOFとはペイメント・フォー・オーダー・フロー（payment for order flow）のことで、証券会社が顧客からの注文（売買執行権利）をHFT業者などのマーケットメーカーに回し、それと交換にリベート（報酬）を受け取る仕組みである。

図表 8 － 7　広がる HFT 業者からのリベート受取り

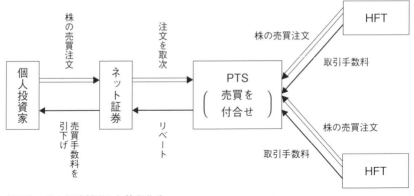

（出所）　日本経済新聞より筆者作成

　その舞台となるのも、やはり PTS だ。HFT 業者は PTS に取引手数料を支払う一方、PTS はネット証券にリベートを支払う。PTS を経由して間接的に、リベートが HFT 業者からネット証券へと流れる仕組みである（図表 8 － 7）。

　HFT 業者がリベートを支払ってでも個人投資家の注文という情報を欲しがるのは、そのビッグデータを AI で解析することを通じて、日本の個人投資家の売買動向を予測するなど、自らのアルゴリズム取引の精度を高めることができるため、とみられる。

5　HFT 業者にとって価値の高い個人投資家の注文情報

　個人投資家の個々の注文は規模が小さく、大口投資家の注文のように市場を大きく動かすことで、HFT 業者に利益獲得の機会を与えるものではないようにも思える。しかし、個人投資家の小口注文が大量に集積した場合には、市場に大きな影響を与えるのである。

　また、機関投資家による大口注文は、市場の価格を動かさないように、またその取引実態を他者に知られないようにするために、証券会社が分割して市場に送る。HFT 業者は、個人投資家の注文を分析することによって、そ

れらが小口注文か、大口注文が分割されたものかを判別することの精度を上げることが可能となるだろう。大口注文の存在がわかれば、その後の分割注文に先回りをして、大きな利益をあげることも可能となる。

このような点から、個人投資家の注文情報は、HFT 業者にとって大きな価値をもち、手数料を支払ってでも入手したいものだ、と推測される。

6　手数料無料化の流れが背景に

このように、日本のネット証券が米国型の PFOF の慣行を導入する方向にあるのは、新たな収益源の獲得をねらっているからにほかならない。近年、株式売買手数料の引下げが世界的に顕著となり、無料化の動きも広がってきた。日本もその例外ではない。

一般に、証券会社が株式売買手数料の引下げによる収益減少を補う手段としては、信用取引で顧客に貸し出す際の金利収入、株を空売りする他の投資家に顧客から預かった株を貸し出す際の貸株料、などが考えられる。

しかし、金利水準がきわめて低い日本では、信用取引のための融資の金利収入、株式を貸出す際の貸株料のいずれも、すでにかなりの低水準である。そうしたなか、日本のネット証券は、PFOF 導入による新たな収入確保を模索し始めたのである。

米国で株式売買手数料をほぼ無料にしているオンライン（スマートフォン）証券ロビンフットは、顧客からの注文のほぼすべてを HFT 業者に回しているが、同社の収入のうち HFT 業者からのリベートが占める比率は、2018年初め時点で４割強にも達するとされる。

日本のネット証券も、ビジネスモデルを次第にロビンフット型へとシフトさせていく可能性も出てきたのではないか。

7　個人投資家の利益は守られているか

PFOF のもとでは、証券会社が投資家、主に個人投資家の注文というビッ

グデータを HFT 業者に提供し、その対価としてリベートを得る。それを原資にして証券会社は個人投資家に対して無料の株式手数料を提供する、という構図になっている。

これは、ネットサービスから得られる個人データをターゲット広告などに活用して外部から収入を得て、それを原資にユーザーに無料のネットサービスを提供している、デジタル・プラットフォーマーのビジネスモデルとよく似ているのではないか。

この場合、株式手数料の引下げ、あるいは無料化というかたちで、個人投資家は注文データを HFT 業者に提供することの対価を得ている、といえる。しかしそれを通じて、HFT 業者に対してより不利な取引環境を強いられる可能性もあるのかもしれない。この点から、個人投資家がはたして正当な対価を得ているのかどうかについては、不透明な部分も残されているといえる。この点については、今後、さらなる検証が必要だろう。

長引く低金利のもとで、収益基盤が米国と比べてもより脆弱な日本の証券会社、特にネット証券にとって、HFT 業者から得られるリベートの収益面での重要性は、いずれは米国を上回ることになるかもしれない。その場合、日本で活動する HFT 業者は、米国あるいはその他の国以上に、証券業のビジネスモデルを支える重要な役割を果たすことになるのだろう。両者はいわば持ちつ持たれつ、一蓮托生の関係なのである。

8 HFT 研究はいまだ発展途上

以上みてきたように、HFT 業者が市場機能の向上に貢献しているという点では、比較的コンセンサスは得られていると思われるが、市場の混乱を増幅していないか、あるいは個人投資家など他の投資家の利益を損ねていないかなどについては、いまだ議論は収斂していない。その背景には、人知の及ばない高速・高頻度取引を行う HFT の実態がいまだ十分に明らかにされていないことがあるだろう。規制当局者も学者も、HFT 研究はいまだ発展途上の状態にある。

ただし、今後そうした研究が進み、HFT の功罪がより明らかになれば、それは、HFT が市場のさらなる発展や、最後にみた証券業の新たなビジネスモデルの発展に貢献する存在へと、より進化していくきっかけともなるのではないか。こうした点から、HFT 研究のさらなる進展に期待したい。

◆ 参考文献

新井亮一「アローヘッド導入による株式市場の流動性と取引コストの変化—機関投資家の視点からの分析—」証券アナリストジャーナル（日本証券アナリスト協会、2012年9月）

NTT データ・フィナンシャル・ソリューションズ先端金融工学センター『アルゴリズム取引の正体』（金融財政事情研究会、2018年）

宇野淳・柴田舞「取引スピードと流動性；東証アローヘッドのケース」現代ファイナンス No.5（日本ファイナンス学会、2012年3月）

大崎貞和「HFT（高頻度取引）と複雑化する米国の株式市場構造」月刊資本市場 No.351（資本市場研究会、2014年11月）

太田亘「取引システムの高度化の流動性に対する長期的影響」日本ファイナンス学会第21回大会予稿集（日本ファイナンス学会、2013年6月）

大墳剛士「諸外国における市場構造と HFT を巡る規制動向」金融研究センターディスカッション・ペーパー（金融庁、2016年6月）

金融庁総務企画局「事務局説明資料（取引の高速化)」（金融庁、平成28年5月13日）

芳賀良・小粥泰樹「HFT に対する規制のあり方」金融 IT フォーカス（野村総合研究所、2019年11月）

福田徹「「情報技術革新がもたらす証券市場への影響に関する研究会」中間報告書について」月刊資本市場 No.357（資本市場研究会、2015年5月）

福田徹「情報技術革新がもたらす証券市場への影響について」証券レビュー第56巻第6号（日本証券経済研究所、2016年5月）

保坂豪「東京証券取引所における High Frequency Trading の分析」証券アナリストジャーナル第52巻第6号（日本証券アナリスト協会、2014年6月）

「日本版フラッシュボーイズ（上）　株注文、先回りされた個人、高速取引業者が関与か」（日本経済新聞・朝刊、2019年11月19日）

「日本版フラッシュボーイズ（下）　手数料ゼロ、歪み招く、ネット証券に焦り、高速取引業者と蜜月深まる」（日本経済新聞・朝刊、2019年11月20日）

「高速取引、なお「抜け穴」探し」（日本経済新聞・朝刊、2020年1月15日）

Australian Securities and Investments Commission (2015, October 26). Review of high-frequency trading and dark liquidity (report 452). (https://asic.gov.au/media/3444836/rep452-published-26-october-2015.pdf)

Benos, E., and Sagade, S. (2016). Price discovery and the cross-section of high-frequency trading. Journal of Financial Markets, 30, 54-77.

Bogard, V. (2014, March 24). High-Frequency Trading; An Important Conversation, Tabb Forum. (https://tabbforum.com/opinions/high-frequency-trading-an-important-conversation/)

Brogaard, J., Hendershott, T., and Riordan, R. (2014a). High-frequency trading and price discovery. The Review of Financial Studies, 27(8), 2267-2306.

Brogaard, J., Hendershott, T., Hunt, S., and Ysusi, C. (2014b). High - frequency trading and the execution costs of institutional investors. The Financial Review, 49(2), 345-369.

Committee on Economic and Monetary Affairs (2012a, March 16). Draft Report on the proposal for a directive of the European Parliament and of the Council on markets in financial instruments repealing Directive 2004/39/EC of the European Parliament and of the Council (recast). European Parliament. (https://www.europarl.europa.eu/doceo/document/ECON-PR-485882_EN.pdf)

Committee on Economic and Monetary Affairs (2012b, May 10). Report on the proposal for a directive of the European Parliament and of the Council on markets in financial instruments repealing Directive 2004/39/EC of the European Parliament and of the Council (recast). European Parliament. (https://www.europarl.europa.eu/doceo/document/A-7-2012-0306_EN.html)

Dalko, V., Michael, B., and Wang, M. (2020). Spoofing: effective market power building through perception alignment. Studies in Economics and Finance, 37 (3), 497-511.

Dalko, V., and Wang, M. H. (2019). High-frequency trading: Order-based innovation or manipulation?. Journal of Banking Regulation, 21, 289-298.

European Securities and Markets Authority (2014). High-frequency trading activity in EU equity markets. (ESMA'S economic report No.1, 2014). (https://www.esma.europa.eu/sites/default/files/library/2015/11/esma20141_-_hft_activity_in_eu_equity_markets.pdf)

Ferber, M. (2012). Draft Report on the proposal for a directive of the European Parliament and of the Council on markets in financial instruments repealing Directive 2004/39/EC of the European Parliament and of the Council (recast). European Parliament.

Lewis, M. (2014). Flash boys: A Wall Street revolt. WW Norton & Company.

Niwa, D. (2016). Market Manipulation Using High Frequency Trading and Issues Facing Japan. In LexisNexis, Japan Lawyer's Guide 2016/17 (pp.38-41).

Sprothen, V. (2016, August 8). Trading tech accelerates toward speed of light. Wall Street Journal. (https://www.wsj.com/articles/trading-tech-accelerates-toward-speed-of-light-1470559173)

Tabb, L. (2012, September 20). Written Testimony to the U.S. Senate Committee on Banking, Housing, and Urban Affairs Washington, DC. U.S. Senate Committee on Banking, Housing, and Urban Affairs. (https://www.banking.senate.gov/imo/media/doc/TabbTestimony92012.pdf)

Wheatley, M. (2011, March 22). What do regulators want from the trading marketplace? Securities and Futures Commission. (https://www.sfc.hk/-/media/doc/EN/speeches/speeches/11/Martin_20110322.pdf)

World Federation of Exchanges (n.d.). Understanding high frequency trading (HFT). Retrieved May 25, 2021, from (https://memofin-media.s3.eu-west-3.amazonaws.com/Books/0001/01/fe9d4036df021866349264a7ec1f700d72d4e976.pdf)

Zhang, S. and Riordan, R. (2011). Technology and market quality: the case of high frequency trading. ECIS 2011.

事項索引

「ドイツ日本研究所」紹介

Deutsches Institut für Japanstudien. ドイツ日本研究所は現代日本を人文科学の立場から研究することを目的に、1988年に東京に設立されました。2002年にマックス・ウェーバー財団ドイツ海外人文科学研究所の一機関となってからは、グローバル化する世界というコンテキストにおいて研究することが研究課題として掲げられており、各分野のプロジェクト内容や手法については、日本・ドイツ両国から選ばれた学術顧問の助言のもと、研究者の独創性を重んじながら、研究を行っています。

デジタル時代の金融システム
──欧州と日本からの視点

2022年4月6日　第1刷発行

編　者　ドイツ日本研究所
発行者　加　藤　一　浩

〒160-8520　東京都新宿区南元町19
発　行　所　一般社団法人 金融財政事情研究会
企画·制作·販売　株式会社きんざい
出　版　部　TEL 03(3355)2251　FAX 03(3357)7416
販売受付　TEL 03(3358)2891　FAX 03(3358)0037
URL https://www.kinzai.jp/

校正：株式会社友人社／印刷：三松堂株式会社

ISBN978-4-322-14038-5